Tel Aviver Jahrbuch für deutsche Geschichte 42
(2014)

Politische Gewalt in Deutschland

Tel Aviver Jahrbuch für deutsche Geschichte

Herausgegeben von Galili Shahar
im Auftrag des Minerva Instituts für deutsche Geschichte
der Universität Tel Aviv

Minerva Institut für
deutsche Geschichte
Universität Tel Aviv

Tel Aviver Jahrbuch für deutsche Geschichte 42 (2014)

Politische Gewalt in Deutschland

Ursprünge – Ausprägungen – Konsequenzen

Herausgegeben von
José Brunner, Doron Avraham
und Marianne Zepp

WALLSTEIN VERLAG

Tel Aviver Jahrbuch für deutsche Geschichte
Minerva Institut für deutsche Geschichte
Universität Tel Aviv, Ramat Aviv
Tel Aviv 69978, Israel
Telefon: 00972-3-6409731
Fax: 00972-3-6409464
hisgerm@post.tau.ac.il
http://www.tau.ac.il/GermanHistory

Gesamtredaktion und Lektorat der deutschsprachigen Beiträge: Ursula Kömen
Lektorat der englischsprachigen Beiträge: Philippa Shimrat

Redaktioneller Hinweis:
Das Tel Aviver Jahrbuch für deutsche Geschichte veröffentlicht Originalbeiträge in deutscher und englischer Sprache.

Bestellungen sind zu richten an:
Wallstein Verlag, Geiststr. 11, 37073 Göttingen (info@wallstein-verlag.de)
oder an jede Buchhandlung.

Bibliografische Information der Deutschen Nationalbibliothek
Die Deutsche Nationalbibliothek verzeichnet diese Publikation in der Deutschen Nationalbibliografie; detaillierte bibliografische Daten sind im Internet über http://dnb.d-nb.de abrufbar.

www.wallstein-verlag.de
Vom Verlag gesetzt aus der Aldus Nova Pro und der Frutiger
Umschlaggestaltung: Basta Werbeagentur, Steffi Riemann
Umschlagabbildungen:
oben: *Die neue Hermannsschlacht*, aus: Berliner Wespen (1875)
unten: Rund 2500 Ostermarschierer und Angehörige der außerparlamentarischen Opposition ziehen am Ostersonntagnachmittag mit hölzernen Kruzifixen vom Wittenbergplatz zum Kurfürstendamm (Berlin 1968). © dpa
Druck und Verarbeitung: Hubert & Co, Göttingen
ISSN: 0932-8408
ISBN: 978-3-8353-1458-0

Inhalt

Editorial

Der vorliegende Band befasst sich anhand von zwölf Fallstudien mit politischer Gewaltanwendung und Gewaltdiskursen aus den letzten zwei Jahrhunderten deutscher Geschichte – Gewalt die sowohl von staatlicher Seite, »von oben«, wie aus der Gesellschaft heraus, »von unten«, ausgeübt wurde. Es geht uns als Herausgeber nicht um den Nachweis eines vorgeblich universellen Charakters von Gewalterfahrung, auch nicht um die Erforschung allgemeiner Ursachen von Gewalt, weder um ein Erklärungsmuster für gewaltsame Eruptionen, noch um das Herausarbeiten von langfristigen Strategien zur Gewaltausübung oder -bekämpfung. Unser Ziel ist vielmehr, Zusammenhänge von Legitimitätsstrategien und kulturellen Deutungsmustern herauszuarbeiten, die sich unterschiedlicher Methoden bedienen, in ihrer Zeit verortet sind und in die Gesellschaft zurückwirken. So kreisen alle Beiträge um das Thema Gewalt, indem sie deren kulturelle Verankerung in ihrer spezifischen Periode und im konkreten gesellschaftlichen Umfeld, in dem sie zum Ausdruck kommt, analysieren, auch dort, wo es sich um extreme Formen von Gewalt handelt, wie im Falle der Kriegs- und Massengewalt. Die Autoren nähern sich der Thematik aus diversen Perspektiven und auf unterschiedliche Art, doch ist allen Beiträgen gemein, dass sie den Ursprung von Gewalt nicht jenseits kultureller und gesellschaftlicher Dynamiken verorten; Gewalt bricht nicht als störende Kraft von außen in eine aufgeklärte oder gewaltfreie Zivilisation ein, und sie ist auch nicht als das Andere oder die Schattenseite der Kultur zu deuten. Vielmehr wird Gewalt hier als innerhalb der Kultur angesiedelt verstanden, als integraler Teil der Gesellschaft, in der sie entsteht und in der sie ausgeübt wird – und die sie zugleich auch bedroht. Mit anderen Worten: Ziel dieses Bandes ist es, einen Einblick in die Vielfalt der kulturellen Figurationen der Gewalt in den letzten zweihundert Jahren deutscher Geschichte zu vermitteln, um darauf hinzuweisen, dass politische Gewalt – unabhängig davon, ob sie nun »von oben« oder »von unten« ausgeübt wird – immer in diskursive Konstruktionen und gesellschaftliche Interaktionen eingebettet ist und auch auf sie wirkt.[1]

Anlass der dem Band zugrunde liegenden Konferenz, an der israelische und deutsche Historiker und Sozialwissenschaftler beteiligt waren, war

1 Vgl. Peter Imbusch, Gewalt – Stochern in unübersichtlichem Gelände, in: *Mittelweg* 36, 2 (2000), 24-40, hier 29-31.

der 80. Jahrestag der nationalsozialistischen Machtübernahme in Deutschland.[2] Dieser thematische und zeitliche Ausgangspunkt ermöglichte es einerseits, interessante historische und thematische Kontinuitäten zu beleuchten, brachte aber auch die Versuchung mit sich, politische Gewalt vor 1933 als eine reine Vorgeschichte des Nationalsozialismus zu interpretieren. Dieser Gefahr sind die Beiträge entgangen. Vielmehr verweisen sie auf kontextbezogene kulturelle Codierungen der Gewalt in den einzelnen Epochen der deutschen Geschichte der letzten beiden Jahrhunderte.

Im II. Reich

Im ersten Beitrag zeigt *Doron Avraham* auf, wie ein Ethos des Militarismus und der Gewalt zum wesentlichen Bestandteil der Konzeption einer sich als freiheitlich verstehenden Zivilgesellschaft wurde, wie sie der deutsche Liberalismus in der Periode zwischen den Befreiungskriegen und den Revolutionen von 1848/49 propagierte. Die von den Reformern vertretene und gegen die alten Eliten gerichtete Idee einer Verbindung zwischen Armeedienst und allgemeinen Bürgerrechten führte, so Avraham, dazu, dass sich der allgemeine Militärdienst nicht nur zu einem gewalteinübenden Exerzitium entwickelte, damit verbunden entstand auch ein Konzept von Männlichkeit, das gewalttätige Praktiken als Erziehungsmaßnahmen verstand und guthieß. Das in weiten Teilen der Bürgergesellschaft stark verankerte und aus der Aufklärung rührende Bildungsethos verlor dadurch, wie Avrahams Analyse des liberalen Diskurses beleuchtet, an Bedeutung. So wurde durch die allgemeine Wehrpflicht eine Militarisierung der Zivilgesellschaft vorangetrieben, die in den folgenden Jahrzehnten das Konzept von Staatsbürgerschaft prägte.

Ishay Landa entwickelt in seinem Beitrag die ideengeschichtliche These, dass innerhalb der intellektuellen deutschen Eliten in der ersten Hälfte des 20. Jahrhunderts eine Abwehrhaltung gegenüber sozialistischen Ideen entstand, da diese als eine Bedrohung der gesellschaftlichen Hegemonialstellung gegenüber »den Massen« interpretiert wurden. In der Folgezeit, besonders nach dem Ersten Weltkrieg, radikalisierte sich diese Vorstellung zu einem allgemeinen Bedrohungs-Szenario durch die Moderne, repräsentiert durch Demokratie, Sozialismus, Massenkultur und Konsumorientierung. Als prägnanten Vertreter dieser Haltung zitiert Landa Ernst Jün-

2 Siehe Tagungsbericht *Violence and Politics in Germany: Origins and Consequences of Nazism.* 13.1.2013-14.1.2013, Tel Aviv, in: H-Soz-u-Kult, 16.4.2013, ‹http://hsozkult.geschichte.hu-berlin.de/tagungsberichte/id=4768›.

ger. Allerdings, so der Autor, war sie nicht auf Deutschland beschränkt, sondern in anderen europäischen Ländern ebenfalls verbreitet.

In der Weimarer Republik

Einen Überblick über die gesamte Weimarer Periode gibt *Shulamit Volkov* in ihrem Beitrag, der sich mit politischen Attentaten beschäftigt. Sie weist darauf hin, dass das Thema der politischen Gewalt während dieser Periode in der Forschung verhältnismäßig wenig aufgearbeitet ist, obwohl sie ein kennzeichnendes Merkmal für die Zeitspanne zwischen 1919 (beginnend mit dem Mord an Rosa Luxemburg und Karl Liebknecht) und dem Ende der Weimarer Republik darstellt – ein Zeitraum, für den mehr als 300 politisch motivierte Morde belegt sind. Wenn Volkov in ihrem Beitrag die endemische Gewalt in der Gesellschaft der Weimarer Republik konstatiert, so veranlasst dies in erster Linie dazu, das typische Bild dieser Periode zu hinterfragen. Obgleich die Autorin die These von einer zwangsläufigen Entwicklung hin zum Nationalsozialismus zurückweist, unterstreicht sie die Bedeutung von Gewalt als einen formativen Faktor für diese Periode deutscher Geschichte. Gewalt habe in den rechten Organisationen als Mittel zur Konsolidierung nach innen gedient, während gleichzeitig auf staatlicher Ebene sich die Tradition des Armeekorps als konstituierendes Element fortgesetzt habe.

Joana Seiffert befasst sich in ihrem Beitrag ebenfalls mit einem gewaltdurchtränkten Kapitel der Weimarer Republik, genauer: Sie beschreibt die Umdeutung eines zentralen Ereignisses der noch jungen Republik. Der als Ruhrkampf bezeichnete, im Frühjahr 1920 als Reaktion auf den Kapp-Putsch ausgebrochene Arbeiteraufstand vereinte die gesamte Ruhrarbeiterschaft, wurde jedoch bereits nach kurzer Zeit von Reichswehr- und Freikorpstruppen gewaltsam niedergeworfen. Schon in der zeitgenössischen Betrachtung wurde dieses Ereignis unterschiedlich politisch konnotiert. Der Autorin gelingt es, die Ambivalenz herauszuarbeiten, mit der die Nationalsozialisten auf diesen Aufstand blickten: verdammten sie ihn einerseits exemplarisch als »roten Terror«, versuchten sie doch andererseits, die Ruhrkampf-Erinnerung als Motiv zu benutzen, um die Arbeiterschaft in das Volksgemeinschaftsideal zu integrieren. Dabei wird deutlich, dass ein »von oben« verordnetes Deutungsmuster, für das sich die Nazis ihres Arsenals von Antibolschewismus und Antisemitismus bedienten, erst seine Wirksamkeit entfalten konnte, als es von Akteuren »von unten« getragen wurde. Damit unterstreicht dieser Beitrag ein wesentliches Element dessen, was Sven Reichardt weiter unten als ein allgemeines Strukturmerkmal des Faschismus und des Nationalsozialismus herausarbeitet: das Ineinandergreifen von Zwang und Teilnahme, das hier auch für die Übernahme von Deutungsangeboten gilt.

Im III. Reich

Einen überraschenden Aspekt trägt *Jost Dülffer* bei, indem er aufzeigt, wie die Außenpolitik des Dritten Reiches 1939/1940 als »humanitäre Intervention« formuliert wurde. Der Begriff erlangte zwar erst 1948 in der Allgemeinen Erklärung der Menschenrechte international völkerrechtliche Verbindlichkeit, doch hatte sich bereits infolge des Ersten Weltkriegs in den internationalen Beziehungen die Überzeugung herausgebildet, dass die Grundrechte von Minderheiten von staatlicher Seite zu schützen waren. Diesen Hintergrund nutzte das nationalsozialistische Regime in seiner Interventionsbegründung für seine Zwecke, indem es erklärte, die deutschen Minderheiten in Österreich und in der Tschechoslowakei »zu befreien«. Die internationale Legitimation, die man den Ereignissen damit zu verleihen versucht hatte, bereitete die Aggressionspolitik bis zum Überfall auf die Sowjetunion vor und bedeutete, so Dülffer, den Versuch, diese Politik gegenüber den Westmächten zu legitimieren.

Einen überzeugenden kulturgeschichtlichen Ansatz präsentiert *Thomas Pegelow Kaplan* in seiner Analyse des Zusammenhangs zwischen sprachlicher und physischer Gewalt. Durch die sprachliche Diktion der Nationalsozialisten, so seine These, wurden Opfergruppen definiert, bei denen sowohl dem Individuum wie der Gruppe die Möglichkeit eines Selbstentwurfs verweigert wurde. Sie wurden in der Folge durch rassische Kategorien aus dem nationalen Kollektiv ausgeschlossen. Als die staatlichen Agenten dieses kulturellen Ausgrenzungsvorgangs identifiziert Pegelow Kaplan zum einen das Reichsinnenministerium, zum anderen aber auch den Deutschen Sprachverein, der in der Nachkriegszeit als Gesellschaft für Deutsche Sprache auch in personeller Kontinuität wiederauferstand. Durch seine Teilnahme am Prozess der »Entjudung« der deutschen Sprache war er Teil der diktatorischen Maschinerie des Dritten Reiches. Pegelow Kaplan weist darauf hin, dass der Zusammenhang zwischen dieser Form linguistischer Gewalt und der physischen Brutalität, die ihr folgte, nach wie vor einer näheren Erforschung harre.

Sven Reichardt erweitert den Horizont der historischen Analyse nicht nur territorial, wenn er Italien in der Phase der Formierung des Faschismus in seinen Forschungsüberblick miteinbezieht, um der Beziehung von Gewalt und Konsens in den faschistischen Gesellschaften der 1920er- bis 1940er-Jahre auf die Spur zu kommen. In seinem Beitrag plädiert er für eine Differenzierung sowohl des Begriffs der Volksgemeinschaft als auch der unterschiedlichen Phasen der Massenmobilisierung und Gewaltbereitschaft. Als analytischen Zugang wählt er dafür den Begriff der »Beteiligungsdiktatur«. Anhand dieses Begriffs entwickelt Reichardt aus den beiden vorherrschenden Deutungsansätzen – die NS-Herrschaft entweder als ein repressives Terrorregime oder als eine durch rassische Ausgrenzung konstituierte Volksgemeinschaft zu beschreiben – einen dritten, integrativen, Zugang zur Herrschaftsübernahme und Konstituierung des Nationalsozialismus. Reichardt spricht sich dafür aus, sowohl das »Dritte Reich« als auch das faschistische Italien als zu differenzierende, in unterschiedlichen Perioden unterschiedlich ausgeprägte »Zustimmungsdiktaturen« zu verstehen, deren Hauptmerkmal in der Verknüpfung von Partizipation und Gewalt bestand und deren Ordnung Repression und Teilhabe zugleich zuließ.

In der Bonner Republik

Der Beitrag von *Tobias Ebbrecht-Hartmann* analysiert eine spezielle Form von politischer Gewalt in der Nachkriegszeit Westdeutschlands. Der Schauplatz ist ebenso unerwartet wie originell. Das Kino, Propagandainstrument der Nationalsozialisten, wird nach 1945 zur Arena physischer Auseinandersetzungen in den Deutungskämpfen um die deutsche Vergangenheit, so der Befund des Autors. Dabei wird, dies verdeutlicht Ebbrecht-Hartmann exemplarisch an den Regisseuren Johannes Häußler und Veit Harlan, die Nazi-Vergangenheit der beiden Akteure bereits in der unmittelbaren Nachkriegszeit zum Anlass vehementer Proteste. Mit Störaktionen und Stinkbomben bekunden die Protestierer ihre Empörung über deren Nachkriegsfilme. Wie der Autor überzeugend nachweisen kann, äußerte sich in diesen radikalen Protesten, die offensichtlich bei den publizistischen und politischen Eliten auf positive Resonanz stießen, ein Deutungsstreit über den Umgang mit der NS-Zeit und das Kino mutierte in den frühen 1950er Jahren zum gewalterfüllten Kampfplatz um Meinungsfreiheit und Demokratie. Anders verhielt es sich in den 1970er Jahren bei den Protesten, die die Aufführungen der Filme »Unternehmen Entebbe« und Claude Lanzmanns »Warum Israel« begleiteten: hier waren die Proteste Ausdruck einer linken Abwehr und einer vollständigen Verdrängung der NS-Vergangenheit.

Sarah Colvins Analyse befasst sich mit einem Aufsatz aus dem Jahr 1968, der unter dem Titel »Gewalt« in der Zeitschrift *konkret* erschien und als theoretische Mobilisierung der Baader-Meinhof-Gruppe für spätere Gewaltakte gelesen werden kann. Colvin verknüpft damit die übergeordnete Frage nach dem Zusammenhang zwischen diesem, zur Zeit der Studentenbewegung verfassten Text und der späteren Entwicklung hin zur RAF bzw. deren Legitimierung von Gewalt. Als historischen Kontext dieser Radikalisierung zeichnet die Autorin die Gewalteskalation nach der Ermordung Benno Ohnesorgs und dem Attentat auf Rudi Dutschke nach. Im Protest gegen die Notstandsgesetze und den Vietnamkrieg wurde Gewalt eingesetzt und gerechtfertigt. In einem zweiten Schritt weist die Autorin nach, wie diese Gewaltstrategie mit Herbert Marcuses Unterscheidung zwischen repressiver und emanzipierender Gewalt diskursiv legitimiert wurde und wie auch Frantz Fanons antikoloniale Schrift zur Rechtfertigung von Gewalt als Befreiungsakt Eingang in die Argumentation fand.

Während Colvin die Vorgeschichte der RAF thematisiert, geht es *Vojin Saša Vukadinović* um die Ablösung einer marxistisch inspirierten, sozialrevolutionären Rechtfertigung von Gewalt durch eine mystifizierende Rhetorik, in der Gewalt einer alles umfassenden Macht entgegengesetzt wird. In dieser Eigensicht erscheint die RAF sozusagen als Exekutive einer in der Heimat verwurzelten Volksgemeinschaft, deren Gewalt sich gegen einen kosmopolitischen Kapitalismus richtete. Dieser Blickwinkel entproblematisierte für die RAF-Mitglieder auch den nationalsozialistischen Antisemitimus, verdrängte ihn gar aus dem Sichtfeld und ermöglichte so eine vorbehaltlose Identifikation mit den Mitteln und Zielen des palästinensischen Terrors.

Vom geteilten zum wiedervereinten Deutschland

Andrew I. Port macht darauf aufmerksam, dass Darstellungen der Ereignisse, die zum Fall der Mauer geführt haben, oft die Brutalität übersehen, die die Reaktion der ostdeutschen Sicherheitsdienste noch zu Beginn der Proteste kennzeichnete. Angesichts der Rücksichtslosigkeit, mit der in der DDR gegen Regimegegner und Demonstranten vorgegangen worden war, werde damit jedoch sowohl das Potenzial der staatlichen Gewalt als auch das persönliche Risiko marginalisiert, das die Demonstranten im Herbst 1989 eingingen. Dass die Gewaltbereitschaft des Staates letztlich nicht in nachhaltigere praktizierte Gewalt mündete, kann dabei laut Port nicht nur auf das mangelnde Selbstvertrauen der SED-Spitze oder die Entscheidung einzelner Politiker reduziert werden. Als entscheidender Faktor muss hier auch das bewusst gewaltlose Verhalten der Demonstranten miteinbezogen werden, das – neben anderen Faktoren – auch in ihrem kirchlichen Umfeld begründet lag, und das es der SED-Führung so schwermachte, mit Gewalt auf sie zu reagieren. Port zeigt, dass im entscheidenden Moment die Wahl zwischen Anwendung von oder Verzicht auf Gewalt nicht nur durch eine Entscheidung »von oben«, sondern auch durch Verhalten »von unten« beeinflusst wurde.

Abschließend spürt *Franziska Meyer* Gewalterfahrungen in der Erinnerung des 20. Jahrhunderts am Beispiel von zwei literarischen Gegenwartstexten nach: Jenny Erpenbecks Roman, *Aller Tage Abend* und Uwe Timms *Der Freund und der Fremde*. Das individuelle Erleben, hier ausgedrückt mit den fiktionalen Möglichkeiten des Romans, macht Meyer zufolge die Spuren historischer Gewalt sichtbar. Damit widerspricht sie jüngeren Thesen von einer Universalisierung der Gewalt, von einer Unsichtbarmachung von Machtstrukturen und Täterschaft und plädiert dafür, literarische Darstellungen ernst zu nehmen, um die Gewaltbeziehungen im Geschlechterverhältnis oder die Gewaltakte des Staates wieder erkennbar zu machen. In Erpenbecks Roman sieht Meyer den moralischen Imperativ dieses Schreibens eingelöst: den Opfern die Treue zu halten. Literarisches Schreiben, im Gegensatz zum entemotionalisierten historischen Blick, ermögliche den Appell an die Affekte des Lesers und entreiße so auch historisch nicht dokumentiertes Leiden dem Vergessen.

Zum Schluss: Dass Macht sich kulturell legitimiert, kann spätestens seit Max Weber als bekannt vorausgesetzt werden. Doch nicht nur die Formen der Macht sind auf vielfältige Weise in ihrer jeweiligen Kultur verankert, die politische Gewalt ist es ebenso, wie unser Band illustriert – und zwar sowohl »von unten« als auch »von oben«. Zwölf Aufsätze können natürlich die kulturelle Prägung politischer Gewalt nicht umfassend für alle Perioden und Aspekte der deutschen Geschichte der letzten zwei Jahrhunderte belegen. Gern hätten wir weitere Beiträge dazu veröffentlicht, so zum Beispiel zur aktuellen Debatte über die Gewaltakte der NSU. Doch auch wenn es uns gelungen wäre, diese Lücke zu schließen: Ein Sammelband dieser Art bleibt ohnehin immer unvollständig. Dennoch, so hoffen wir, kann eine Auswahl von Fallstudien, wie wir sie hier zusammengetragen haben, exemplarisch deutlich machen, wie eine Kulturgeschichte der Gewalt in Deutschland geschrieben werden kann.

José Brunner, Doron Avraham, Marianne Zepp
Frühjahr 2014

II. Reich

Doron Avraham (Ramat Gan)

Gewalt und militärische Praxis in der deutschen Zivilgesellschaft des 19. Jahrhunderts

Theoretischer Rahmen

Die Auseinandersetzung mit der Zivilgesellschaft gehört zu den Schwerpunktthemen des klassischen Liberalismus seit seinen Anfängen. Sie steht für die Gemeinschaft als Träger der höchsten Autorität, für das Organ, das Gewalten an den Staat delegiert. Die Zivilgesellschaft – ein anhaltend aktuelles Konzept – unterscheidet sich insofern vom Staat, als sie sich aus verschiedenen Arten von Organisationen wie Schulen, Medien, Kirchen, Gewerkschaften, Vereinen usw. zusammensetzt, die nicht notwendigerweise staatlich geführt werden. Sie bezieht sich also auf Einrichtungen, die keine direkte staatliche Autorität ausüben.[1] In diesem Verständnis hat die Zivilgesellschaft die feudalen und kirchlichen Gesellschaftsordnungen abgelöst, die alleinige Regierungsgewalt beanspruchten. Weitere Merkmale der Zivilgesellschaft sind die persönliche Freiheit, die Gleichheit vor dem Gesetz, der Friede und die persönliche Sicherheit. Ihr auf rationalen Prinzipien basierendes Funktionieren hält sie davon ab, Gewalt jeder Art anzuwenden. Im Grunde ist es die freie und rationale Entscheidung der Bürger, Gewalt zu vermeiden.[2] Bereits 1798 hat Immanuel Kant in seinem Werk *Der Streit der Fakultäten* den klassischen Begriff der bürgerlichen Gesellschaft eingeführt, der grundsätzlich auf dem Vernunftbegriff zu fußen scheint. Somit setzt ihr Entstehen eine Abfolge von Kriegen und Konflikten voraus, und sobald sie sich eine Verfassung gegeben hat, ist sie der beste Schutz vor Krieg.[3]

Eine nähere Betrachtung der Entwicklung des deutschen Liberalismus im 19. Jahrhundert offenbart jedoch zunächst einmal eine Diskrepanz zwischen der klassischen liberalen Theorie von der friedliebenden Zivilgesellschaft und der streitbaren Wesensart, die verschiedene deutsche Liberale

1 Steven Scalet und David Schmitz, State, Civil Society and Classical Liberalism, in: Nancy L. Rosenblum und Robert C. Post (Hg.), Civil Society and Government, New Jersey 2002, 26-47.

2 Tom G. Palmer, Classical Liberalism and Civil Society: Definitions, History, and Relations, in: Rosenblum und Post (Hg.), Civil Society (wie Anm. 1), 48-78.

3 Immanuel Kant, Der Streit der Fakultäten, Hamburg 2005 [1798], 103 f.

einer solchen Gesellschaft zuordneten. Deren Ideen lassen zumindest in dieser Hinsicht den Schluss zu, dass ihre Auffassungen von der *Bürger-* oder *Zivilgesellschaft* nicht genuin liberal waren. Dennoch: bezieht man Nancy Rosenblums Theorie vom romantischen Militarismus in die Überlegungen mit ein, scheinen selbst solche, zunächst konträr erscheinenden zivilgesellschaftlichen Konzepte grundlegende liberale Prinzipien aufzuweisen. In ihrer Diskussion der romantischen Facette des liberalen Denkens legt Rosenblum dar, dass der romantische Militarismus Empfindungen reflektierte, bei denen es in der Regel nicht um Aggressionen per se ging, sondern darum, dass der Krieg eine ausgezeichnete Gelegenheit darstellte, um die Rahmenbedingungen für vollkommene Freiheit und Selbstentfaltung zu schaffen und zudem eine Freiheitserfahrung frei von traditionellen Einschränkungen zu ermöglichen. Militärromantiker betrachteten die Kriegsführung als Befreiung und die Kriegskunst als »spontane Selbstdarstellung«. Sie lehnten die klassische liberale Auffassung ab, wonach Freiheit unzertrennlich mit Frieden und Rechtssicherheit verbunden war, und prägten den Begriff des »moralischen Expressivismus« als Ersatz für moralische Autonomie. Und obwohl sich diese Ausprägung des Militarismus erstmals im späten 18. Jahrhundert bemerkbar machte, bedeutet seine romantische Wesensart nicht, dass es sich um ein epochengebundenes Phänomen handelte, sondern eher um die Reflexion verschiedener Impulse, die auch den konventionellen Liberalismus in neue Bahnen lenkte. Aus dieser Perspektive betrachtet, bedeutet der romantische Militarismus die Ausübung der Freiheit in einem anderen Kontext: Sie beinhaltet nicht nur die Gewähr von Sicherheit und Frieden, sondern auch die Möglichkeit des gewalttätigen Austausches. Militanz schafft sich also ihre eigenen Gründe, die für die Zivilgesellschaft sprechen.[4]

Im vorliegenden Artikel soll dargelegt werden, dass der deutsche Liberalismus seit seinen Anfängen im frühen 19. Jahrhundert und bis mindestens zur Revolution von 1848/49 im Rahmen seiner Konzeptualisierung als freie Zivilgesellschaft auch militaristische und gewalttätige ethische Komponenten und Normen aufwies. Diese Facette des deutschen Liberalismus soll hier jedoch nicht wertend als Enttäuschung oder Scheitern beurteilt werden.[5] Es geht vielmehr darum, seine theoretische Entfaltung in

4 Nancy L. Rosenblum, Another Liberalism. Romanticism and the Reconstruction of Liberal Thought, Cambridge, MA, 1987, 9-11.

5 Siehe hierzu James J. Sheehan, German Liberalism in the Nineteenth Century, Chicago 1978, 2; dieses »Scheitern« des deutschen Liberalismus war ein zentrales Argument für die These vom deutschen Sonderweg, die sich besonders ab den 1970er Jahren entwickelte. Der Umfang der Literatur zu diesem Thema ist gewaltig. Siehe folgende jüngere Diskussion zu diesem Thema: Heinrich August

seinen historischen Kontexten nachzuzeichnen und zum Vergleich auch auf die Entwicklung in anderen Staaten hinzuweisen. Zur Veranschaulichung der These soll zunächst auf die Anfänge des deutschen Liberalismus eingegangen und anschließend die Debatte deutscher Liberaler über das Militär und die Zivilgesellschaft seit der Reformära und im Verlaufe des *Vormärz* betrachtet werden. Zum Abschluss befasst sich der Artikel noch mit den gewalttätigen und militaristischen Aspekten der Revolution von 1848/49.

Abgesehen von den bereits dargelegten theoretischen Abgrenzungen bezüglich der Zivilgesellschaft ist eine klare Definition des Liberalismus, besonders in der fragmentierten deutschen politischen Landschaft des frühen 19. Jahrhunderts, fast unmöglich. Die politische Terminologie war damals zu vage und zu inkonsistent.[6] Diese Tatsache erklärt auch den Umstand, dass die Adjektive »republikanisch« oder »demokratisch« oft als Synonym zu »liberal« benutzt wurden. Als Ideenkonzept war der deutsche Liberalismus Intellektuellen bereits im späten 18. Jahrhundert bekannt. Als politische Bewegung, die das Ziel formulierte, eine Bürgergesellschaft zu organisieren und einen konstitutionellen Staat zu bilden, machte er sich erst ab etwa 1815 bemerkbar, als sich abzeichnete, dass das Zeitalter der Reformen, das der Niederlage gegen die Franzosen folgte, einer reaktionäreren Politik weichen würde, wogegen sich eine liberale Opposition herauszubilden begann.[7]

Die Entstehung des deutschen liberalen Denkens um die Wende vom 18. zum 19. Jahrhundert fiel in die Zeit der Napoleonischen Kriege und der Geburt des deutschen Nationalismus. Die Niederlagen der Deutschen 1805 und 1806 waren militärische Katastrophen, die ein nationales Erwachen bewirkten und Anstrengungen zu umfassenden Reformen in den deutschen Heeren sowie neue Vorstöße zur Bekämpfung der französischen Okkupation auslösten.[8] Doch die Kriege dieser *Sattelzeit* – ein Terminus, der von Reinhart Koselleck geprägt wurde, um die beschleunigten sozialen, politischen und konzeptuellen Transformationen in den Jahrzehnten um 1800 zu beschreiben – beruhten auf einer völlig neuen gedanklichen Begründung. Seit der Französischen Revolution war die Legitimität von Kriegen an den nationalen Souveränitätsanspruch gebunden. Der Krieg

Winkler, Auf ewig in Hitlers Schatten? Über die Deutschen und ihre Geschichte, München 2007.

6 Ebd., 2-6.

7 Ebd., 24; Dieter Langewiesche, Liberalismus in Deutschland, Frankfurt am Main 1988, 13.

8 Emilio Willems, A Way of Life and Death: Three Centuries of Prussian-German Militarism. An Anthropological Approach, Nashville, TN 1986, 49.

wurde zum nationalen Interesse erklärt und somit von den die Nation konstituierenden Subjekten bewirkt und geführt.[9] Die Ausübung von Gewalt manifestierte somit auch das liberale zivile Ideal der Volkssouveränität.

Diese moderne Bedeutung des Krieges wirkte sich unmittelbar auf die Formierung neuer Armeen aus. Wie jedoch nachfolgend dargelegt werden soll, waren diese Wandlungen im deutschen Kontext auch mit einer bestimmten Auffassung des Begriffs von der *Bürgergesellschaft* verbunden, der nicht klar von militärischen Werten und militärischer Ethik sowie von der Gewaltpraxis abgegrenzt war. Gewiss, die Demokratisierung der europäischen Armeen seit dem späten 18. Jahrhundert ließ die traditionelle Trennung zwischen Soldaten und den anderen, zivilen Teilen der Gesellschaft, die zuvor nicht mobilisiert wurden, verschwimmen. Die modernen Armeen unterschieden im Prinzip nicht länger zwischen Soldaten aus Adelsfamilien und solchen bürgerlicher Herkunft. Als Mitglieder der Nation wurden sie alle zum Militär aufgeboten, und sie blieben auch während ihres Militärdienstes Bürger. Der Mann unter Waffen war also ein *Bürgersoldat*. Doch diese demokratische Entwicklung konnte die Statusunterschiede zwischen Bürgern und Soldaten nicht beseitigen. Der Soldat blieb zwar während seines Militärdienstes Bürger und damit den Gesetzen des Staates verpflichtet, gleichzeitig sah er sich aber auch einer rigiden Militärhierarchie unterworfen und einer Militärethik verpflichtet, in deren Rahmen die Ausübung von Gewalt zur Norm gehörte. Der freie Bürger hingegen konnte sich an vielschichtigeren ethischen Vorstellungen orientieren, sich verschiedene Ideologien aneignen und war einzig an die Einhaltung der zivilen Gesetze gebunden. Im Verlaufe des 19. Jahrhunderts schienen diese beiden ethischen Systeme auf der Grundlage von Theorien und Ideen, die von Liberalen entwickelt wurden, besonders im deutschen Fall miteinander zu verschmelzen. Insofern soll es nachfolgend nicht um die Korrelation zwischen militärischen Erwägungen und politischen Beschlüssen gehen, wie es aufgrund der klassischen Definition des Militarismus nahelage, sondern vielmehr um die Übereinstimmungen zwischen dem Wehrdienst, mitsamt seiner Ausbildung zum streitbaren Kämpfer, der Bildung des deutschen Ideals der Bürger- oder Zivilgesellschaft und dem Staatsbürgerverständnis.[10]

9 Nikolaus Buschmann, Einkreisung und Waffenbruderschaft. Die öffentliche Deutung von Krieg und Nation in Deutschland 1850-1871, Göttingen 2003, 107.

10 Ute Frevert, Die kasernierte Nation. Militärdienst und Zivilgesellschaft in Deutschland, München 2001, 9-11.

Bürger unter Waffen

Während der französischen Besatzung deutscher Territorien, die im frühen 19. Jahrhundert einsetzte, durchliefen verschiedene deutsche Staaten umfassende Umstrukturierungen. Den größten Wandel durchlief Preußen. Nach der Niederlage in der Schlacht von Jena und Auerstedt im Oktober 1806 nahm die preußische Monarchie politische, soziale, wirtschaftliche und militärische Reformen in Angriff. Die Reformen fanden in einer Atmosphäre des nationalen Erwachens statt, und die deutschen Liberalen betrachteten diese Krisenzeit als Gelegenheit, das politische System umzugestalten und einen modernen Nationalstaat zu bilden. Die Restrukturierung des Militärs nach dem französischen Modell eines Volksheeres hätte eine Richtungsänderung der Monarchie markiert. Doch im Unterschied zu Frankreich, wo das Volksheer auf der Massenmobilisierung *(levée en masse)* freier Bürger während einer Revolution beruhte, durchliefen die deutschen Staaten keine liberale Revolution.[11] Hier kam der Impuls zur Transformation vom Staat, woraus ein grundlegend anderes Verhältnis zwischen Nation und Armee resultierte.

Die 1807 einsetzenden, nicht revolutionär herbeigeführten Militärreformen leiteten eine Modernisierung und Liberalisierung grundlegender Auffassungen der Streitkräfte ein. Über die personellen und organisatorischen Änderungen hinaus machte sich der liberale und progressive Charakter der Reformen besonders in den späteren Phasen bemerkbar. Im Februar 1813 wurde der erste Schritt zur Einführung einer allgemeinen Wehrpflicht unternommen, und drei Monate später ordnete ein königliches Dekret die Errichtung der Landwehr an, in der sämtliche Männer im Alter von 17 bis 40 Jahren dienen sollten, die nicht zum (Stehenden) Heer eingezogen wurden. 1814 wurde das Wehrgesetz verabschiedet, wonach jeder Mann im Alter von 20 Jahren wehrpflichtig war. Von da an waren das Heer und die Landwehr militärische Organisationen, die sich aus Bürgern zusammensetzten. Im Gegensatz zur strengen Disziplin und Hierarchie des stehenden Heeres war die Landwehr eine Freiwilligeneinheit und nach anderen Prinzipien organisiert. Bürger wurden nur im Kriegsfall in die Landwehr eingezogen, während Soldaten des stehenden Heeres drei Jahre ununterbrochen dienten. Darüber hinaus unterstanden die Wehrmänner

11 Zur komplementären Korrelation zwischen Revolution und Krieg siehe Elisabeth Fehrenbach, Die Ideologisierung des Krieges und die Radikalisierung der Französischen Revolution, in: Dieter Langewiesche (Hg.), Revolution und Krieg. Zur Dynamik historischen Wandels seit dem 18. Jahrhundert, Paderborn 1989, 57-66.

der Landwehr der zivilen Gerichtsbarkeit, die Heersoldaten hingegen dem Militärrecht.[12]

Die Reformen in der Armee und das Einrichten einer Bürgermiliz wurden vom Volk positiv aufgenommen, zumal sie bereits kurz nach der Umsetzung Erfolge zeitigten: Gemeinsam mit den Verbündeten schließlich schlug Preußen Napoleon 1814, wenn dieser Sieg auch auf verschiedene Faktoren zurückzuführen war. Für manche Liberale, die sich eine nationale Erneuerung erhofften, bestätigten das neu aufgebaute Heer und besonders die Existenz der Landwehr jedoch die Bedeutsamkeit des zivilen bürgerlichen Elements in der Streitmacht. Sie verkörperte die Idee des *Volkes in Waffen*, die für die Liberalen eng mit dem republikanischen Freiheitsverständnis verknüpft war. Demnach hatte der emanzipierte Bürger, der von den Bürgerrechten profitierte, die Pflicht, den Nationalstaat zu verteidigen, der wiederum seine Freiheit garantierte. Dieses republikanische Konzept der korrelierenden Rechte und Pflichten erklärt auch die bis dahin beispiellose Anzahl von Frauen, die Dienst an der Waffe taten. Hier diente Frankreich als Vorbild: Fünfzig als Männer verkleidete Frauen hatten sich 1792/93 der revolutionären französischen Armee angeschlossen. In den Kriegen gegen Napoleon von 1806 bis 1815 dienten 22 als Männer gekleidete preußische Frauen sowie einige nicht verkleidete Frauen in der preußischen Streitmacht. Wie viele Männer, sahen auch diese Frauen den Dienst an der Waffe zur Verteidigung der Nation als Vorbedingung für die Bürgerrechte. Doch ihre Opferbereitschaft wurde von den Männern als Missachtung der natürlichen Geschlechterordnung empfunden. Nicht verkleidete Frauen erschienen den Männern als reine Provokation, da sie ihre Fähigkeit, das Volk allein zu verteidigen, infrage zu stellen schienen. Vor allem aber wurde das Privileg der Bürgerrechte gegen die Erfüllung von Bürgerpflichten als eine rein männliche Praxis verstanden, im selben Maße wie die Nation allein von Männern repräsentiert wurde.[13]

Doch dieses republikanische Freiheitsverständnis, das für deutsche Liberale eng mit dem Ideal des *Volkes in Waffen* verbunden war, ließ sich nicht mit demjenigen der Volkssouveränität oder der Demokratie übereinbringen. Es markierte zwar die Befreiung des Bürgers von den Fesseln des An-

12 Zu den verschiedenen Dienstformen in der preußischen Landwehr und im preußischen Heer siehe Gordon Craig, The Politics of the Prussian Army 1640-1945, 59-61, 74-75; Frevert, Kasernierte Nation (wie Anm. 10), 34, 81-95.

13 Zur Teilnahme von Frauen an den Befreiungskriegen siehe Karen Hagemann, »Mannlicher Muth und Teutsche Ehre«. Nation, Militär und Geschlecht zur Zeit der Antinapoleonischen Kriege Preußens, Paderborn 2002, 81-83, 416-427; dies., »›Heroic Virgins‹ and ›Bellicose Amazons:‹ Armed Women, the Gender Order and the German Public during and after the Anti-Napoleonic Wars«, in: *European History Quarterly*, 37/4 (2007), 507-527.

cien Régimes, doch die Ausübung dieser Freiheit sollte nicht den Interessen des Individuums, sondern denen des *bonum commune* dienen.[14] Dieses Ziel verwandelte den Wehrdienst mit seiner von Gewalt geprägten Praxis und Ausbildung in eine Institution, die ihren Angehörigen die gebührenden Bürgereigenschaften verlieh. Das nationale Erwachen und das Bedürfnis, die deutschen Länder von ihren Besatzern zu befreien, bildeten das höchste gemeinsame Gut, wofür der freie Bürger zu kämpfen verpflichtet war.

In den Augen deutscher Nationalisten mit liberaler Gesinnung füllten die Militärreformen und die darauffolgenden Befreiungskriege die eher abstrakten republikanischen, maskulinen Konzepte mit konkreten Inhalten. In seiner Diskussion der Volkserziehung legte Friedrich Ludwig Jahn, der Begründer der deutschen Turnbewegung, im Jahr 1810 dar, dass Leibesübungen für junge Männer unerlässlich seien, um das Vaterland erfolgreich verteidigen zu können. Diese Darstellung ging konform mit seiner Auffassung von maskulinen Werten, nach denen Stärke, Gewalt und Macht männliche Eigenschaften waren.[15] Die Betätigung in der studentischen Turnerbewegung war Jahn zufolge eine Grundvoraussetzung für die Bildung einer wehrhaften nationalen Miliz. Gymnastische Übungen sollten die Männlichkeit und den Patriotismus im Volk steigern. Der demokratische Charakter der gymnastischen Studentenverbindungen, der Burschenschaften, lag nach Jahn aber auch darin begründet, dass Studenten und Arbeiter gemeinsam an den Aktivitäten teilnahmen, wodurch soziale Unterschiede nivelliert würden. Matthew Levinger interpretiert Aktivitäten dieser Art als Ausdruck einer neuen öffentlichen Sphäre.[16] Militärischer Drill im Rahmen einer zivilen Organisation verstärkte somit den Zusammenhang zwischen Bürgerstatus und militärischer Leistung. In diesen Kontext ist auch Jahns Forderung, Fahnenflüchtigen die Bürgerrechte abzuerkennen, einzuordnen.[17]

Jahn stand mit seinen Ideen nicht allein. Als der Schriftsteller Ernst Moritz Arndt im Jahr 1813 die deutschen Männer zum »Volkskrieg« gegen Napoleon aufrief, hallten auch die Gedanken des Turnvaters nach. Arndt glaubte, die Franzosen ließen sich nur dann besiegen, wenn die gesamte

14 Paul Nolte, Bürgerideal, Gemeinde und Republik. »Klassischer Republikanismus« im frühen deutschen Liberalismus, in: *Historische Zeitschrift*, 254 (1992), 609-656; Ralf Pröve, Stadtgemeindlicher Republikanismus und die »Macht des Volkes«. Civile Ordnungsformationen und kommunale Leitbilder politischer Partizipation in den deutschen Staaten vom Ende des 18. bis zur Mitte des 19. Jahrhunderts, Göttingen 2000, 23 f.

15 Friedrich Ludwig Jahn, Deutsches Volksthum, Lübeck 1810, 241-248, 258 f.

16 Matthew Levinger, Enlightened Nationalism. The Transformation of Prussian Political Culture, 1806-1848, Oxford 2000, 106 f.

17 Jahn, Deutsches Volksthum (wie Anm. 15), 284.

deutsche Nation, vertreten durch ihren männlichen Teil, zu den Waffen griffe. Er beklagte den Verlust der Männlichkeit bei deutschen Männern, die wiedergewonnen werden müsse.[18] Als vernunftgeleitetes Volk sollte die ältere Generation bestrebt sein, die Jugend »zu einem kriegerischen Volke zu machen«. Das sei überdies die einzige Garantie für den Frieden.[19] Arndt war grundsätzlich der Meinung, dass das ganze Volk eine Wehrausbildung erhalten müsse: »Wir müssen die Bürger zu Kriegern erziehen.« Er erachtete diese Art von Ausbildung als entscheidend, nicht nur im Zusammenhang mit praktischer Kriegsführung. Die Bürger sollten kriegerisch gesinnt sein, nicht weil die Geschichte mörderisch beschaffen sei: Seine Worte verdeutlichen, welch hohe Bedeutung er aggressiven Eigenschaften im zivilen Umfeld beimaß. Sie waren in seinen Augen die Garantie für »Ordnung, Zucht und Friede«.[20]

Die Ursprünge dieser Anschauung, die die Wehrpraxis mit der männlichen Bürgerkultur verband, finden sich in den Schriften des deutschen Philosophen der Aufklärung Wilhelm von Humboldt, ein Zeitgenosse der napoleonischen Feldzüge, der aber seine Ansichten zu Krieg und Zivilgesellschaft bereits 1792 formuliert hatte. Humboldts Ausführungen geben dem oben erwähnten Konzept vom »romantischen Militarismus« deutliche Konturen.[21] In seiner Abhandlung zu den *Grenzen der Wirksamkeit des Staats* würdigte Humboldt den Krieg als förderlich sowohl für die Fähigkeiten des Individuums als auch für den Freiheitswillen der Nation und schrieb ihm die Eignung zu, »eine der heilsamsten Erscheinungen zur Bildung des Menschengeschlechts«[22] zu sein. Humboldt stellte präzisierend klar, dass der Staat den Krieg zwar auf keinerlei Weise befordern sollte, allein auch ebenso wenig gewaltsam verhindern, wenn die Notwendigkeit ihn fordere. Er erläutert weiter, dass »dem Einflusse desselben auf Geist und Charakter sich durch die ganze Nation zu ergiessen völlige Freiheit verstatten«. Und wenn der Staat gefordert sei, »die Nation zum Kriege zu bilden«, sollte er den Bürgern nicht bloß die soldatischen Fertigkeiten beibringen, sondern auch den »Geist wahrer Krieger« oder der »edlen Bürger«, die für das Vaterland zu kämpfen immer bereit seien.[23]

18 Siehe hierzu Frevert, Kasernierte Nation (wie Anm. 10), 42-45.
19 Ernst Moritz Arndt, Grundlinien einer teutschen Kriegsordnung, Leipzig 1813, 22.
20 Ebd., 13.
21 Rosenblum, Another Liberalism (wie Anm. 4), 13-17.
22 Wilhelm von Humboldt, Ideen zu einem Versuch, die Grenzen der Wirksamkeit des Staats zu bestimmen, Leipzig [1792] 1920, 83f.
23 Ebd., 89f.

Konzepte über den Nutzen des Krieges und des Volkes unter Waffen waren auch in anderen europäischen Ländern unter Liberalen verbreitet. Wie Jahn, Arndt und auch Humboldt betrachteten manche europäische Liberale die Bewaffnung des Volkes als republikanischen Grundsatz, der zur Sicherung der politischen Freiheit und zum Schutz der Zivilgesellschaft notwendig war. Sie förderte das nationale Anliegen und die gesellschaftliche Solidarität. Genau an diesem Punkt offenbaren sich große Gemeinsamkeiten zwischen den Ideen dieser deutschen Denker und jenen des schottischen Philosophen Adam Ferguson aus dem 18. Jahrhundert. Ferguson sympathisierte wie die deutschen Denker mit dem Nationalstaatsgedanken und lebte ebenso wenig wie diese in einem solchen. Er sprach sich für eine Bürgermiliz aus und vertrat die Ansicht, republikanischer Patriotismus müsse sich durch die aktive Beteiligung der Bürger im Krieg manifestieren. Da das Individuum nicht das Hauptobjekt gesellschaftlicher Kooperation sei, werde von ihm erwartet, sich im Einvernehmen mit der Gesellschaft zu verhalten.[24] Der Krieg eine die Gesellschaft und fördere den nationalen Zusammenhalt.[25] Ferguson glaubte zudem, dass Handlungen und Anstrengungen von Menschen, die in gemeinsamer Opposition kämpften, die Gesellschaft schützten, und dass auf diese Weise Gewalt an sich zum Akt der Selbstlosigkeit und des Muts werde. Im Konflikt zwischen Staaten zählten Gewaltausübung und Kriegslist des Kämpfers und Patrioten zu den höchsten Gipfeln menschlicher Tugend.[26]

In den Augen Fergusons und auch Humboldts, Jahns und Arndts bekräftigten die militaristische Praxis und die Ausübung von Gewalt im Interesse des Gemeinwohls die Bürgerrechte und entsprachen damit dem republikanischen Ideal. Doch es gab grundlegende Unterschiede zwischen den Bedeutungen dieses Ideals in seinen jeweiligen nationalen Kontexten. Deutsche Liberale stuften kollektives Handeln von Bürgern nicht zwingend als Ausdruck des klassischen demokratischen Konstitutionalismus ein. Die geeignete Staatsform basierte in ihren Augen viel stärker auf monarchischen und parlamentarischen Grundlagen, auf einer Staatsform also, die Demokratie und Absolutismus miteinander verband. Und im Gegensatz zu Frankreich und Großbritannien, in deren Staatsform der demokratische Charakter viel deutlicher hervortrat, orientierte sich das

24 Adam Ferguson, Essays on the History of Civil Society, Dublin 1767, 75f. Vgl. auch Thomas Kater, »Bürger-Krieger: Immanuel Kant, Adam Smith und Adam Ferguson über Militär und Gesellschaft«, in: Christian Jansen (Hg.), Der Bürger als Soldat. Die Militarisierung europäischer Gesellschaften im langen 19. Jahrhundert: ein internationaler Vergleich, Essen 2004, 27-46 (bes. 28-34).

25 Ferguson, Essays (wie Anm. 23), 35.

26 Ebd., 35f.

deutsche Ideal der bürgerlichen Freiheit an den jeweiligen Umständen der absolutistischen Herrschaft, die im frühen 19. Jahrhundert in verschiedenen deutschen Staaten noch verbreitet war. Entsprechend zielte ihr Ideal signifikant weniger auf individuelle Freiheiten als auf die Freiheit des Gemeinwesens ab.

Bürgertum und militärische Praxis

Die Reformära und die endgültige Niederlage Napoleons im Jahre 1815 weckten bei deutschen Liberalen große Erwartungen im Hinblick auf die neuen Ideale der Deutschen Nation und des Militärs. Doch Restauration und Vormärz nach dem Wiener Kongress sorgten offensichtlich bald für Ernüchterung. Konservative Kräfte eroberten sich ihre politischen Machtpositionen in Staat und Heer wieder zurück, und eine nationale Einigung erwies sich als unmöglich. Das Militär wurde reorganisiert, nun wieder stärker an traditionalistischen Vorgaben orientiert und unter konservativer Führung, die die Miliz als politisch unzuverlässig einstufte. Ab 1819 waren Status und auch der Wirkungsradius der preußischen Landwehr beschnitten: Die Dauer der Ausbildung wurde verkürzt, Regimente wurden zerlegt und einige Divisionen dem Heer unterstellt. An diesem Punkt wuchsen die Anstrengungen der Liberalen, die wachsende Macht des Militärs, das als Instrument der monarchistischen Staatsgewalt betrachtet wurde, einzudämmen und zugleich den Status der Landwehr aufrechtzuerhalten und sie zum integralen Bestandteil ihrer allgemeinen politischen Modernisierungsbestrebungen zu machen.[27]

Seit der Frühzeit der Restauration versuchten Liberale eine gesamtdeutsche Nationalbewegung zu etablieren, verbunden mit Kritik an den konservativen Monarchien und deren Haltung zu den Streifkräften. Gleichzeitig ignorierten Vertreter der gebildeten und vermögenden Mittelschicht das liberale Konzept der allgemeinen Wehrpflicht und entzogen sich dem Wehrdienst. Insgesamt jedoch neigte das liberale deutsche Bürgertum klar zur Demokratisierung der Streitkräfte als notwendigen Schritt beim Aufbau eines modernen Nationalstaates und einer modernen Zivilgesellschaft.

Der badische Historiker Carl von Rotteck gehörte während der Restauration zu den ersten liberalen Wortführern, die die Nationalmiliz als Institution der Zivilgesellschaft rühmten. In einem Aufsatz von 1816 »Über stehende Heere und Nationalmiliz« scheint sich Rotteck klar zu diesen bleibenden Transformationen der revolutionären Epoche zu bekennen.

27 Reinhold Höhn, Die Armee als Erziehungsschule der Nation. Das Ende einer Idee, Bad Harzburg 1963, 55-76; Craig, Prussian Army (wie Anm. 12), 74f.

Diese Transformationen bedingten einen gewissen Grad an Demokratisierung und die Einbeziehung des Volkes in Staatsangelegenheiten – wie etwa der Kriegsführung. Dabei schwebte ihm die Beteiligung jedes einzelnen Bürgers bei der Verteidigung des Vaterlandes vor.[28] Doch Rotteck unterschied deutlich zwischen dem Dienst im Heer und in der Miliz. Während der Soldat im Heer als Knecht seines Herrn kämpfe, handle der Milizsoldat – bei Rotteck ein »Nationalstreiter« – als freier Mann. Für Ersteren sei die Beteiligung am Krieg eine »positive Verpflichtung«, für Letzteren die Wahrnehmung einer natürlichen Pflicht. Während der Soldat im Krieg für seinen Herrn kämpfe, führe der Nationalstreiter seinen eigenen Krieg. Und noch ein letzter Punkt: Für den Soldaten sei das Kriegshandwerk ein besonderes Gewerbe, für das Milizmitglied dagegen eine »aus dem Gesellschaftsverband fließende Verrichtung«.[29] Bei all diesen Vergleichen wird Folgendes deutlich: Soldaten berufen sich bei der Gewaltausübung auf eine Pflicht. Der Dienst in der Miliz hingegen dient bestimmten zivilen Funktionen. Die Bürger kämpfen für eine gemeinsame Sache, die Nation, und erfüllen somit auch eine natürliche soziale Verpflichtung, die ein staatsbürgerliches Ziel und einen Dienst darstellt – ein Dienst der aus der Verehrung ziviler nationaler Institutionen rührt.[30]

Die enge Korrelation zwischen den demokratisierten Streitkräften, der militärischen Praxis und einem adäquaten Funktionieren der Zivilgesellschaft beschäftigte die Liberalen auch im Vormärz. Sie erlangte eine gewisse offizielle Bedeutung mit der Publikation des Staatslexikons, das in den 1830er Jahren von Rotteck und dem liberalen Juristen und Politiker Carl Welcker herausgegeben wurde. Unter dem Stichwort »Heerwesen: Landwehrsystem« schrieb Welcker, Väter sollten bestrebt sein, ihre Söhne zur Erfüllung ihrer Kriegspflicht zu bewegen. Ein solcher Kriegsdienst bilde die jungen Männer und fördere ihre Fähigkeiten. Eine »kriegerische Erziehung« sei heilsam für Körper und Gesundheit und trage zur Formung einer freien Persönlichkeit bei. Die militärische Ausbildung sei zudem wesentlicher Bestandteil einer Erziehung im bürgerlichen Sinne, den Mut und den Patriotismus anbetreffend, es handle sich in der Tat um das »trefflichste Erziehungsmittel«. Die Armee, so Welcker weiter, sei also nicht als Institution zu verstehen, deren Ausbildung sich auf Gewalt und Unmora-

28 Carl von Rotteck, Über stehende Heere und Nationalmiliz, Freiburg 1816, 48-52, 130-133.

29 Ebd., 55f.

30 Siehe zu Rotteck auch Frank Becker, Bilder von Krieg und Nation. Die Einigungskriege in der bürgerlichen Öffentlichkeit Deutschlands 1864-1913, München 2001, 91-93; Frevert, Kasernierte Nation (wie Anm. 10), 153f.

lisches beschränke, sondern auch eine edle erzieherische Institution, die für die Zivilgesellschaft von Bedeutung sei.[31]

Wilhelm Assmann, ein liberaler Historiker und Politiker aus Braunschweig, sah den Nutzen der militärischen Ausbildung für den Bürger noch deutlicher. In einem Aufsatz aus dem Jahre 1831 über die Bedeutung der *Bürgerbewaffnung* gab er zu bedenken, die »edlere Natur des Menschen« als Bürger trete nicht nur bei seiner Teilnahme in kirchlichen und staatlichen Angelegenheiten hervor, sondern auch beim Führen von Waffen und der Anteilnahme an der Verteidigung gegen jede Hemmung des Fortschritts. Da die äußere Gewalt der Vernunft Herrschaft garantiere, müsse jeder, der für Rechte und Wahrheit kämpfe, nicht nur »das Schwert des Wortes«, sondern, wenn nötig, auch »das eiserne Schwert der Gewaltthat« einsetzen. Es sei unwahrscheinlich, so Assmann, dass jemand das ihm Heilige kampflos überlasse.[32] In dieser Hinsicht scheint die Zivilgesellschaft und besonders ihre deutsche Ausprägung in der *Bürgergesellschaft* weit von der friedlichen Sphäre entfernt, die doch dem klassischen Liberalismus zugrunde lag. Ihren Mitgliedern stand es frei, Waffen zu tragen und Gewalt anzuwenden, nicht nur zum Schutze dieser Gesellschaft, sondern auch um das zu fördern, was sie als Fortschritt betrachten.

Liberale wie Rotteck, Welcker und Assmann betrachteten die Bürgerbewaffnung als ein demokratisches und liberales Prinzip. Die Bedeutung, die sie der Wehrpraxis beimaßen, lag darin begründet, dass diese als natürlicher Bestandteil des idealen staatsbürgerlichen Verhaltens angesehen wurde. Das Tragen von Waffen und die Bereitschaft, Gewalt anzuwenden, waren demnach nicht nur Bürgerpflichten, sondern Hauptkriterien der Zugehörigkeit zu einer Zivilgesellschaft. Insofern war ein Bürger, der Waffen trug, kein Soldat, dessen Wehrdienst ihn von der restlichen Zivilgesellschaft separierte, sondern vielmehr ein vollwertiges Mitglied derselben. Konsequenterweise schloss eine richtig verstandene Staatsbürgerschaft, und somit auch Bürgergesellschaft, eine militärische Ausbildung ein, für den Einsatz sowohl in militärischen als auch in zivilen Sphären.

31 Carl von Rotteck und Carl Welcker (Hg.), Staats-Lexikon oder Encyklopädie der Staatswissenschaften in Verbindung mit vielen der angesehensten Publicisten Deutschlands, Altona 1839, Bd. 7, 597.

32 Wilhelm Assmann, Die Bedeutung deutscher Bürgerbewaffnung geschichtlich entwickelt. Bei Gelegenheit der Fahnenweihe der Braunschweiger Bürgergarde allen Bürgergarden unsres Vaterlandes, gewidmet von Wilhelm Assmann, Braunschweig 1831, 24 f.

Dieses Konzept wurde vom radikalliberalen Halleschen Philosophen Arnold Ruge 1843 in einer Schrift über die Bedeutung der Bürgerbewaffnung in ausschließlich zivilem Kontext näher ausgeführt. Ruge zufolge sollten die *Volksbildung* und die *Volksbewaffnung*, also die Schule und das Militär, zu einer Einheit verschmelzen, da diese Kombination den Bürgern am meisten Heilung verspreche.[33] Insofern reflektiert die Integration militaristischer und ziviler Werte und Institutionen die Einführung einer alternativen zivilen Ordnung, in der die Bürger selbst für militärische Aufgaben und kontrollierende Funktionen verantwortlich waren.[34]

Ein solches Verständnis des Verhältnisses zwischen dem Zivilen und dem Militärischen veranschaulicht die Wandlung des liberalen Ethos von der freien individuellen Persönlichkeit. Die aus dem deutschen Bildungsideal hergeleitete humanistische Berufung der Selbstverwirklichung wurde in gewisser Weise einer militaristischen Auffassung vom Individuum als Bürger, wie bei Assmann dargestellt, geopfert. Ähnlich zeigen Welckers Konzept der »kriegerischen Erziehung« und Ruges Forderung, Schule und Militär miteinander zu verschmelzen, dass der deutsche Liberalismus das Erlernen kriegerischer Fertigkeiten sowie deren Anwendung als ebenso wichtig für das bürgerliche Leben erachteten wie eine humanistische Erziehung. Berücksichtigt man die Zeitumstände, unter denen diese Ausführungen entstanden, festigt sich dieser Eindruck noch zusätzlich. Zwischen 1815 und 1848 war der Deutsche Bund keiner realen Kriegsgefahr ausgesetzt, die Massenrekrutierung von Soldaten und der Unterhalt einer großen Armee stellten keine unmittelbare Notwendigkeit dar. Mit anderen Worten, es handelte sich um die Militarisierung des zivilen Ideals in einer vergleichsweise friedlichen Zeit. Gerade in dieser Epoche forderten deutsche Liberale die Beteiligung jedes Bürgers an bewaffneten Organisationen als Vorbedingung für die staatsbürgerliche Anerkennung.

Als das Stehende Heer zu Polizeieinsätzen berufen wurde, erlangte das Ideal vom *Volk in Waffen* auch eine praktische Anwendung. Während des Vormärz kam es in mehreren deutschen Staaten und Städten zu politischen und sozialen Unruhen, besonders in Preußen. Die Staatsmacht reagierte jeweils mit dem Einsatz der Stehenden Heere zur Niederschlagung

33 Arnold Ruge, Sämtliche Werke, Mannheim 1847, Bd. 4, 113.

34 Zu Ruges Ideen siehe auch Ralf Pröve, Politische Partizipation und soziale Ordnung. Das Konzept der »Volksbewaffnung« und die Funktion der Bürgerwehren 1848/49, in: Wolfgang Hardtwig (Hg.), Revolution in Deutschland und Europa 1848/49, Göttingen 1998, 113; Peter Wende, Arnold Ruge, »Kavalleriegeneral der Hegelei«, in: Sabine Freitag (Hg.), Die Achtundvierziger. Lebensbilder aus der deutschen Revolution 1848/49, München 1998, 23-32.

der Rebellionen.[35] Dieses Vorgehen führte die reaktionäre Funktion und das reaktionäre Ansehen des Militärs erneut vor Augen und bewirkte die Errichtung alternativer bewaffneter Einrichtungen, die das Ideal des Volkes in Waffen widerspiegelten. Deutsche Liberale drängten nun geradezu auf die Gründung von Bürgermilizen, die sich jedoch von jenen unterschieden, die gegen die Franzosen gekämpft hatten. Im Anschluss an die Revolution von 1830 wurden Bürgerwehren gegründet, um die Bürger vor der Gewalt des Heeres und ihr Eigentum vor Übergriffen niederer Gesellschaftsschichten zu schützen. Dass Liberale diese neuen bewaffneten Formationen unterstützten, bestätigt ihr militantes Ideal der Bürgergesellschaft: Jene, die die gewaltsame Einmischung der Armee in zivilen Sphären verhindern wollten, sahen die Bewaffnung von Zivilisten und deren Wehrbefähigung gleichzeitig als geeigneten Weg, um sie zu vollwertigen Mitgliedern der Zivilgesellschaft zu machen. Bürger würden nun selbst Gewalt gegen andere Bürger anwenden und dabei ihre »wirklichen«, staatsbürgerlichen Qualitäten beweisen können. Dieses Paradox spitzte sich in der Revolution von 1848/49 zu.

Ein letzter Reformversuch: Die Revolution von 1848

Die Revolution, die im Frühjahr 1848 in mehreren deutschen Staaten ausbrach, beruhte auf verschiedenen Motivationen und nahm unterschiedliche Verläufe. Die revolutionären Kräfte hofften, Lösungen für einige der dringendsten Probleme zu bieten, die die deutsche Gesellschaft in den vergangenen Jahrzehnten beschäftigt hatten. Sie hofften auch, im Zuge der Revolution würden einige der Reformen – wie etwa die Militärreformen, die in der Reformära eingeführt, aber von der Restauration wieder rückgängig gemacht wurden – wieder implementiert werden. Dem Aufbau einer demokratisch orientierten Armee und dem Unterhalt von Bürgermilizen wurde deshalb wesentliche Bedeutung beigemessen.

Bereits am 6. März jenes Jahres wurde erneut die Bewaffnung des gesamten deutschen Volkes gefordert, nun vom sächsischen Liberalen Robert Blum, der in einer Rede den Umstand bedauerte, dass einige Deutsche Waffen trugen und andere nicht. Der ersten Gruppe, den Soldaten, warf Blum vor, wie Maschinen gehandelt zu haben, als sie gegen ihre eigenen Brüder vorgegangen seien. Trügen alle Deutschen Waffen, würde die Spaltung im deutschen Volk aufgehoben, denn ein *bewaffnetes Volk* benötige

35 Zur militärischen Unterdrückung der Unruhen während der Restauration und des Vormärz siehe Alf Lüdtke, Police and State in Prussia, 1815-1850, Cambridge 1989, 160-166, 183-193.

keine *bewaffnete Macht*. Blum bezog sich auch auf die französischen Verhältnisse, die seines Erachtens auf eine engere Verbindung zwischen Soldaten und Bürgern hindeuteten, da man dort dieselben Interessen, Rechte und Pflichten teile.[36] Genau hier wird der Grad der Militarisierung der Gesellschaft deutlich, denn Blum trennt nicht zwischen der militärischen und der zivilen Sphäre. Die bewaffnete Macht soll in einem bewaffneten Volk aufgehen, sodass die angestrebte Zivilgesellschaft eine bewaffnete ist.

Blums Ideen fanden großen Widerhall in der Frankfurter Nationalversammlung, die im Mai 1848 zusammentrat. In den Debatten betonten liberale Abgeordnete die zivilgesellschaftlichen Verdienste der bewaffneten Bürger. Ludwig Simon, ein preußischer Abgeordneter aus Trier, rief dazu auf, sämtliche Bürger an der Waffe auszubilden, zum Schutz der konstitutionellen Freiheiten und um jedem Versuch, diese Rechte mit Gewalt zu brechen, begegnen zu können.[37] Bewaffnete Bürger erschienen demzufolge als die beste Garantie für die Wahrung der Bürgerrechte. Das Recht, Waffen zu tragen, wurde aber auch als natürliches Recht erachtet, da es über die Verteidigungszwecke hinaus vor allem den staatsbürgerlichen Status des Individuums definierte. So argumentierte der Dresdner Demokrat Franz Wigard, dass jeder deutsche Bürger das Recht habe, eine Waffe zu tragen, da es sich um ein unwiderrufliches »ursprüngliches, ächtes deutsches Recht« handle.[38] Im Karlsruher Parlament machte der Mannheimer Rechtsanwalt Friedrich Hecker dasselbe Recht geltend. Jeder Bürger solle eine mit eigenem Geld gekaufte Waffe besitzen und sie später seinem Sohn vermachen. Ein solches Recht, so Hecker, spiegle den Patriotismus wider und beuge missbräuchlichem Verhalten der Obrigkeit vor.[39]

Auf der realpolitischen Ebene ersuchten Bürger verschiedener deutscher Städte, zum Beispiel Offenburg, Freiburg, Heidelberg und Münster,[40]

36 Bundesarchiv Berlin (BArchB), Nachlass Robert Blum, Nr. 65, Die Stellung der Soldaten in Deutschland. Von Rob. Blum (Gesprochen im Redeübungsverein am 6. März 1848); vgl. auch Robert Blum, Volksthümliches Handbuch der Staatswissenschaften und Politik. Ein Staatslexikon für das Volk, Leipzig 1848, Bd. 1, 75-77; zu Robert Blum siehe auch Thorsten Maentel, Robert Blum: »Ich sterbe für die Freiheit, möge das Vaterland meiner eingedenk sein!«, in: Sabine Freitag (Hg.), Die Achtundvierziger, München 1998, 141-43.

37 Franz Wigard (Hg.), Stenographischer Bericht über die Verhandlungen der deutschen constituirenden Nationalversammlung zu Frankfurt am Main, Frankfurt am Main 1849, neu vorgelegt von Christoph Stoll, München 1980, Bd. 9, 6866.

38 Ebd., Bd. 2, 1328.

39 Zu Wigard und Hecker siehe auch Frevert, Kasernierte Nation (wie Anm. 10), 158 f.; vgl. auch Freitag, Die Achtundvierziger (wie Anm. 35), 54-56.

40 Zu den Petitionen in Offenburg siehe BArchB, Nachlass Karl Mathy, Nr. 97, Die Volksversammlung zu Offenburg, am 19. März 1848; zu Freiburg: BArchB,

ihre Regierungen, die Bürgerwehren in die Heere einzugliedern, um eine Volkswehr zu bilden. Liberale und Demokraten strebten eine engere Verbindung zwischen Bürgern und Soldaten an. Eine solche Fusion erschien ihnen als Voraussetzung für die Errichtung einer demokratisierten Armee, die die Freiheit des Volkes garantieren würde – im Gegensatz zur traditionellen Armee, die gegen das Volk eingesetzt wurde. Doch mit wenigen Ausnahmen, in denen die Bürgerwehren eine aktive oppositionelle Rolle wahrnahmen und den Herrschaftsheeren den »Verteidigungskrieg« erklärten, wie es in Karlsruhe und Heidelberg geschah, unterstützten die Bürgerwehren die meisten deutschen Staaten bei der Wiederherstellung der öffentlichen Ordnung, besonders in der letzten Phase der Revolution.[41] In dieser Phase vertraten sie im Grunde genommen die eigentliche *Bürgergesellschaft*.

Die liberale Vision, die im Verlauf der Revolution in Erscheinung trat, von einer bewaffneten Streitmacht unterstrich die Kontinuität der Grundsätze, welche die sich seit Anfang des Jahrhunderts entwickelnde Idee der *Bürgergesellschaft* prägten. Die Zugehörigkeit zu einer ihrem Wesen nach gewalttätigen Organisation bedeutete die Aufnahme in die Zivilgesellschaft. Die Tatsache, dass die Bürgerwehr nun jedermann offenstand, machte somit auch die politische Sphäre allen zugänglich. Für viele Deutsche, gleichgültig welchen sozialen Hintergrunds, bekräftigte allein der Dienst in der Miliz insofern ihre Mitgliedschaft in der Zivilgesellschaft, als es sich um ihr erstes Engagement in der politischen Sphäre handelte. Individuen hatten das Recht, sich diesen bewaffneten Organisationen anzuschließen, um ihre Bürgerpflichten wahrzunehmen. In dieser Hinsicht waren selbst Frauen, auch wenn sie in der Regel keine Waffen trugen und ihnen die Rechte der Männer nicht zugestanden wurden, bis zu einem gewissen Grad in den Milizen aktiv: Sie stellten Munition her, pflegten die Verwundeten, sammelten Geld für den Waffenkauf und unterstützten die Milizmitglieder moralisch. Diese Genderunterschiede manifestierten sich auch in der spezifisch maskulinen Rolle, die den Männern zugedacht war – wie etwa mancherorts während der Revolution, zum Beispiel in Württemberg, wo in einigen Gemeinden vorgeschlagen wurde, dass Männer nur

Nachlass Friedrich Hammacher, Nr. 71, Die Volkversammlung in Freiburg, am 26. März 1848; zu Heidelberg: ebd., Die Volkversammlung in Heidelberg, am 26. März 1848; zu Münster: ebd., An die Bürgergarde der Stadt Münster [12.11.1848].

41 Siehe hierzu Ralf Pröve, Bürgerwehren in den europäischen Revolutionen 1848, in: Dieter Dowe, Heinz-Gerhard Haupt und Dieter Langewiesche (Hg.), Europa 1848. Revolution und Reform, Bonn 1998, 907-914.

dann heiraten dürften, wenn sie sich Uniform und Bewaffnung leisten konnten.[42]

In Anbetracht dieser Aspekte der Bürgerwehren, scheint es, als ob sich das zivilgesellschaftliche Bewusstsein selbst während der Revolution nicht durch rein zivile Aktionen – wie etwa Streiks, Barrikaden oder Demonstrationen – herauskristallisierte, sondern auch, oder vielleicht sogar hauptsächlich, durch die Bewaffnung von Zivilisten und deren Wehr- und Kampfausbildung. Die Tatsache, dass die Bürgerwehren in einigen Staaten letztlich legalisiert wurden, zeigt, dass die Obrigkeit sie nicht als ernste revolutionäre Gefahr betrachtete.

Dieses Verhalten der verschiedenen Milizen und die Tatsache, dass ihr Fundament auf einer breiten, heterogenen sozialen Basis beruhte, betonten ihr nationales Anliegen, auch wenn sie mitunter offenkundig eine oppositionelle Haltung vertraten. Und obwohl sie ihre Autorität unabhängig ausübten, verlieh ihnen das gemeinsame Ziel einen nationalen Charakter. Nach der endgültigen Niederlage der Revolution wurden die Milizen in mehreren deutschen Staaten verboten: in Preußen (Oktober 1849), in Baden und Sachsen (1850) und in Württemberg (1851).

Schlussfolgerungen

Die Geschichtsschreibung des deutschen Militarismus fokussiert üblicherweise die Rolle der Armee, die ihre Werte und Ziele der politischen Tagesordnung aufgezwungen habe. Zwischen der Restauration und den Einigungskriegen der 1860er Jahre räumten die preußische Monarchie und die Monarchen anderer deutscher Staaten den Stehenden Heeren Priorität ein, die eher zum Schutz ihrer eigenen Macht als gegen äußere Feinde eingesetzt wurden. Gleichzeitig wurden Status und Funktion des Militärs von manchen liberalen Politikern und Denkern, denen die Errichtung einer Bürgergesellschaft durch die Liberalisierung des politischen Systems und der Armeen vorschwebte, infrage gestellt. Doch obwohl sie den bestehenden Daseinszweck des Militärs anfochten, erklärten sie einige grundlegende Werte und Praktiken des Soldatendaseins zu Kriterien staatsbürgerlichen Wohlverhaltens und einer funktionierenden Zivilgesellschaft. Das deutsche Konzept der Zivilgesellschaft, der *Bürgergesellschaft*, war eine maskuline Domäne, und wer ihr angehören wollte, musste auch eine erfolgreiche Ausbildung in wehrhaften Organisationen militaristischer Prägung durchlaufen haben. Und wenngleich die Ausübung von Gewalt aus-

42 Siehe die erweiterte Diskussion bei Frevert, Kasernierte Nation (wie Anm. 10), 172-175.

schließlich dem Gemeinwohl zu dienen hatte, schuf sie auch gewisse individuelle Freiräume. Die liberalen Aspekte der Zivilgesellschaft wurden zwar beibehalten, doch waren sie nicht zwangsläufig an ihre friedliche, klassische Version gebunden. Die Anwendung von Gewalt verlieh somit dem staatsbürgerlichen Ethos ein militantes Antlitz.

Ishay Landa (Ra'anana)

»Take Care Not to Spit *against* the Wind!«

War on the Last Man from Nietzsche to Jünger

One of the striking elements about the violence that characterized Europe in the first half of the twentieth century, Germany being probably the most important case in point, is the patent radicalism and fanaticism that dominated, not just the period's politics, but also its culture.[1] But is such violence indeed, really »striking«? Historians have become so accustomed to thinking about the age in terms of its rampant violence, that the latter's very existence ceases to pose a theoretical problem. There is a tendency, I think, to take this violent excess for granted, to see it as a historical given: violence there was, for the age was violent. This was after all »the age of extremes,« in Eric Hobsbawm's formulation. Ernst Nolte, for his part, spoke about the »Europäische Bürgerkrieg«. But the concept of war, even civil war, is actually inadequate in some important ways. Containing an obvious element of truth, it fails to address a fundamental feature of the specific violence of this era. War implies military bodies violently clashing against each other, two (or more) warring parties, armies. But in Europe in the first half of the twentieth century there was, I propose, not so much armies but a camp of war facing a camp of peace. The period presents a perhaps unprecedented phenomenon of an all-out war *waged on peace*. Peace as a reality, as a concept, and as an ideal was being attacked. This explains the centrality given to the alleged values of war, the military spirit, the heroic tributes and so on and so forth, down to the most graphic celebration of physical violence: think of someone like Oswald Spengler waxing lyrical about the »intoxication of feeling« which overcomes »a real man« when he drives the knife into the enemy's body, »the smell of blood and the sound of groaning reaching the exultant senses.«[2] War was not

1 The author would like to thank the editors for their useful commentary on this essay.

2 Oswald Spengler, Der Mensch und die Technik, Munich 1931, 34. To a melancholic Karl Kraus these words represented the nearest that culture and philosophy could possibly come to embracing barbarism, although he remained convinced that Nazism was ultimately inimical, and foreign, to culture. See Karl Kraus, Dritte Walpurgisnacht, Frankfurt am Main 1989, 77.

simply a means toward some concrete aim; it was considered as intrinsically valuable *qua* the alternative to peace.

Whence Violence?

Why was physical, brute force historically invested with such importance? Many construed the violence – either to condemn or to justify it – as a regression to barbarism and atavism, the eruption of the id, the repressed instincts, »the death drive,« as Freud put it after the First World War. Yet such explanations, by turning to human nature and to the psyche as a natural given, in reality elude history. In this article, I wish to place the violence of the first half of the twentieth century in its social and political context. It was rooted in a shift in the balance of power – social, political, economic and cultural – that took place throughout the second half of the nineteenth century, a shift in favor of the masses, at the expense of the elites. The violence that ensued, including two »world wars« and interwar fascism, is to be understood not least as a counter-attack, a desperate effort to redress the balance of forces, arrest the march forward of the masses and impede the creation of a dreaded mass society. From the point of view of the elites one of the things that were particularly exasperating was the fact that this progress was achieved with little appeal to physical force: the masses were not posing a military threat as much as they were subverting the system from within, appearing to assume control of all its vital organs: the legal, the fiscal, the electoral, etc. The elites were in possession of the resources, the weaponry, the technology, the military expertise, the administrative knowhow, but all this seemed to count for nothing, and they were apparently losing the battle to the physically weaker elements: the masses, of course, were perennially identified with women, both literally and metaphorically regarded as feminine.[3] And this state of things must have been a source of tremendous frustration.

3 Klaus Theweleit's classic study of the chauvinist mentality of the Freikorps still provides the best analysis and documentation of these misogynic tropes and, of equal value, the way they were intrinsically linked to a visceral hatred of the masses (Klaus Theweleit, Männerphantasien, Frankfurt am Main 1978). Spengler again, in the passage just alluded to, provides an excellent illustration of the way the act of war was libidinally invested, probably subconsciously so: »The soul of these strong solitaries is warlike through and through, mistrustful, jealous of its own power and booty. […] Every real ›man,‹ even in the cities of late cultures, feels every now and again the sleeping fire of this primal soul.« Spengler, Der Mensch und die Technik (fn. 2), 34. See also Andreas Huyssen's instructive analysis of the way that »mass culture« was widely constructed »as a woman« during the first half

By the end of the nineteenth century, this paradoxical state was recognized by astute observers across the political spectrum. On the left, writing in 1895, Friedrich Engels argued against the possibility of a violent proletarian revolution. He claimed that the development of modern weaponry provided the forces of order with hugely powerful means of repression. Engels therefore warned socialists against the folly of mounting the barricades, since this would only provide the reactionaries with a pretext for establishing a dictatorship. But he was also convinced that such violent acts were totally unnecessary: he was delighted to affirm that the Social Democratic revolution of the workers was flourishing by peaceful methods, within legality, whereas the ruling classes were being pushed into a tight corner, and would have no other option but to break the law and have recourse to physical violence:

> »The irony of world history turns everything upside down. We, the ›revolutionaries,‹ the ›overthrowers‹ – we are thriving far better on legal methods than on illegal methods and overthrow. The parties of order, as they call themselves, are perishing under the legal conditions created by themselves […], whereas we, under this legality, get firm muscles and rosy cheeks and look like life eternal. And if *we* are not so crazy as to let ourselves be driven to street fighting in order to please them, then in the end there is nothing left for them to do but themselves break through this dire legality.«[4]

Engels's observation is borne out by modern historians, for example Simonetta Falasca-Zamponi, who has noted, apropos France in the same period, that the elite's fear of the masses was hardly fueled by violence on the part of workers or strikers, occurrences of which were in fact negligent. The problem, rather, had to do with the social empowerment of the masses. »Minimal violence notwithstanding,« she writes, »the public presence of the masses was interpreted as a social rupture, an internal disturbance.«[5]

The realization that the lawmakers would be the lawbreakers was shared by many conservatives. For example, ten years earlier, in 1885, Ludwig Gumplowicz, the Austrian sociologist who was an important trailblazer of

of the twentieth century, in the third chapter of his After the Great Divide: Modernism, Mass Culture, Postmodernism, Bloomington, IN 1986, 44-62.

4 Friedrich Engels, Introduction to Karl Marx's *The Class Struggles in France 1848 to 1850* [1895] (emphasis in the original), online: ‹http://www.marxists.org/archive/marx/works/1895/03/06.htm›.

5 Simonetta Falasca-Zamponi, »The Gendered Masses: Politics and Aesthetics in the Making of the Fascist Dux,« *The European Legacy* 2/5 (1997), 854-867, here 857.

German Social Darwinism, also realized that the working class was now in the position to use the legal weapons of political liberalism against the bourgeoisie.

> »The bourgeoisie in the struggle with the other property classes is the first to appeal to universal human rights, to freedom and equality. [...] And it succeeds not without the support of the masses whom it flatters [...]. Its might like that of the higher class is now based on right, and though for the moment what it has won seems to be clear gain, it has found the yoke of legal logic about its neck and must submit to its ideas. For the lowest classes participation in the struggle was a profitable experience. [...] [I]n spite of exaggerations [the social demands of the masses] are logical consequences of principles which the ruling class asserted in its own interest and from which the middle class profited declaring them at the time to be universal. They cannot be wholly eradicated; they aid the struggle for the emancipation of the fourth class powerfully.«[6]

Against this ensuing radicalism, Gumplowicz then added with an air of scientific finality, a dictatorship must inexorably ensue. Given that the workers had turned »right« into »might,« the bourgeoisie would be forced to reassert the supremacy of »might« against »right« by resorting to dictatorship, »to the despotic might of reaction.«[7] The important point is that for both Engels and Gumplowicz the ongoing revolution of the social order was *not* a violent one: it took place wholly within the legal framework but was able to subvert society nonetheless.

My suggestion here is not that the radical left of the late nineteenth century had renounced armed struggle in principle or given up on revolution. Nevertheless, to witness even a die-hard revolutionary such as Engels emphatically warning against insurrection, and founding his hopes on the immanent maturation of socialism, is symptomatic of the larger trend whereby mass society and mass politics, on their own terms and excluding violence, were perceived as a threat to elite power. It should also be noted, against the *Bürgerkrieg* matrix favored by conservative historians and its implications of symmetric violence and »extremity,« that in most countries that eventually succumbed to fascist or semi-fascist authoritarianism the rise of the masses was legalistic and essentially non-revolutionary. This was the case in pre-Mussolini Italy, pre-Salazar Portugal, pre-Franco Spain, pre-Dollfuss Austria and, in truth, in pre-Hitler Germany as well:

6 Ludwig Gumplowicz, The Outlines of Sociology, Philadelphia 1899, 149 f.
7 Ibid.

in all these countries right-wing authoritarianism ousted democratic republics, not Bolshevik dictatorships.

Middle-Class Pessimism

In general, from the mid-nineteenth century at the latest, early middle-class confidence in the prospects of progress and enlightenment began to wane, and the dominant mood among centrist and right-wing circles became one of misgiving and dejection. Even as bourgeois civilization achieved its greatest social and economic triumphs, its leading intellectuals came to entertain serious doubts about its viability. Over the last 150 years, this pessimistic disposition has found numerous articulations. Perhaps the most significant example is Friedrich Nietzsche's deconstruction of the idea of progress with his notion of »the Last Man,« from *Thus Spoke Zarathustra* (1885).

To the Hegelian confidence in the eventual triumph of reason and freedom, Nietzsche responded with marked pessimism. He did not dispute Hegel's prognosis as much as he completely reversed its value judgment. He agreed that rational modernity looked set to gain a decisive victory, yet of a classically Pyrrhic nature. Instead of leading humanity to new cultural summits, modernity signified a social and economic leveling down, the formation of a mass society at the heart of which stood »the most contemptible man: and that is the last man [...]. Nobody grows rich or poor anymore: both are too much of a burden. Who still wants to rule? Who obey? Both are too much of a burden. No herdsman and one herd.«[8]

The Last Man is mass society incarnate. He epitomizes the nightmare of social subversion, an egalitarian dystopia. But again there is no hint of physical violence: if there is one thing the Last Man is *not* it is a warrior. He is the product of a peaceful revolution, consisting of increased consumption and mass happiness – Zarathustra says that the Last Men »still work, for work is entertainment. But they take care the entertainment does not exhaust them. [...] They have their little pleasure for the day and their little pleasure for the night: but they respect health. ›We have discovered happiness,‹ say the Last Men and blink.«[9] The power of the Last Men lies in their organization. Nietzsche frequently complained against the social achievements of the workers, such as trade unions, general education, universal suffrage, social legislation, and so forth. It is in this context of

8 Friedrich Nietzsche, Thus Spoke Zarathustra, Harmondsworth, UK 1969, 45f. Here and in the following citations I occasionally depart from Richard J. Hollingdale's translation, consulting the original German.

9 Ibid., 47.

escalating class struggle that Zarathustra's extreme militancy against »the rabble,« a real declaration of war that prefigures the violence of the twentieth century, needs to be understood:

> »Life is a fountain of delight; but where the rabble also drinks all wells are poisoned.
> [...] And many a one who turned away from life, turned away only from the rabble: he did not wish to share the well and the flame and the fruit with the rabble.
> [...] And many a one who came along like a destroyer [...] wanted merely to put his foot into the jaws of the rabble and stop its throat.
> [...] And like a wind I will one day blow among them and with my spirit take away the breath from their spirit: thus my future will have it.
> Truly, Zarathustra is a strong wind to all flatlands; and he offers his advice to all that spews and spits: ›Take care not to spit *against* the wind!‹«[10]

In the ensuing years and decades, the critique of mass consumerism as a symptom of social and cultural decay, frequently inspired by Nietzsche, was often at the very heart of the predominant discourse. As I have analyzed elsewhere, in order to counter the advances of the masses, Nietzsche – central among other thinkers and authors – fashioned a very influential pseudo-aristocratic ethos, which attempted to instill the bourgeoisie with a sense of special mission and distinction vis-à-vis their one-time allies, the »petty-bourgeoisie« and the workers. This accounts for the perhaps surprising fact that, while none of the figures discussed below was of noble ancestry, they were all very prone to take on aristocratic airs.[11]

10 Ibid., 120-122 (emphasis in the original).

11 See Ishay Landa, The Overman in the Marketplace: Nietzschean Heroism in Popular Culture, Lanham, MD 2007, especially chap. 5, which deals with »The Bourgeois Renaissance of Aristocratic Heroism.« See also, for a painstaking exposition of the political and social content of Nietzsche's thought, Domenico Losurdo, Nietzsche: The Aristocratic Rebel (originally in Italian, 2002), trans. Gregor Benton, Boston/Leiden, forthcoming, 2014. On Nietzsche as a thinker largely representative of his time, his country and his social class, see William H. F. Altman, Friedrich Wilhelm Nietzsche: The Philosopher of the Second Reich, Lanham, MD 2013. We might add that the attempts on the parts of the bourgeoisie to court the aristocracy and revive its ethos did not remain entirely unreciprocated. This explains, among other things, why many aristocrats in Germany – in fact throughout Europe – looked kindly on Italian and German fascism, despite its plebeian pedigree. This is well documented, for example, in Stephan Malinowski's study of the German nobility in the first half of the twentieth century and its relationship to Nazism: Vom König zum Führer. Deutscher Adel und Nationalsozialismus, Frankfurt am Main 2004.

A few examples may help to illustrate the Nietzschean legacy of disdaining the Last Man. Max Weber, to start with, in his seminal book on the Protestant ethic (1905) took his cue from Nietzsche and viewed the pleasure-seeking, soulless capitalism of modernity as a daunting fall from the early »heroic age of capitalism,« characterized by lofty moral values and an »asceticism« which »turns all its force [...] against one thing in particular: the *uninhibited enjoyment* of life.«[12] The early, admirable capitalist specimen »had no wish to consume but only to make profits« and capital was created when »the restraint on consumption« combined with »the ascetic compulsion to save.«[13] Dutifully accompanying this thrifty, puritan capitalist bent on making profits was an exemplary early worker, »kept in poverty« and hence highly productive. The incipient capitalist ethos, Weber emphasized, »glorifies the faithful worker who does not look for profit [...]. Indeed, the entire ascetic literature of *all* denominations is imbued with the attitude that faithful work, even for low wages, by those to whom life has dealt no other opportunities, is highly pleasing to God.«[14] In the famous, elegiac passages concluding his book, Weber lamented what he called a »monstrous development,« which had led to the demise of the admirable ascetic spirit and facilitated the rise of a crass materialistic civilization. Such anticlimactic civilization appeared destined, unless a cultural revolution took place, to be presided over by »the last men.«[15]

A few years later, on the verge of the First World War, such concerns found an echo in the work of the influential economist and sociologist Werner Sombart. He, too, if on somewhat different terms, nostalgically evoked early capitalist production of luxury goods for the consumption of a small elite, deliberately keeping the masses at arm's length. In those remote days, economic activity was conducted at a relatively leisurely pace and with considerable margin of profit. »When these bourgeois of the old style worked,« Sombart asserted in 1913, they were »basically selling to the rich, which is always more comfortable than selling to the great mass.«[16] Regretfully, all this changed in the course of the nineteenth century, giving way to the new, debased, properly modern form of production and consumption, whose common denominator was massification. Modern capitalism distinguished itself by frenzied activity which catered to the masses.

12 Max Weber, The Protestant Ethic and the »Spirit« of Capitalism and Other Writings, London 2002, 112.
13 Ibid., 22, 116 f.
14 Ibid. (emphasis in the original), 119.
15 Ibid., 121.
16 Werner Sombart, Der Bourgeois. Zur Geistesgeschichte des modernen Wirtschaftsmenschen, [1913], Berlin 2003, 201 f.

The venerated old principle of great profit at small investment was totally reversed. The motto of contemporary economic life had become, on the contrary, »big volume of sales – small profit.« This unwholesome shift came complete with a sweeping social, moral and aesthetic erosion.[17] Sombart's argument comprises a condemnation of the alarming subversion of social roles: the masses, formerly excluded from participation in the benefits of production, had now become consumers, whereas the capitalist, formerly firmly in charge of the productive apparatus, was now enslaved by it, had lost all autonomy and dignity. The pathos of the following statement is instructive:

> »Modern economic man [...] is drawn into the vortex of economic activity and is carried away along with it. He does not act out of virtue, he acts under compulsion. The tempo of the activity determines his own tempo. He can afford to be lazy just as little as the worker next to the machine can, whereas the craftsman could choose whether to be diligent or not.«[18]

Spengler, for his part, justified the acquisition of riches and the most extravagant socioeconomic inequalities, but lamented the strictly modern, late capitalist development, whereby the masses were allowed to consume, too. This was reflected in his double standard with regards to luxury. On the one hand, he viewed the »genuine luxury« of the rich as requisite for culture:

> »High culture is inseparably bound up with luxury and wealth. [...] And wealth, collected in few hands and among the ruling classes, is among other things the prerequisite for the education of generations of leading minds through the model of a highly developed environment without which there is no healthy economic life and no development of political capacity.«[19]

On the other hand, he protested against the »luxury wages« politically extorted by the unionized workers, made possible by the imposition of a system which he scornfully dubbed »taxation Bolshevism« (*Steuerbolschewismus*).

17 Ibid., 233.
18 Ibid., 237. On Sombart's critique of consumerism, which he identified with Jews, women and Americanism, and the affinity of his position with German conservatism, imperialism and finally, fascism, see Thomas Lenz, Konsum und Modernisierung. Die Debatte um das Warenhaus als Diskurs um die Moderne, Bielefeld 2011, 105-120.
19 Oswald Spengler, Jahre der Entscheidung [1933], Munich 1980, 109.

An intriguing instance of this pessimistic discourse is Ernst Jünger's influential essay *On Pain*, written and published in 1934. Very much in Nietzsche's spirit, Jünger denounced consumerist modernity as a pseudo-culture characterized by a superficial attempt to deny the ineluctability of pain and create a *Schlaraffenland* here on earth. This enterprise was informed by »the biased belief« that reason, technology and democracy could insulate humanity from suffering. He cited modern political and technological improvements that make the life of the masses more pleasant, safer and less painful, »such as the abolition of torture and the slave trade, the discovery of electricity, vaccination against measles, narcosis, the system of insurance, and a whole world of technical and political conveniences.«[20] In the following passage Jünger underscores the way that mass democracy and mass entertainment intertwine:

> »The *breadth* of people partaking of goods and pleasures is a sign of prosperity. Perhaps most symbolic are the grand cafés […]. They can be called the true palaces of democracy. Here one senses the dream-like, painless, and oddly agitated ease that fills the air like a narcotic. On the streets it is striking how the masses are dressed in such undeniable poor taste, yet in a uniform and ›respectable‹ fashion. Bare and blatant poverty is rarely seen. […] [A] quality of pure convenience is still an integral part of the fabulous expansion of technical means – it all seems designed to light-up, warm, move, entertain, and deliver streams of gold.«[21]

From Jünger's elitist vantage point, such an unprecedented degree of mass comfort is indeed highly disquieting. Yet the essay displays a sense of satisfaction and assuredness, which is explained by the fact that it was written in a time and a place where »the palaces of democracy« had already been toppled. Writing a year after Hitler's rise to power, Jünger evidently felt that he could afford to pronounce the Last Man a thing of the past, a disease humanity had recovered from. The need to find a sanctuary from pain, Jünger maintained, »seems especially striking when contrasted with the hopes of the age of widespread security, whose values are still fully familiar to us today. The Last Man, as Nietzsche prophesized, is already history.«[22] And, a little further down: »The prophecy of the Last Man has found rapid fulfillment. It is accurate – except for the assertion that the Last Man lives longest. His age already lies behind us.«[23] For Jünger, fas-

20 Ernst Jünger, On Pain, New York 2008, 10.
21 Ibid., 12 f.
22 Ibid., 9.
23 Ibid., 13.

cist military dictatorship in this way forcefully cut short the progress of history, annulled the gains of the masses and asserted the existential primacy of *pain*. War, suffering, strife and struggle were emphatically back on the agenda.

The fascist and Nazi opposition to mass consumption is by now well documented. Peter N. Stearns, for example, affirmed that »during the decades between the wars [...] the most important efforts to beat back consumerism formed part of the fascist movement in Italy and Germany [...]. Basic fascist goals [...] were anti-consumerist.«[24] Ulrich Wyrwa asserted, apropos Nazi Germany, that »a positive conception of consumption could not emerge until the collapse of National Socialism.«[25] Norbert Frei emphasized the Spartan existence of most Germans before the outbreak of the Second World War.[26] According to Gerwin Strobl, the Nazis charged »democracy and consumer capitalism« with ushering in »an atomized society, bereft of purpose or ideals.«[27] Italian fascism exhibited similar trends: in one of his speeches, Mussolini berated the demographic trend of bored people »running« from the villages and the small towns to the metropolis with its consumerist temptations, »where one can find all the

24 Peter N. Stearns, Consumerism in World History: The Global Transformation of Desire, 2nd ed., New York 2006, 72. Mary Nolan offered a more cautious, but ultimately compatible verdict: »Militarism, not mass consumption, was the Nazis' preferred solution to the problem of demand for the expanded productive capacity [...].« Visions of Modernity: American Business and the Modernization of Germany, New York/Oxford 1994, 233.

25 Ulrich Wyrwa, Consumption and Consumer Society: A Contribution to the History of Ideas,« in: Susan Strasser et al. (ed.), Getting and Spending: European and American Consumer Societies in the Twentieth Century, Cambridge 1998, 431-448, here 440. On the prospering of weapon manufacturers under Nazism and the comparative difficulties of »consumer-goods manufacture« see, David Bankier, Germans and the Final Solution: Public Opinion under Nazism, Oxford 1996, 99. Ian Kershaw, similarly, in a study of conditions in Bavaria, underlined the fact that under the Nazi regime »morale was poor in those branches of business dependent on increased consumer spending« (Popular Opinion and Political Dissent in the Third Reich: Bavaria 1933-1945, Oxford 2002, 124).

26 Norbert Frei, Der Führerstaat. Nationalsozialistische Herrschaft 1933 bis 1945, Munich 1987, 134. But for a different view, emphasizing the economic gains Nazism brought to common Germans, see Götz Aly, Hitler's Beneficiaries: Plunder, Racial War, and the Nazi Welfare State, New York 2007.

27 Gerwin Strobl, The Swastika and the Stage: German Theatre and Society, 1933-1945, Cambridge 2009, 139. There was also widespread Nazi resentment at department stores, identified with Jewish power. See, among numerous studies, Kershaw, Popular Opinion (fn. 25), 116. On the Nazis' anti-kitsch campaign, integral to their opposition to consumerism, see Natalia Skradol, Fascism and Kitsch: The Nazi Campaign against Kitsch, in: *German Studies Review* 34/3 (2011), 595-612.

pleasant and stupid things.«[28] In May 1934 the Duce publicly declared: »We are approaching a period in which mankind will find its equilibrium on a lower standard of life. But this need give no cause for anxiety. That mankind can be a strong mankind, capable alike of enthusiasm and heroism.«[29]

Prior, however, to that momentous shift in the balance of power, there was a pervasive middle-class sense that history did not favor the elites but rather the masses, and that therefore its course must somehow be reversed. This consciously counter-historical commitment had received an early expression in Nietzsche's youthful treatise *On the Uses and Disadvantages of History for Life* (1874), in which he extolled »the great fighters *against history*.« Any possible virtue, for Nietzsche, »always swims against the tides of history.«[30] He was compelled to instigate a countermovement, promote a radical »reevaluation of all values,« in order to somehow change the tide of historical development. His mood was generally pessimistic. The heroes he called forth would conduct a rearguard battle with scant prospects of success. Yet Nietzsche encouraged them to fail nobly, go under in grand style. »I know of no better aim of life,« he declared, »than that of perishing, *animae magnae prodigus*, in pursuit of the great and the impossible.«[31] His rare moments of optimism revealingly drew on the anticipation of a successful derailing of history. As in *Ecce Homo*:

> »A tremendous hope speaks out of this writing. [...] Let us look a century ahead, let us suppose that my *attentat* on two millennia of antinature and the violation of man succeeds. That party of life which takes in hand the greatest of all tasks, the higher breeding of humanity, together with the remorseless extermination of all degenerate and parasitic elements, will again make possible on earth that *superfluity of life* out of which the dionysian condition must again proceed.«[32]

28 Benito Mussolini, Opera Omnia, vol. 22, Florence 1958, 367.
29 Cited in Franz Neumann, European Trade Unionism and Politics, New York 1936, 42. See also Victoria de Grazzia, Nationalizing Women: The Competition between Fascist and Commercial Cultural Model in Mussolini's Italy, in: Victoria de Grazzia and Ellen Furlough (ed.), The Sex of Things: Gender and Consumption in Historical Perspective, Berkeley/Los Angeles 1996, 337-358.
30 Friedrich Nietzsche, Untimely Meditations, Cambridge 1997, 106 (emphasis in the original).
31 Ibid., 112.
32 Friedrich Nietzsche, Ecce Homo, Harmondsworth, UK 1992, 51 f. I have changed R.J. Hollingdale's translation of *Vernichtung* from »destruction« to »extermination.«

Holy War against History and the Last Man

Historically – to take a step back in time – this unlikely constellation whereby bourgeois civilization was destabilized by its own success does a great deal to render intelligible the irrational spasm of euphoria that seized large sections of the European upper and middle classes upon the outbreak of the First World War. Astonishingly, war was seen not as a calamity but as a reprieve, an opportunity to breathe freely again after decades of growing asphyxiation. And the reason was not simply a psychological or cultural malaise, a product of ennui, as often suggested;[33] if that were the case, surely the bellicose paroxysm would have gripped the European working classes and the peasants with equal violence.[34] More plausibly, the war was

33 The notion that war was welcomed by contemporaries as an opportunity to escape the boredom and monotony of modern life has been emphasized by numerous historians. According to Joachim C. Fest, for example, »the whole European world, including Germany, was suffering from profound ennui. The war seemed an opportunity to escape from the miseries of normality« (Hitler [1973], New York 2002, 64). Albert S. Lindemann contended that »For many Germans the war seemed to offer an uncanny sense of release, of an escape from the ordinary, from the much lamented sense of sterility and *Verdrossenheit* (peevishness) of the immediate prewar years« (Esau's Tears: Modern Anti-Semitism and the Rise of the Jews, Cambridge 1997, 392). See also Barbara W. Tuchman, The Guns of August, London 1962, 348; Hew Strachan, The First World War, vol. 1, To Arms, Oxford 2001, 137; Michael S. Neiberg (ed.), The World War I Reader, New York 2007, 9; Norman Stone, World War One: A Short History, London, 2009, 77. Cultural theorists have also suggested such an interpretation. See, for example, Slavoj Žižek who, in one of his earlier books, grounded the outbreak of the war in »the real of enjoyment,« a private kernel which resists being universalized, and facilitates nationalism (Looking Awry. An Introduction to Jacques Lacan through Popular Culture, Cambridge, MA 1992, 166). Francis Fukuyama, similarly, construed the war enthusiasm as a rebellion against middle-class boredom (The End of History and the Last Man, New York/London 2006, 331 f.).

34 The existence of a *general* enthusiasm for the war was long taken for granted by many historians. Albert S. Lindemann, for example, wrote about a belligerent zeal encompassing »Germany and France, Great Britain and Russia, right and left, rich and poor, and Jews as well as non-Jews« (Esau's Tears [fn. 33], 392). In recent years, however, historians have begun forcefully to dismantle the long-standing myth of German mass enthusiasm for the First World War, showing how, in fact, it was mainly the *Bildungsbürgertum* and the upper classes who urged for, and then celebrated, the outbreak of the war. See Hans-Ulrich Wehler, Deutsche Gesellschaftsgeschichte. 1914-1949, Munich 2003, 16. Probably the most systematic deconstruction of this myth was undertaken by Jeffrey Verhey, Der »Geist von 1914« und die Erfindung der Volksgemeinschaft, Hamburg 2000. Thus, it is necessary to qualify assertions such as Joachim Fest's, attributing the bellicose mood to »the whole European world.« Such generalizations obscure the *class context* of the war enthusiasm. For a lucid critique of Fest's position see Reinhard Kühnl, Faschismustheorien. Ein Leitfaden, Heilbronn 1990, 53-56.

welcomed by the elites collectively as that eagerly awaited, almost miraculous chance to change the tide of historical development, reverse the slow but relentless shift in the balance of social forces. The predominant fear of the elites in the prewar years was not of a violent revolution, a communist or anarchist termination of the capitalist system. Rather, to a significant extent, *the capitalist system itself* appeared unruly and unreliable – not simply on economic grounds, but also on account of its diverse social, political and cultural ramifications. Paradoxically, the war was, among other things, an attempt to save the social system from itself.

Nietzsche is useful as ever in articulating this predicament: in an early piece, »The Greek State« (1871), he expressed the apprehension that the bourgeoisie, left to its own devices under the normal flow of capitalism and free to persist with the suicidal Enlightenment project, would prove to be its own grave digger. He feared that world peace would render the masses unmanageable and lead inevitably to the collapse of a »war-like society« founded on »the broadest possible base: a slave-like bottom stratum.«[35] He thus proposed to counter this pacifistic-democratic menace with war:

> »I cannot help seeing, above all, the effects of the *fear of war* in the dominant movement of nationalities at the present time and in the simultaneous spread of universal suffrage [...]. [I]f I view all social evils, including the inevitable decline of the arts, as either sprouting from that root or enmeshed with it: then you will just have to excuse me if I occasionally sing a pæan to war [...].«[36]

The German-speaking intelligentsia welcomed the First World War almost universally – one can mention Jaspers, Spengler, Heidegger, Jünger, Schmitt, Thomas Mann, Freud, Simmel, Husserl, Scheler, Sombart and Weber, among many others – a very broad coalition of liberals and conservatives of different colors. The war was seen as an antidote to the despised *Gesellschaft*, »bourgeois« everyday existence, particularly inasmuch as such bourgeois space had been drifting out of bourgeois control and taken over by the masses. As insightfully analyzed by Domenico Losurdo in his cogent study of »the ideology of war« that galvanized the German intelligentsia: »We have thus seen the community configure itself as a warlike community. Here again is a new charge against *Gesellschaft*: it is seen as synonymous with the banal search for security and tranquility typical of the bourgeois world (to which Marxism and the workers' move-

35 Friedrich Nietzsche, On the Genealogy of Morality, ed. Keith Ansell-Pearson, Cambridge 2000, 184.
36 Ibid., 183f.

ment are associated).«[37] Hence the baffling circumstance that so-called bourgeois routines were finding their most zealous opponents precisely among – the bourgeoisie. From this peculiar standpoint of the anti-bourgeois bourgeois, peace was interpreted as a deadly threat, while war alone – »truly great and wonderful beyond all expectations« as Weber put it[38] – was anticipated to re-weld the *Gemeinschaft* in order to bring about a glorious, long-hoped-for insurrection against the herd-like, protracted reign of the masses, with its materialism, hedonism, lack of authenticity, social strife and, not least, consumerism.

In that respect I propose a somewhat different perspective on the evolution of a twentieth-century culture of violence than that offered by historians such as Omer Bartov, who emphasize the crucial role of the First World War.[39] Bartov rightly points to the hostility to civilian life shared by many of the combatants; yet in my view such hostility was not simply a product of the dehumanizing effects of trench warfare: while certainly exacerbated by the experience of the trenches, this bellicose mood predated the war, forming, in reality, one of its indispensable preconditions.[40] In *Mein Kampf* Hitler contrasted the admirable heroism of war with the vacuity of consumerism, which had exasperated him when young. »As a young scamp in my wild years,« he reminisced, »nothing had so grieved me as having been born at a time which obviously erected its Halls of Fame only to shopkeepers and government officials. The waves of historic events seemed to […] remodel the whole world into one big department store.« Hence his delight upon the outbreak of war, long before 1914: »The Boer war was like summer lightning to me.«[41] And during the Second World War, he expressed his confidence that the USA, its populace spoiled by consumerism, would hardly prove a serious challenge to Germany, whose »standard of life« was admittedly »lower,« but boasted of an incomparably superior culture. »Why,« he mused, »should a people of that sort [the Americans] fight – they've got everything they want! Anyway, the ardour

37 Domenico Losurdo, Heidegger and the Ideology of War: Community, Death, and the West, New York 2001, 27.
38 Quoted in Losurdo, Heidegger and the Ideology of War (fn. 38), 12.
39 See Omer Bartov's insightful essay, »Fields of Glory«: War, Genocide, and the Glorification of Violence, in: Moishe Postone and Eric Santner (ed.), Catastrophe and Meaning: The Holocaust and the Twentieth Century, Chicago 2003, 117-135.
40 For a still useful survey of nineteenth-century cultural attitudes to warfare, see Daniel Pick, War Machine: The Rationalisation of Slaughter in the Modern Age, New Haven, CT 1993.
41 Adolf Hitler, Mein Kampf, Boston/New York 1999, 157 f.

for battle will soon wane when the individual finds himself called upon to endure a further curtailment of the amenities of life!«[42]

The way that the war was greeted as a formidable axe-blow to the trunk of consumer society was captured by Ernst Jünger, recalling an episode that had taken place in a Brussels street in 1917. Jünger was standing in front of an illuminated shop window, displaying wonderful decorative objects, »mountains of porcelain [...], delicate little things from Meissen, Limoges, and Copenhagen, colored Venetian goblets, big bowls of water-clear, polished glass.« His contemplation of such exquisite ornaments was interrupted by the conversation of two soldiers, rugged and manly front-line types, standing next to him. Their cynical, and yet robust and admirable attitude awakens Jünger to the superiority of war and its attendant emotions, as compared with the indulgent luxuries of peace:

> »›Look, there's nothing from the war here? Everything's there!‹
> ›Mate, a 38 [missile] should hit this place bull's-eye, from up high.‹
> ›That would send all this junk splattering in the air.‹
> The lust which this thought filled them with, was written all over their faces.«[43]

The materialistic utopia of the masses must be exposed as an illusion. »The masses,« Jünger provocatively maintained in *On Pain*, »are nothing other than an abstract idea.«[44] And what better candidates for demolishing the popular palaces of democracy than cannons and machine guns?

> »The enormous superiority still distinguishing the smallest security force from the largest multitude did not become clear to me until after the War [...]. In March of 1921, I witnessed the clash of a three-person machine-gun squad with a demonstration march comprised of as many as 5,000 participants. A minute after the order to fire was given, the demonstrators vanished from the scene even though not one single person had been injured. The sight of this event had something magical about it; it evoked that deep sense of delight which takes hold of one when an ignoble demon is unmasked.«[45]

Jünger here expresses a resentment of mass power and a burning desire to crush it with the aid of firepower, which echoed in many, less extremist, minds of his time. Consider the following, semi-autobiographical scene

42 Adolf Hitler, Hitler's Table Talk. 1941-1944, New York 2000, 605.
43 Ernst Jünger, Der Kampf als inneres Erlebnis [1922], in: idem, Essays I. Betrachtungen zur Zeit, Stuttgart 2002, 42 f.
44 Jünger, On Pain (fn. 20), 24.
45 Ibid., 24 f.

from Robert Musil's *The Man without Qualities*, in which Ulrich, the protagonist, looks down on a crowd of angry demonstrators approaching the Palais Leinsdorf (*not* one of the palaces of democracy, certainly):

> »As [Ulrich] looked down at the dark surge of bodies beneath the window, thoughts of his own days in the army made him say to himself: ›It would take only one company to make a clean sweep of the square.‹ He could imagine all those gaping mouths turning into a single frothing maw suddenly succumbing to panic [...]; his imagination transformed the menacing black crowd into a flock of hens scattering before a dog rushing into their midst.«[46]

In the declarations of authors otherwise as far apart as Musil and Jünger, one senses not only bravado, but also desperation. The willingness to resort to force to prove the »enormous superiority« of the armed elite over the unarmed masses is really a sign of weakness, of vulnerability. These are the words of people who feel themselves cornered, their backs pressed against the wall, and if they shoot at the crowd, they are also aiming at history, whose tides have carried the ghastly and impertinent Last Men so deeply into enemy territory.[47]

The longing for a redemptive war was by no means a German idiosyncrasy. It was shared by many across Europe. The fear that peace might spoil the party was captured perhaps best of all by Winston Churchill, who at the start of the First World War was First Lord of the Admiralty. According to the then Prime Minister, H. H. Asquith, Churchill was exhilarated by the prospect of war, and when, in July 1914, it fleetingly seemed as if it might be averted, »he exclaimed moodily that it looked after all as if we

46 Robert Musil, The Man without Qualities, London 1995, 686. According to his most recent biographer, Musil's descriptions of the tumultuous gathering were inspired by his experiences, as a young man, of workers' demonstrations in Brünn (Brno). See Karl Corino, Robert Musil. Eine Biographie, Hamburg 2003, 145 f.

47 It is also useful, of course, to understand the position of some of the authors here discussed – perhaps most notably Jünger and Spengler, but also, to a lesser extent, Weber – as part of the conservative *Kulturkritik* which emerged during the Weimar Republic. For a discussion of this ideological stream and its attendant politics see, for example, Walter Struve, Elites against Democracy: Leadership Ideals in Bourgeois Political Thought in Germany, 1890-1933, Princeton, NJ, 1973; Joachim Petzold, Konservative Theoretiker des deutschen Faschismus, Berlin 1978; Roger Woods, The Conservative Revolution in the Weimar Republic, Basingstoke, UK 1996. For the sense in which this was very much a *neo*conservatism, distinct from its nineteenth-century namesake, see Doron Avraham's discussion of earlier positions: In der Krise der Moderne. Der preußische Konservatismus im Zeitalter gesellschaftlicher Veränderung 1848-1876, Göttingen 2008.

were in for a ›bloody peace‹!«[48] David Lloyd George, for his part, condemned the prewar days on account of the »great flood of luxury and sloth,« and claimed the war had helped the nation to see »the fundamental things that matter in life, that have been obscured from our vision by the tropical growth of prosperity.«[49]

Epilogue: Manchester Triumphant

The First World War, in reality both world wars, were thus not simply a matter of imperial interests and diplomatic schemes: they were also meant to terminate the rule of the Last Men. Unfortunately, capricious history soon turned the scales against the elites. This is particularly clear in the case of Jünger: the Third Reich, which initially filled him with such optimism, failed to last for a thousand years, and after its collapse the masses resumed their relentless march forward. This meant that after the war Jünger relapsed into pessimism, embodied in the persona of the aristocratic war veteran Richard, the unemployed hero of the novel *The Glass Bees* (1957). In a highly symbolic change of fortunes, this representative of the good old, chivalrous times is forced to prostitute his talents and take a job in the mass entertainment factory of Zapparoni, a Walt Disney-like magnate, producing films that make the »dreams of old utopians« appear »coarse-grained in comparison.«[50] Infantile consumerist happiness, not long ago decreed bankrupt, is radiant as ever: »naturally, these movies had a strong attraction. Children, in particular, were held spellbound.«[51] Affirming Nietzsche's dictum that at the end of history it is very difficult to distinguish between work and entertainment, Richard states that »Discipline has vanished from the world […]. The best proof that Zapparoni's workers were actually masters was the fact that they kept no hours. They came and went as they pleased. […] [W]ork was done after the fashion of artists who are obsessed with their creation.«[52] The defeat of the old, gracious elites before the crude masses is symbolically reenacted when Richard recalls a battle scene from the First World War:

> »The old Centaurs were overpowered by the new Titan. I had seen my own conqueror at close hand when I lay bleeding on the grass. He had

48 As quoted in Clive Ponting, Churchill, London 1995, 141.
49 Quoted in Martin Pugh, »Hurrah for the Blackshirts!« Fascists and Fascism in Britain between the Wars, London 2006, 25. Lloyd George's words are from a September 1914 speech.
50 Ernst Jünger, The Glass Bees, New York 2000, 38.
51 Ibid.
52 Ibid., 40 f.

> unhorsed me – a sickly fellow, a pimply lad from the suburbs, some cutler from Sheffield or Weaver from Manchester. He cowered behind his rubble heap, one eye shut, the other aiming at me across the machine gun which did the damage. [...] This was the new Polyphemus or, rather, one of his lowest messenger boys with a wire mask before his one-eyed face. This was how the present masters looked. The beauty of the forests was past.«[53]

The masses were back with a vengeance, unceremoniously thrashing poor old, gallant Prussia, with their rudimentary, but oh so effective, technical gadgets. Notice the tone of hopeless melancholy, in the following lament about the degradation of the modern worker, behind which the ear easily discerns a deeper, and more sincerely felt elegy for the demise of the old elites:

> »Joy in labor had disappeared. [...] Well, the work was easier, if less healthy, and it brought in more money, more leisure, and perhaps more entertainment. A day in the country is long and hard. And yet the fruits of their present life were worthless compared to a single coin of their former life: a rest in the evening and a rural festivity. That they no longer knew the old kind of happiness was obvious from the discontent which spread over their features. [...] Everyone had to become resigned to this. If not, if you wanted to persist in an outdated way of life as we horsemen did, the people from Manchester came for you. The old way of life had disappeared.«[54]

The Last Men, it appears, also had the last laugh.

53 Ibid., 68.
54 Ibid., 72 f.

Weimarer Republik

Shulamit Volkov (Tel Aviv)

On the Primacy of Political Violence

The Case of the Weimar Republic

The Weimar Republic grew out of two »German catastrophes«: the complete and final capitulation of the army in the fall of 1918 and the violent revolution that overthrew the old regime and established a republican democracy instead, following a prolonged fight with its opponents – first on the Left and then on the Right. Within a few years, even before a reasonable measure of orderly routine was established, Germans found themselves confronted with galloping inflation, which ruined complete segments of the middle class and gradually brought the entire economy to a halt. And as soon as the inflationary crisis was brought under control, attention was turned to the political crisis, manifested in a series of quickly changing coalitions, no longer headed by the Social Democrats but now led by the parties of the more or less liberal center. Historians still debate the nature of the following stage of prosperity and relative stability that were the hallmark of the middle years of the republic, between 1924 and 1929, but there is no doubt that by 1929, following the collapse of the so-called Great Coalition, which was unable to reach a compromise on some of the burning socio-economic issues of that time, and in the wake of the world economic crisis, it was no longer possible to form *any* kind of viable coalition at all, and by March 1930, the aged Reichswehr general, Paul von Hindenburg, who had been made president of the republic, was forced to apply the famous – or rather infamous – article 48 of the Weimar Constitution, practically, but never completely, taking over the torn country. He first relied on the services of Heinrich Brüning of the Catholic Center Party, and then, for two short periods, on the maneuvers of Franz von Papen and the ever-present General Kurt von Schleicher. Finally, though with no enthusiasm and much apprehension, Hindenburg handed over the post of Reichskanzler to Adolf Hitler.

Even at the time, the inherent weakness of the republic seemed apparent and not too difficult to explain. Much has been made of the effects of the Treaty of Versailles, the reparation arrangements and the link in the minds of many between the new republic and the preceding military defeat. From the outset criticism was directed at the Social Democratic Party for its failure to institutionalize sufficient reforms and its miserable show at the polls as early as 1920. The split within the Left, too, was given a great deal of weight in explaining Weimar's fate, not to speak of the weakness of the various bourgeois parties, the greed of the industrialists and the insistence of the aristocratic landowners, still part of Germany's elite, on continuing state support for their failing agricultural enterprises. German militarism was made responsible for the collapse of the republic, the lack of democratic tradition in the country, the feeble character of liberalism, and more.[1]

Clearly, such a resounding collapse cannot be explained by a single cause. But here I would like to stress one element that was surely apparent to contemporaries but has been often underestimated by historians or treated in an offhand manner, namely, the violent character of Weimar's political life.[2] Although this phenomenon has begun to attract more attention during the last decade, other themes still seem to crowd it out. Richard Evans, for instance, opens the chapter on the Weimar Republic in the first volume of his monumental history of the Third Reich with the following words: »Fear and Hatred ruled the day in Germany at the end of the First World War. Gun battles, assassinations, massacres and civil unrest denied Germans the stability in which a new democratic order could flourish.«[3] Soon, however, the focus shifts elsewhere and Evans turns to Weimar's constitutional arrangements, its party system, or the twists and turns of its social policies. To be sure, the place of the army within the new state is also addressed, with a stress on the doubtful loyalty of its high command to the republic, but the violence in the streets only reappears in the following chapter, dealing with »The Rise of Nazism« during the early 1930s in four brief pages, half of which are devoted to relating the particular, and admittedly symbolic, case of Horst Wessel.[4]

1 The literature on the Weimar Republic is enormous. Even the general presentations are too numerous to be listed here. It seems to me that the best were published during the 1980s and early 1990s: Eberhard Kolb, Die Weimarer Republik, Munich/Vienna 1984; Detlev J.K. Peukert, Die Weimarer Republik. Krisenjahre der Klassischen Moderne, Frankfurt am Main 1987; Hans Mommsen, Die verspielte Freiheit. Der Weg der Republik von Weimar in den Untergang, Berlin 1989; Heinrich August Winkler, Weimar 1918-1933. Die Geschichte der ersten deutschen Demokratie, Munich 1993.

2 In addition to the detailed 16th chapter of Winkler's book, Die Drohung des Bürgerkrieges, in: ibid., 477-520, see now also Dirk Schumann, Politische Gewalt in der Weimarer Republik 1918-1933. Kampf um die Straße und Furcht vor dem Bürgerkrieg, Essen 2001; and Dirk Blasius, Weimars Ende. Bürgerkrieg und Politik 1930-1933, Göttingen 2005.

3 Richard J. Evans, The Coming of the Third Reich, New York 2004, 78.

4 Ibid., 266-270.

The fifteen years of the republic were no doubt extremely intense, providing a plethora of events that engage the attention of historians. But it is perhaps the identity of the victims of that pervasive lawlessness in Weimar and the constant street fighting in some parts of its cities and not in others that best explains the later disinterest in these matters. This point can be illustrated with two seemingly unrelated quotes. Here, first, is Frau Betty Scholem, writing to her son Gerhard – Gershom as he was later to be known – then in Bern, Switzerland, on February 13, 1919. Having described the situation caused by a strike that closed down all the warehouses and big businesses as »abscheulich« (abominable), Scholem's mother adds the following: »We have all become thinner again,« she notes, referring to the effect of the revolution on the members of her household, and »although we eat well [...] [w]e freeze terribly.« And then – in a complete non-sequitur – she writes: »The rug in the dining room looked just like a floor-cloth and had two large holes under the heavy chairs; I couldn't wait for peace and better times and have finally bought a new one. It is nice; expensive too.«[5]

The second quote is taken from the relevant chapter in Sebastian Haffner's memoirs, *Geschichte eines Deutschen*: »The Revolution of 1918 was, as is well known, no planned event, but a side effect of the military collapse [...]. With all good will, it was difficult to find anything elevating in this whole spectacle [...] it was all too disgusting, and the smell of treason was too penetrating [...].« Then, comparing the events with the fine and clear-cut sense of good and evil during the war, he adds: »you could hear the shots almost daily, but you could by no means always figure out their meaning.«[6]

Both these quotes clearly come from the German bourgeois milieu of the period. Indeed, Haffner explicitly stresses the bourgeois perspective that he shared with his parents and schoolmates at that time. Apparently, while life came to an almost complete halt in the poorer sections of various towns, it somehow continued relatively peacefully in the bourgeois neighborhoods of Berlin, Munich or Hamburg. It is sobering to remember that Frau Scholem was shopping for a new rug during the short interval between the Spartacist uprising in mid-January 1919 and the general strike in Berlin in early March of that year, the culmination of weeks of demonstrations throughout the country, whose human toll in Berlin alone was

5 Betty Scholem/Gershom Scholem, Mutter und Sohn im Briefwechsel, 1917-1946, Munich 1989, 39.
6 Sebastian Haffner, Geschichte eines Deutschen. Die Erinnerungen 1914-1933, Stuttgart/Munich 2000, 33, 35.

about a thousand dead.[7] For almost four years after its establishment, the Weimar Republic was in fact a scene of bitter civil war, moving in waves of increasing and receding violence.

A caveat must be added here. Violence characterized other societies in postwar Europe, too. In a book of 1975, Charles Maier already dealt with the pains of stabilization in France and Italy, in addition to Germany, and Andreas Wirsching's more recent study, comparing political violence in Paris and Berlin at that time, also emphasizes the general chaos in both capitals, even if it argues that the attack against the »system« – from both the Left and the Right – was far more dangerous in Weimar Germany than in the French Third Republic.[8] Many similarities can be found between the situation in Germany and that in Austria and Hungary, while other cases, particularly from among the countries on the losers' side of the war, can also serve to relativize the German situation.[9] Still, in contradistinction to some of these, Germany, although not a democracy before the war, had surely been a respectable *Rechtsstaat* at that time. Only in the wake of extreme brutalization at the front, the final capitulation, and a radical, popular revolution did it suddenly become a kind of lawless, violent country in the immediate postwar period. It was an unfamiliar, frightening, worrying state of affairs.

Deadly clashes were not single, outstanding incidents. They came in clusters. The first was in December 1918 and January 1919, the second, in March 1919, mainly in Berlin and Saxony, and then again in April, especially in Munich. In March 1920 – first during incessant workers' demonstrations and then as a result of the right-wing Kapp Putsch – another violent wave raged up and down the country; and finally, a bit later, in the Ruhr area, some 50,000 armed miners, the so-called Red Ruhr Army, confronted organized military battalions in and around the city of Mün-

7 See Winkler, Weimar 1918-1933 (fn. 1), 76. Notice the dearth of literature on this subject in Winkler's footnotes. See (fn. 3), 622. He refers to a book of 1925 and an article published in 1959.

8 See Charles S. Maier, Recasting Bourgeois Europe: Stabilisation in France, Germany, and Italy in the Decade after World War I, Princeton, NJ 1975; and Andreas Wirsching, Vom Weltkrieg zum Bürgerkrieg? Politischer Extremismus in Deutschland und Frankreich 1918-1933/39. Berlin und Paris im Vergleich, Munich 1999.

9 See Robert Gerwarth, The Central European Counter-Revolution: Paramilitary Violence in Germany, Austria and Hungary after the Great War, in: *Past and Present* 200 (2008), 175–209. For violence in other countries, especially in eastern and southeastern Europe, see Piotr Wróbel, The Seeds of Violence: The Brutalization of an East European Region, 1917-1921, in: *Journal of Modern European History* 1/1 (2003), 125-149.

ster. Each of these clashes ended with hundreds of casualties.[10] The year 1923 was again one of violence, first in response to the French occupation of the Ruhr area; later as a consequence of Hitler's putsch in Bavaria.

Following what was conceived as camaraderie and solidarity experienced by many in the trenches of war, Weimar began with the trauma of civil war, which shattered all forms of togetherness and then erupted again and again in waves of political violence. Street battles and political assassinations were rampant everywhere, and both were practically endemic throughout the republican years. As early as October 1922, a relatively unknown German-Jewish statistician, a left-wing socialist and long-time pacifist, Emil Julius Gumbel, published a small book entitled *Four Years of Political Murder*.[11] He had singlehandedly investigated hundreds of cases of political assassination, focusing only on those in which the precise names and details of both victims and perpetrators were known, not random casualties in demonstrations or street-fighting. He sought to stress that most of these cases had gone unheeded; either never brought to court or if so, quickly abandoned, ending in one legal fiasco after another.

The numbers are staggering. Gumbel begins in the days of the Spartacist uprising and since he wants to stress the murder of »little people,« not the famous or the influential, he opens with the story of some anonymous revolutionaries who stormed the building of the Social Democratic daily in Berlin, the *Vorwärts*, and were immediately surrounded and locked in by heavily armed government forces. The besieged then sent out a group of seven publicly known figures, mostly one-time parliamentarians, all unarmed, to negotiate an end to the conflict. These were promptly arrested, taken to one of the army barracks in town and on the next morning unceremoniously shot. Even though it was easy to ascertain who they were, easy to identify the men who shot them, clear on whose orders the execution took place, no one was brought to trial and no one was punished.[12]

Then came the brutal murder of Karl Liebknecht and Rosa Luxemburg. In the atmosphere of violence that was typical of the time, even their Socialist opponents tended to stress the victims' own responsibility and treat the perpetrators with leniency. On the day following the murder, the prominent SPD politician Philipp Scheidemann cold-bloodedly declared that »they repeatedly called the *Volk* to arms« and that they were »the

10 See Kolb, Die Weimarer Republik (fn. 1), 39 f.
11 Emil Julius Gumbel, Vier Jahre politischer Mord, Berlin-Fichtenau, 1922.
12 Ibid., 9 f.

victims of their own terror tactics.«[13] At the same time, while the role of the Garde-Kavallerie Schützendivision (GKSD) in the affair was an open secret, the authorities preferred to look the other way.[14] The ensuing trial of the murderers soon turned out to be what Gumbel justly called »a comedy.«[15] And in the aftermath of this affair it became evident to all concerned that violence as a political instrument, while not openly condoned, was an option and that the authorities themselves were learning to disregard or even silently accept it.[16]

The list of horrors, indeed, goes on. Gumbel reports of Spartacists who were shot in the woods near Berlin for presumably trying to escape arrest, and of prisoners suspected of revolutionary activity who were shot in prison, on the streets of Berlin or at various meeting places.[17] Such murders occurred elsewhere too: in the Rhineland, in the Ruhr-area, and then especially in Munich. During the violent dissolution of the Soviet-style Bavarian Räterepublik, no less than 160 men (and a couple of women too) – all listed by Gumbel with their full names, addresses and professions – were summarily shot to death.[18] Finally, he also reports the violent murders accompanying the Kapp Putsch in March 1920, again mainly but not exclusively in Berlin, continuing thereafter almost as a matter of routine into the following two years. Gumbel tells it all, with stress on the particular individuals: a city councilor in the Berlin district of Köpenick, a veterinarian in a little town near Erfurt, a policeman from Düsseldorf, and many more. He reaches a total of 354 individuals who were murdered by government forces or right-wing activists, and 22 who were intentionally murdered by the Left.[19]

Most well-known, of course, were the assassinations of famous politicians: Aside from Liebknecht and Luxemburg, shot on January 15, 1919, Kurt Eisner was assassinated on February 21, 1919, Mathias Erzberger – on August 26, 1921 and finally Walther Rathenau – on June 24, 1922. Eisner, the leader of the Bavarian Red Republic and its most outspoken defender, was killed at the time of the Scholem »rug episode« mentioned above.

13 Quoted by Helmut Trotnow, Liebknecht's biographer, in an essay entitled »... es kam auf einen mehr oder weniger nicht an«. Der Mord an Rosa Luxemburg und Karl Liebknecht und die Folgen für die Weimarer Republik, in: Hans Wilderotter (ed.), Walther Rathenau 1867-1922. Die Extreme berühren sich, Berlin 1994, 209.
14 See Gustav Noske, Von Kiel bis Kapp. Zur Geschichte der deutschen Revolution, Berlin 1920, 199.
15 Gumbel, Vier Jahre politischer Mord (fn. 11), 13.
16 See Trotnow, »... es kam auf einen mehr oder weniger nicht an« (fn. 13), 218.
17 Gumbel, Vier Jahre politischer Mord (fn. 11), 13-26.
18 Ibid., 43-49.
19 Ibid., 73-80.

Mathias Erzberger, a prominent Center Party politician since the late Kaiserreich, who had joined the opposition already during the war, finally became the focus of public attention when he agreed to serve on the German delegation to peace talks in Versailles and as one of the signatories of the treaty that was finally agreed upon there. In the coming months he was constantly under attack, accused of treason, and then practically forced to engage in a prolonged and eventually unsuccessful slander trial against the aggressive chief of the German National Volk Party (DNVP), Karl Helfferich. It was to no one's surprise that he was afterwards made a target of several assassination attempts and finally, while recuperating in the peaceful Schwarzwald resort of Griesbach, was gunned down by two men, who shot him first from an ambush and then again from nearby, making sure that this time they had completed their job. The third spectacular case was Rathenau, Weimar's Jewish foreign minister, who was shot in full daylight while riding in his open-roof coupé on the way from his Grunewald Villa to his Wilhelmstraße offices in Berlin.[20]

Unlike in all the previous cases, this time the police soon managed to capture the man who drove the vehicle that had served the two assassins, and some three weeks later tracked down the actual murderers, too: Erwin Kern, a 23-year-old student from Kiel and the somewhat older Hermann Fischer from Chemnitz. Both were killed during the ensuing gun battle, but by then the police had many of their potential and actual helpers and helpers' helpers in jail and had collected a great deal of material that provided it then – and can provide us now – with a closer look at the whole affair.

It was during the investigation of Erzberger's assassination that the authorities were made aware of the existence of a right-wing terrorist network, calling itself »Organization Consul«, intent on destroying the republic. In that case, while the murderers managed to escape – first to Austria and then to Hungary – the police was able to put its hand on many of their half-burned papers and reconstruct with some precision both their close sociopolitical milieu and their deeper motivation.[21]

Organization Consul was apparently an offshoot of the Ehrhardt Brigade, one of the so-called Free Corps units that had been established in the aftermath of the First World War and used, even by the revolutionary gov-

20 For a detailed description of the preparations for and execution of Rathenau's assassination, with information on prior cases too, see Martin Sabrow, Der Rathenaumord. Rekonstruktion einer Verschwörung gegen die Republik von Weimar, Munich 1994.

21 I have here relied entirely on Martin Sabrow's analysis, ibid. In addition, I have used his Märtyrer der Republik. Zu den Hintergründen des Mordanschlags vom 24. Juni 1922, in: Wilderotter (ed.), Walther Rathenau (fn. 13), 221-236.

ernment at the time, to put down radical left-wing revolts in an effort to preserve at least a measure of public order in the streets.[22] Later on, having been officially disbanded, some of the more fanatical anti-republican men, headed by their one-time commander Hermann Ehrhardt, organized themselves in small underground terrorist bands and conspired to destroy the hated »system.« Munich of the post-revolutionary years, brimming with right-wing activities, provided a safe haven for them and became their headquarters, while at the same time, small terrorist cells were spread throughout the country, working in isolation from each other so as to preserve secrecy and protect their top leadership.

The historian Martin Sabrow reconstructed the police investigation of these men and came to the conclusion that Rathenau's murder, as well as the attempt on Philipp Scheidemann's life a mere three weeks earlier and the assassination of Erzberger some ten months before, were all part of a well-calculated strategy intended to create general chaos in republican Germany, send the workers to the streets in angry protest and produce a situation in which the old Free Corps would be recalled to impose order and finally install what they called a »national government,« acting according to their political agenda. »We should not act first,« explained an activist of the Frankfurt cell, »the Communists should do that [...]. One ought to force them [...]. We should kill Scheidemann, Rathenau, [...] Ebert, and the entire band of these November criminals, one after the other. Then we will see if they don't begin to march: the Red army, the USPD, the KPD and the like of them.«[23] They seemed to have learned the lesson of the Kapp Putsch, in which the Right took the initiative and the Left fought back, successfully, as it transpired. Next time, they promised themselves, they would appear as the legitimate representatives of the true interests of the Reich and join forces with the legitimate army to save their fatherland.

Things turned out differently. Following Rathenau's assassination, the masses did march indeed, in Berlin and elsewhere, but not in protest against the government but in honor of the murdered foreign minister, who had suddenly become their martyr. Over half a million gathered for his funeral in Berlin and mourning masses assembled in many other German cities.[24] At this point, the government even managed to pass a Law in Defense of the Republic, and although Bavaria refused to enact it and the

22 Still useful on the Free Corps is Hagen Schulze, Freikorps und Republik 1918-1920, Boppart am Rhein 1969.

23 Sabrow, Märtyrer der Republik (fn. 21), 233.

24 See the concluding chapter of Shulamit Volkov, Walther Rathenau: Weimar's Fallen Statesman, New Haven/London 2012.

year 1923 was still a year of incessant violence, it did eventually seem to put an end to the general Wild West situation in the country – at least for a while.

To be sure, between 1924 and 1929, the central government as well as the federal states seemed to have regained their monopoly over the use of force. But these years were soon over and were followed by a second period of violent politics, at first somewhat less bloody than the first but in the end, as we know, far more catastrophic. Events conjured up memories of earlier violent outbursts, making things appear even worse now, and in any case, the overall scene had meanwhile considerably changed.

The years of revolutionary violence in the aftermath of the war were characterized by clashes between marching demonstrators – sometimes relatively peaceful and occasionally armed and ready for battle – and the so-called »forces of order.« The former were in most cases workers, usually, though not always, mobilized by the various left-wing parties, especially the Communists. The latter were composed of local police authorities and a variety of military divisions, often known as elements of the so-called Schwarze Reichswehr, intended to fortify the drastically cut-down German army in times of need. In the later years, from about 1929 until January 1933, during the final crisis of the republic, violence was staged on both sides by civilians. German society was by then a society in arms. On the far right stood the SA, considered by National Socialists their *Selbstschutzverband* – self-defense organization; on the far left – the Rote Frontkämpferbund. The middle ground too was populated by organized paramilitary formations: right of center stood the Stahlhelm; left of center – the Social Democratic Reichsbanner Schwarz-Rot-Gold. Clearly, the SA and the Communist phalanges were better prepared for civil war and more violent in their behavior, but the atmosphere was constantly heated by the all-consuming fever in the streets and the almost complete transfer of political controversy to the violent arena of daily marches and parades, mass demonstrations and bloody physical clashes.

This became part of everyone's life in Weimar of the early 1930s, though – once again – not so much in the bourgeois quarters of Berlin/West or the quiet neighborhoods of the rich and educated in Frankfurt, Hamburg or Munich, but surely in the workers' districts of these and other cities, as well as in many smaller localities up and down the country. No doubt, their lives were affected not only by the ongoing violence, but especially by the world economic crisis at the time. Unemployment soared and the modern social state, Weimar's pride and its most notable achievement, seemed to crumble under the burden. This in itself, however, does not explain the dramatic reappearance of political violence in the streets of Germany.

Though the time of spectacular assassinations was over, political battles became rampant again and murder as a tactics of persuasion seemed once more to be a matter of daily occurrence. Already during 1929, while Germany still upheld at least the formal appearance of an orderly democracy, the police had to intervene in some 580 political meetings that had degenerated into tumultuous scuffles. Fourteen policemen were killed in these events and 311 wounded.[25] Between January 1, 1930, and the end of November 1931, sixty-one people – including fifteen policemen – were killed in Prussia alone »for provable political reasons,« in the language of the police statisticians.[26] All this, to be sure, was only a prologue to the violent events of 1932, a year of multiple elections and unprecedented chaos. The fierce escalation of violence was characterized above all by the shift of focus from the Communists to the Nazis. Thus, from mid-July to the end of August, during only five weeks, just before and just after the *Reichstag* elections, the Prussian police reported almost 500 violent street clashes with some 99 casualties, mostly involving the SA.[27] On July 17, for example, a Nazi parade-turned-street fighting in Hamburg-Altona ended with twelve dead.[28] News of similar events was reported daily. This, indeed, was nothing less than »a permanent civil war.«[29]

What did the authorities do in this situation? The story of Weimar's failure to protect itself is well known – indeed notorious – and no less instructive is the difference between the government's reactions in the early phase of the republic and towards its end. The way in which the earlier cabinets managed to impose order on insurgents, primarily from the Left, has been criticized only too often. Weimar's Minister of Defense at the time, Gustav Noske, even struck an alliance with the army, including its most reactionary elements, directed against his prior comrades on the Left. This gained him – justly perhaps – much hatred in his own camp and repeated rebuff by historians.[30] Still, the government's insistence on upholding a minimum of public order and its eventual refusal to bow to rad-

25 Figures taken from an article in *Vossische Zeitung*, January 31, 1930, cited in Blasius, Weimars Ende (fn. 2), 24 f.

26 Ibid., 32.

27 Ibid., 83.

28 Ibid., 65 f.

29 Bürgerkrieg in Permanenz, in: *Vorwärts*, July 11, 1932, cited in ibid., 63.

30 See, for instance, the closing sentences of Hans Mommsen's chapter on the revolution and the establishment of the republic, where he mentions Noske together with Ebert and Scheidemann, in: Mommsen, Die verspielte Freiheit (fn. 1), 99 f. For a summary of the various historiographical positions regarding the revolution, see Andreas Wirsching, Die Weimarer Republik. Politik und Gesellschaft, Munich 2000, 51-59.

ical demands from both sides finally created the preconditions for the consolidation of the republic. With the exception of a few episodes in the fall and winter of 1918/19 and the Kapp Putsch of March 1920 – significant exceptions, to be sure – the army did not act on its own during these early years. Its repressive role did not earn it much sympathy – then or later – but it did enable the civilian governments eventually to impose their authority on an unruly country.

This could not be reenacted during the later years of the republic. The various branches of government, the cabinets, the judiciary and the military, could be trusted to act against the Left, as before, but they now displayed even more incompetence, cowardice and lack of will-power vis-à-vis the danger from the Right. Local and federal authorities repeatedly issued decrees for the protection of law and order – usually to no avail. Following clashes with police forces during the May 1st parade in Berlin, 1929, which ended with 30 dead and some 200 wounded, the Prussian government tried to take the lead, but its attempt to prohibit the Rote Frontkämpferbund remained in the end entirely ineffective since it was supported by only a few of the other federal states and flatly rejected by the central government.[31] The reasons were many and became increasingly clear with the appointment of the Center Party politician Heinrich Brüning as Kanzler at the end of March 1930.

During Brüning's first year in office, a measure of domestic disorder seemed an additional tool in his arsenal of arguments against France and Great Britain in the effort to put a stop to reparation payment. Strict measures were usually rejected out of hand by the Reichspräsident, too, asserting his loyalty to the constitution, to be sure, but anxious to preserve the freedom of action of his supporters in the Stahlhelm. Finally, an assault on the Left could spill over and curtail the activities of the Reichsbanner too, so the national leadership of the Social Democrats also repeatedly evaded it.[32] In March 1931 and then again in July and August of that year Hindenburg *did* issue decrees enabling law-enforcement agencies to stop radical violence on both the Left and the Right, but these were timid and contradictory measures and had hardly any effect. At the beginning of April 1932, surely too late to have an impact on the approaching elections in Prussia, came an order to disband the SA, but this too was soon relativized by further decrees, imposing restriction on other organizations as well and further confusing the legal situation.[33]

31 Blasius, Weimars Ende (fn. 2), 25 f.
32 For this entire period, see ibid., 26-32.
33 Ibid., 41-44.

Particularly interesting was the fate of the Decree against Political Terror, issued on August 9, 1932, already under the auspices of von Papen's cabinet, enabling special courts to impose the death sentence on violent political crimes. Immediately thereafter and clearly when the new regulations had already gone into effect, an incident in the small rural community of Potempa in Upper Silesia became an important test case.[34] Four SA men broke into the house of a local KPD member, beat him to death in front of his 75-year-old mother and ferociously battered his brother. The pattern of this affair or of similar affairs, as told for instance by Haffner in his memoirs concerning a slightly later case, is similar to the stories told by Gumbel for the early years of the republic.[35] Law enforcement, however, which initially seemed to be at least partly effective, failed miserably at this platform. On August 22 all four of the perpetrators, together with one of their active assistants, were sentenced to death by a special court, and immediately thereafter all hell broke loose. The *Völkische Beobachter* came out with shrieking, threatening headlines against the »Bluturteil« (bloody sentence) and Hitler attacked von Papen in no uncertain terms from every possible stage, promising no less than »proper revenge.« Things became even worse when only a few days later three members of the Reichsbanner were sentenced to mild jail sentences, following bloody riots in another Silesian town on June 10, 1931. This was conceived almost universally as unjust, and the well-known pacifist historian Ludwig Quidde called for annulling the death penalties in order to calm emotions and – an ever-present argument during those days – avoid a civil war.[36]

Interestingly enough, the uproar around this case misrepresents the main aspect of the problem, namely, the actual heavy hand of the judiciary against the Left and its conciliatory attitude towards the Right. This phenomenon has in fact often been noted by historians. Moshe Zimmermann gave his article of 1998 on this topic the fitting title, »Blind in the Right Eye.«[37] It is sufficient here to summarize this rather familiar sorry tale. Of the 400 cases of political murder by the Right up to 1924, 330 remained »unsolved.« Of the rest – two perpetrators were convicted and imprisoned for life and the rest managed to get an average of four months' imprison-

34 »Der Fall Potempa« is much discussed in the literature. See, for instance, Richard Bessel, The Potempa Murder, in: *Central European History* 10 (1977), 241-254.

35 Haffner describes an incident in Berlin, in the spring of 1933, that he names »the Cöpenicker Massenmord.« See Haffner, Geschichte eines Deutschen (fn. 6), 200-205.

36 See Blasius, Weimars Ende (fn. 2), 89-95.

37 Moshe Zimmermann, Blind in the Right Eye: Weimar as a Test-Case, in: *Israel Law Review* 32/3 (1998), 395-406.

ment. Significantly, of the twenty-two men from the Left convicted of political murder, ten were sentenced to death, three to life imprisonment and the rest were given an average of fifteen years of jail.[38] The courts' leniency towards political activists on the Right needs no further proof than Hitler's sentence following the Munich Putsch in November 1923. It is likewise instructive to remember that various general amnesties eventually freed many of the convicted – mostly men on the Right – long before their terms were over.

This uneven hand proved particularly crucial during the last stage of the republic. A measure of equilibrium had still been preserved under Brüning's rule, since the existence of his government depended on the toleration of the Social Democrats and he could not afford to alienate them altogether. But now the army was playing a different role. Its leadership simply preferred to be no longer involved, probably fearing the need to clamp down upon the National Socialists. This was not the inaction of a politically neutral body. After all, von Papen's decision to take over the SPD-led government of Prussia, the so-called »Preußenschlag« of July 20, 1932, surely depended on the assurance that the army would back his action in case of violent, or even not so violent, opposition.[39] But the same army hesitated to act against the Nazis, though at this stage clearly no *other* state agency could even begin to control the SA. The army had been a ready instrument for reestablishing law and order in the early phase of the republic, when the enemies of the state were primarily on the Left. It was no longer ready to provide the same services, even to a government of its own choosing, when the enemy was clearly on the Right.

*

Political violence was the hallmark of the Weimar Republic. When the Nazis began to take over, they only made it more widespread and more radical. Above all they insisted on making it appear legitimate. They managed to integrate it into their system. As in other aspects of their ideology and practice – anti-Semitism for instance – which initially seemed to be merely a continuation of familiar prior trends, the novelty was not immediately apparent and at first was possible to ignore. Nazi anti-Semitism eventually proved to be very different from prior manifestations of Jew-hatred in Weimar Germany, not to speak of the Kaiserreich, even though

38 See Gumbel, Vier Jahre politischer Mord (fn. 11), 73-81.
39 Among other descriptions of this important episode, see especially Heinrich A. Winkler, Der Weg in die Katastrophe. Arbeiter und Arbeiterbewegung in der Weimarer Republik 1930 bis 1933, Berlin/Bonn 1987, 646-680.

it seemed to use the same language and the same tactics.[40] Violent politics, too, would rapidly turn out to be much more dangerous and much more destructive than its Weimar brand. Soon, the last restraints would be lifted and the days of the republic would appear as no more than a prologue for worse, much worse things to come.

40 See my essay, Das geschriebene und das gesprochene Wort. Über Kontinuität und Diskontinuität im deutschen Antisemitismus, in: Shulamit Volkov, *Antisemitismus als kultureller Code*, Munich 2000, 54-75.

Joana Seiffert (Bochum)

»… die letzten Schlacken marxistischer Verhetzung zu lösen«

Der Ruhrkampf und die Rote Ruhrarmee in der nationalsozialistischen Erinnerungskultur[1]

Im Frühjahr 1937 lernten Scharen junger Menschen eine ihnen fremde, unheimliche, geradezu unwirkliche Welt kennen. Auf ihrer Reise in eine Art graue Vorzeit, in der »einmal der rote Brand im Ruhrrevier gewütet« hatte, sahen sie sich konfrontiert mit Bildern und Geschichten aus ihrer Heimat, die so grundlegend anders waren als alles, was ihnen bis dahin vertraut erschien.

So oder ähnlich mag die »Antibolschewistenschau«, die vom 13. März bis zum 4. April 1937 in Dortmund Station machte, auf die Besucher gewirkt haben, zumindest wenn man der zeitgenössischen Berichterstattung der Dortmunder Tagespresse Glauben schenkt. Doch nicht nur auf Kinder und Jugendliche, die jene Zeit, »da Spartakus sein blutiges Wesen trieb«, noch nicht (bewusst) miterlebt hatten, soll die Ausstellung eine schier überwältigende Wirkung gehabt haben. Auch die älteren Besucher seien von »Erschütterung«, »Trauer« und schließlich einem »Gefühl der Erlösung« ergriffen worden, da ihnen die Schau »den ganzen Wahnsinn einer Zeit« erneut vor Augen geführt und »Erinnerungen an schwere Zeiten« wachgerufen habe.[2] »Erschütterung«, »Trauer«, »Erlösung« – das alles klingt sehr nach einer Bewältigung psychischer Traumata; nach einer Auf- und Verarbeitung sorgsam verdrängter, in höchstem Maße verstörender Erlebnisse und Erfahrungen.

Die Wanderausstellung, um die es hier geht, wurde im Herbst 1936 im Deutschen Museum in München unter dem Titel »Der Bolschewismus – Große antibolschewistische Schau« eröffnet und war Bestandteil einer breit angelegten antibolschewistisch-antisemitischen Kampagne, mit welcher das nationalsozialistische Propagandaministerium der Remilitarisierung des Reiches und, damit einhergehend, der »psychologischen Mo-

1 Ich danke der Gerda Henkel Stiftung, die meine Forschungsarbeit mit einem Promotionsstipendium fördert.

2 Einst lohte roter Brand im Ruhrrevier, in: *Westfälische Landeszeitung/Rote Erde* (nachstehend *WL/RE*), 20. März 1937. Alle Zitate ebd.

bilmachung« den Boden zu bereiten suchte. Der Rundgang durch die Ausstellung begann und endete in einem Ehrensaal, einer sakral anmutenden Kultstätte für die »Märtyrer« der NS-Bewegung.[3] Dazwischen sollten die Besucher einen »Gang durch die Hölle«[4] erfahren, welcher mit zwei Sektionen über »die revolutionäre ›Kampfzeit‹ der Weimarer Republik« sowie »das Anwachsen der kommunistischen Wählermassen« eingeleitet wurde.[5] Es folgten Abteilungen zu den politischen Entwicklungen in Italien und Ungarn – namentlich über den Aufstieg des italienischen Faschismus, die Ungarische Räterepublik unter Béla Kun sowie die vermeintliche »Rettung« Ungarns durch Miklós Horthy – sowie zum »Bolschewismus ohne Maske« in der Sowjetunion.[6] Neben Dortmund hatten sich weitere deutsche Großstädte um die Gastgeberschaft für die Antibolschewistenschau beworben. Die Stadt im Ruhrgebiet hatte als erste Station den Zuschlag erhalten, da man sich von der Propagandaausstellung hier, mit Verweis auf die »frühere marxistische Einstellung der hiesigen Bevölkerung«[7], eine besondere Wirksamkeit erhoffte. Die Dortmunder Presse betonte vor diesem Hintergrund ausdrücklich, dass die Antibolschewistenschau den »Kampf gegen den Weltfeind Nr. 1« aus der Sicht derjenigen Staaten zeige, die diesen Feind »im eigenen Lande kennengelernt« hatten.[8] Der Ruhrkampf, der Aufstand der Roten Ruhrarmee vom Frühjahr 1920, wurde hierbei als die prägende Bolschewismus-Erfahrung für das Ruhrgebiet in den Fokus gestellt.[9]

Zwischen der Ausstellungseröffnung in Dortmund und dem Einmarsch der Marine-Brigade Erhardt in das Berliner Regierungsviertel am 13. März 1920, mit welchem der sogenannte Kapp-Putsch und damit auch die Aufstandsbewegung im Ruhrgebiet ihren Ausgang genommen hatten, waren bezeichnenderweise auf den Tag genau 17 Jahre vergangen. Damals, im

3 Christoph Kivelitz, Der Bolschewismus – Große antibolschewistische Schau (1937). Psychologische Mobilmachung in Dortmund, in: *Heimat Dortmund* 2 (2008), 38-42; ders., Die Propagandaausstellung in europäischen Diktaturen. Konfrontation und Vergleich: Nationalsozialismus in Deutschland, Faschismus in Italien und die UdSSR der Stalinzeit, Bochum 1999, insb. 216-220.

4 Fritz Brunner, Ein Gang durch die Hölle. Die Antibolschewistische Schau in München, in: *Aichacher Zeitung*, 28. November 1936.

5 Mit Fotografien der Ausstellungstafeln: Kivelitz, Propagandaausstellung (wie Anm. 3), 549.

6 Kivelitz, Bolschewismus (wie Anm. 3).

7 Zitat ebd., 38; außerdem: Parole: Kampf dem Bolschewismus!, in: *WL/RE*, 14. März 1937.

8 Zitate aus: Die große antibolschewistische Schau, in: *Dortmunder Zeitung*, 13. März 1937.

9 Siehe u.a.: Einst lohte roter Brand im Ruhrrevier, in: *WL/RE*, 20. März 1937; Als Kommunisten mit Handgranaten »einkaufen« gingen, in: *WL/RE*, 1. April 1937.

März 1920, hatten rechtsgerichtete Militärs unter der Leitung von Weltkriegs-General Walther von Lüttwitz und Generallandschaftsdirektor Wolfgang Kapp gegen die verfassungsmäßige Regierung geputscht. Nachdem ein Großteil der Offiziere militärischen Widerstand gegen die Putschisten abgelehnt hatte, verblieb nur der politische Generalstreik als Kampfmittel gegen den Staatsstreich. Das Scheitern des Putsches nach gerade einmal fünf Tagen ist maßgeblich auf die geschlossene Reaktion der Arbeitnehmerschaft zurückzuführen: Am Montagmorgen, dem 15. März, befanden sich in Deutschland rund zwölf Millionen Menschen – Arbeiter und Angestellte sowie bedeutende Teile der Beamtenschaft – im Ausstand. Der Generalstreik setzte mit voller Wucht ein und legte die Produktion, den Verkehr und die Verwaltung des Landes lahm. Dieser politische Generalstreik wird rückblickend als »die größte Machtdemonstration in der Geschichte der deutschen Gewerkschaften«[10] verstanden, obgleich die politischen Zielvorstellungen der verschiedenen Richtungsgewerkschaften und (Arbeiter-)Parteien, die den Generalstreik zur Abwehr des Putsches stützten, deutlich auseinandergingen.[11]

Infolge des Kapp-Putsches war im Ruhrgebiet der »größte bewaffnete Aufstand in der Geschichte der deutschen Arbeiterbewegung«[12], der sogenannte Ruhrkampf[13], ausgebrochen. In dessen Verlauf hatten große Teile der Arbeiterschaft zu den Waffen gegriffen, da sie – aufgrund ihrer Erfahrungen während der Streikbewegungen des Jahres 1919[14] – den militärischen Formationen, die in und um das Ruhrgebiet stationiert waren, mit großem Misstrauen gegenüberstanden und im Generalstreik allein kein wirksames bzw. nachhaltiges Mittel zur Niederschlagung des Militärputsches erkannten. Arbeiterwehren wurden gebildet, die sich den (vermeintlich) »konterrevolutionären« Bürgerwehren, Reichswehr-, Freikorps- und Sicherheitspolizeieinheiten entgegenstellten. Der Roten Ruhrarmee, die im Laufe der mitunter schweren Kämpfe auf eine Stärke von bis zu 60.000

10 Zitat bei Michael Dahlmanns, Die Märzunruhen 1920 im Raum Dinslaken-Wesel, Dinslaken 1988, 18. Eine entsprechende Deutung findet sich u. a. bei Hans H. Biegert, Gewerkschaftspolitik in der Phase des Kapp-Lüttwitz-Putsches, in: Hans Mommsen et al. (Hg.), Industrielles System und politische Entwicklung in der Weimarer Republik, Düsseldorf 1974, 190-205.

11 Dahlmanns, Märzunruhen (wie Anm. 10), 18.

12 Erhard Lucas, Vorwort, in: Ludger Fittkau und Angelika Schlüter (Hg.), Ruhrkampf 1920 – die vergessene Revolution. Ein politischer Reiseführer, 9 f., hier 10.

13 Grundlegend zum im Folgenden skizzierten Ruhrkampf noch immer Erhard Lucas, Märzrevolution 1920, 3 Bde., Frankfurt am Main 1970-1978.

14 Zu den Streikbewegungen im Ruhrgebiet (1919) siehe Reinhard Rürup (Hg.), Arbeiter- und Soldatenräte im rheinisch-westfälischen Industriegebiet, Wuppertal 1975.

Mann anwuchs, gelang es binnen weniger Tage, diese bewaffneten Ordnungskräfte aus dem Ruhrgebiet zu vertreiben. In und um Dortmund etwa war es ihnen geglückt, Einheiten des berüchtigten Freikorps Lichtschlag zu entwaffnen. In den Kämpfen um die Stadt Essen mussten sich Sipo und Einwohnerwehren den Arbeitern geschlagen geben. Unterdes hatten in den meisten Städten und Gemeinden der Region neu- bzw. wiedergegründete Arbeiter- und Vollzugsräte die Macht übernommen. Die politische Zusammensetzung dieser Räte variierte jedoch von Ort zu Ort und auch die politischen Zielvorstellungen der beteiligten Arbeiter waren in höchstem Maße uneinheitlich. Sie reichten von der reinen Abwehr des Putsches über eine demokratische Reform des Heeres- und Verwaltungswesens zu einer sozialistischen Umgestaltung von Politik und Wirtschaft bis hin zur völligen Neuordnung des politischen Systems nach dem Muster der russischen Räterepublik. Als infolge der Kämpfe in und um Dinslaken schließlich auch die letzten verbliebenen Reichswehr- und Freikorpseinheiten gezwungen waren, sich aus dem Ruhrgebiet zurückzuziehen (22./23. März 1920), hatten die Putschisten in Berlin längst das Weite gesucht. In den Augen der wieder eingesetzten verfassungsmäßigen Regierung stellten die bewaffneten Arbeiterformationen an Rhein und Ruhr nunmehr zunehmend eine Bedrohung dar. In Bielefeld wurden unter der Leitung von Staatskommissar Carl Severing[15] Verhandlungen mit Abgesandten der Ruhrarmee geführt, mit dem Ziel, die Arbeiter zur Abgabe der Waffen zu bewegen. Das in der Folge geschlossene »Bielefelder Abkommen« bewirkte eine Spaltung der Aufständischen: Während der gemäßigte Teil der Arbeiterschaft die Waffen niederlegte, sahen die radikalen Kräfte ihre Chance, die Novemberrevolution in ihrem Sinne »vollenden« zu können, schwinden und fürchteten, dass das Abkommen vor allem »konterrevolutionären Militärs« in die Hände spielen würde. Sie bestanden daher auf der sofortigen »Entwaffnung und Auflösung aller Truppenformationen«, der »Bildung von Arbeiterwehren« sowie der »Verwahrung sämtlicher Waffen unter ständiger Kontrolle der revolutionären Arbeiter«.[16] Die Regierung antwortete auf die immer chaotischeren Zustände im Ruhrgebiet mit einem Ultimatum, in welchem sie abermals die völlige Entwaffnung der Bevölkerung, die Auflösung der Ruhrarmee sowie die uneingeschränkte

15 Zu Carl Severings Rolle im Ruhrkampf sowie zum Bielefelder Abkommen siehe Thomas Alexander, Carl Severing. Sozialdemokrat aus Westfalen mit preußischen Tugenden, Bielefeld 1992, 120-126.

16 Zitate aus: Resolution des Zentralrats und der Vollversammlung der Vollzugsräte Rheinland-Westfalens [Essen, 28. März 1920], abgedr. in: Erwin Könnemann und Gerhard Schulze (Hg.), Der Kapp-Lüttwitz-Ludendorff-Putsch. Dokumente, München 2002, 996.

Anerkennung der Staatsautorität forderte und mit dem Einmarsch von Reichswehrtruppen drohte. Der militärische Befehlshaber über die Truppen im Ruhrgebiet, General von Watter, goss in dieser Situation zusätzliches Öl ins Feuer, als er das Ultimatum an die Ruhrarbeiter eigenmächtig verschärfte, seine Truppen trotz des beschlossenen Waffenstillstands weiter in das Ruhrgebiet vorrücken ließ und schließlich noch vor Ablauf der Frist die bereits im Rückzug begriffenen Arbeiter angriff. Die Reichswehr- und Freikorpstruppen, darunter auch Einheiten, die wenige Tage zuvor noch offen den Putsch unterstützt hatten, übten auf brutalste Weise Vergeltung an den Aufständischen. Bei Pelkum im Raum Bergkamen, wo es in den ersten Apriltagen noch einmal zu erbitterten Gefechten gekommen war, wurden rund hundert Menschen getötet, darunter auch Frauen, die sich als »Rote Krankenschwestern« in den Dienst der Ruhrarmee gestellt hatten. Der Vormarsch des Militärs war von Massenverhaftungen und -erschießungen sowie standrechtlichen Todesurteilen gegenüber (angeblichen) Angehörigen der Ruhrarmee begleitet. Obwohl Reichspräsident Ebert die Standgerichte bereits am 3. April hatte verbieten lassen, setzten die Militäreinheiten diese Praxis noch bis Mitte April ungehindert fort. Dieser »Weiße Terror« forderte im Ruhrgebiet schließlich mehr Leben in den Reihen der Roten Ruhrarmee als die eigentlichen Kampfhandlungen. Insgesamt lässt sich die Zahl der Todesopfer innerhalb der Ruhrarbeiterschaft nur sehr grob abschätzen und wird in der Regel auf weit über 1000 bis hin zu 2000 beziffert; demgegenüber stehen rund 270 Tote aus den Reihen von Reichswehr, Freikorps und sonstigen örtlichen Sicherheitswehren.[17]

Wie im Folgenden zu sehen sein wird, wurden die Ereignisse vom Frühjahr 1920 von Beginn an höchst kontrovers gedeutet. Die verschiedenen politischen Lager entwickelten rasch ihre jeweils eigenen Narrative und Erinnerungstraditionen zum Ruhrkampf, welche sie zur ideologischen Rechtfertigung ihrer politischen Überzeugungen nutzbar machten. Im Ruhrgebiet selbst, dem einstigen Schauplatz der Ereignisse, dominierten während der Weimarer Jahre vor allem die sozialistischen bzw. kommunistischen Deutungsangebote die Erinnerungslandschaft zum Ruhrkampf. Nach 1933 eigneten sich die Nationalsozialisten eben jene Gedenktraditionen an, um die Erinnerung an die Rote Ruhrarmee im Sinne ihres Geschichtsbildes zu überprägen. In diesem Beitrag soll aufgezeigt werden, aus welchen Beweggründen heraus die Nationalsozialisten den Ruhrkampf in ihre politische Erinnerungskultur integrierten und mit welchen

17 Vgl. Lucas, Bd. 3, insb. 268-292; 308-335; 354-401; außerdem: Klaus Tenfelde, Bürgerkrieg im Ruhrgebiet 1918 bis 1920, in: Karl-Peter Ellerbrock (Hg.), Erster Weltkrieg, Bürgerkrieg und Ruhrbesetzung. Dortmund und das Ruhrgebiet 1914/18-1924, 13-66, hier 26-33.

Mitteln und Strategien sie im Ruhrgebiet versuchten, ein neuartiges kollektives Ruhrkampf-Gedächtnis zu etablieren.

Die Wahrnehmung und Deutung von Vergangenheit bildet, so Harald Welzer, den »Ausgangspunkt für individuelle und kollektive Identitätsentwürfe«. Über eine gemeinsame Reproduktion und Interpretation von Vergangenheit generieren und festigen unterschiedlichste gesellschaftliche Kollektive ein historisch begründetes Selbstbild, aus welchem sie sowohl Handlungsmaximen für die Gegenwart als auch Zukunftshoffnungen und -erwartungen beziehen.[18] Die Produktion solcher kollektiver Identitätsangebote ist wiederum ein sozial umkämpfter Prozess; ein ständiges Ringen um die Aufrechterhaltung oder aber Veränderung des Kanons identitätsstiftender Geschichtsnarrative, wobei die verschiedenen gesellschaftlichen Gruppen, die miteinander um das kollektive Gedächtnis konkurrieren, innerhalb der jeweiligen Herrschaftsverhältnisse eine je unterschiedliche Deutungsmacht besitzen. Dieser »Kampf um das Gedächtnis«[19] ist also immer auch als ein Herrschaftsinstrument, als Ausübung von Macht zu verstehen, da die jeweiligen »Deutungseliten« einer Gesellschaft ihre geschichtliche Deutungsmacht zur Legitimation ihrer politischen Entscheidungen und Ziele heranziehen.[20] Mit Blick auf die im höchsten Maße fragmentierte politische Landschaft der Weimarer Republik hat Edgar Wolfrum die These von einem »Bürgerkrieg der Erinnerungen« geprägt und damit die destabilisierenden Kräfte von »Geschichte als [einer politischen] Waffe« aufgezeigt.[21] Im Folgenden soll untersucht werden, welche neuartigen Identifikationsangebote durch die nationalsozialistische Erinnerungspraxis zum Ruhrkampf geschaffen wurden und inwiefern diese die Integration der Ruhrgebiets-Bevölkerung in die »Volks-

18 Siehe hierzu u.a. Harald Welzer, Das soziale Gedächtnis, in: ders., (Hg.), Das soziale Gedächtnis. Geschichte, Erinnerung, Tradierung, Hamburg 2001, 9-21, Zitat 11.

19 Heidemarie Uhl, Kultur, Politik, Palimpsest. Thesen zu Gedächtnis und Gesellschaft am Beginn des 21. Jahrhunderts, in: Harald Schmid (Hg.), Geschichtspolitik und kollektives Gedächtnis. Erinnerungskulturen in Theorie und Praxis, Göttingen 2009, 37-51, hier 44f.

20 Hierzu sowie zum Begriff der »Deutungseliten« siehe Edgar Wolfrum, Geschichte als Politikum – Geschichtspolitik. Internationale Forschungen zum 19. und 20. Jahrhundert, in: *Neue Politische Literatur* 41 (1996), 376-401, hier 377. Mit einem Modell zur Beschreibung der wechselseitigen Einflüsse von kollektiven Erinnerungen und den Herrschaftsmechanismen politischer Systeme siehe Horst Alfred Heinrich, Kollektive Erinnerungen im politischen System, in: Harald Schmid (Hg.), Geschichtspolitik und kollektives Gedächtnis, Göttingen 2009, 77-91.

21 Edgar Wolfrum, Geschichte als Waffe. Vom Kaiserreich bis zur Wiedervereinigung, Göttingen 2002, Zitat 128.

gemeinschaft« des Dritten Reiches befördert und auf diese Weise zur Stabilisierung des nationalsozialistischen Herrschaftsapparates beigetragen haben.

Im Ruhrgebiet wurden auf Initiative lokaler Arbeiterorganisationen in den Jahren nach 1920 eine Vielzahl von Gedenksteinen zu Ehren der gefallenen Ruhrkämpfer sowie Gedenktafeln an Orten, an denen Arbeiter erschossen worden waren, errichtet.[22] Anfangs gedachten die verschiedenen Fraktionen der Arbeiterbewegung – Sozialdemokraten, Kommunisten, Freie Gewerkschaften – der gefallenen Ruhrkämpfer vielerorts noch gemeinsam. Mit den wachsenden Gegensätzen zwischen KPD und SPD entwickelten sich die Ereignisse von 1920 jedoch zunehmend zu einer ausschließlich von kommunistischen Deutungsangeboten geprägten, der »Sozialfaschismusthese«[23] verpflichteten Erinnerung. Für die Sozialdemokraten wurde der Ruhrkampf dabei mehr und mehr zu einer unerwünschten Erinnerung; zu einer Episode in der Geschichte der noch jungen Republik, die man lieber verdrängte oder verschwieg, wodurch jedoch die Chance vertan wurde, eine alternative Sicht auf die Geschehnisse anzubieten und die dominierenden kommunistischen Interpretationsmuster herauszufordern.[24] Die KPD hingegen räumte dem Ruhrkampf und der Roten Ruhrarmee einen zentralen Platz innerhalb ihrer öffentlich praktizierten Gedenkkultur ein. Alljährlich fanden in den Monaten März und April in nahezu allen Städten der Region Demonstrationen, Kundgebungen und Kranzniederlegungen an den Gräbern der Ruhrkämpfer, beispielsweise auf dem Ehrenfriedhof der Stadt Essen, oder an den zu Ehren der Ruhrkämpfer errichteten Gedenksteinen, beispielsweise an dem von der KPD

22 Siehe die Schlussbemerkungen bei Lucas, Bd. 3 (wie Anm. 13), 465 ff.; Klaus Tenfelde, Fragmentiert, verschüttet: der Bürgerkrieg 1920 und die Denkmalskultur im Ruhrgebiet, in: Karl Christian Führer et al. (Hg.), Revolution und Arbeiterbewegung in Deutschland 1918-1920, Essen 2013, 413-429; Mit Fahrrad- und Wanderrouten an die Schauplätze und die noch erhaltenen Denkmäler des Ruhrkampfs, in: Fittkau/Schlüter (Hg.), Ruhrkampf (wie Anm. 12).

23 Gemäß der kommunistischen Sozialfaschismustheorie stellte die SPD als »linker Flügel des Faschismus« ein »bürgerliches Werkzeug« zur Unterwanderung der Arbeiterklasse und zur Abwehr der »Diktatur des Proletariats« dar. Aus diesem Verständnis heraus waren die Sozialdemokraten in mindestens gleicher Weise zu bekämpfen wie die als »Nationalfaschisten« bezeichneten Nationalsozialisten. Zur Sozialfaschismus-Theorie und zum Verhältnis der KPD zur SPD siehe z. B. Klaus M. Mallmann, Kommunisten in der Weimarer Republik. Sozialgeschichte einer revolutionären Bewegung, Darmstadt 1996, insb. 261 ff.

24 Zum zehnjährigen Jahrestag des Kapp-Putschs wurde z. B. in der Parteizeitung der Dortmunder SPD mit einem ganzseitigen Artikel an den Putsch erinnert. Der Aufstand im Ruhrgebiet wurde hierbei bezeichnenderweise mit keinem Wort erwähnt: Vor 10 Jahren: Der Kapp-Putsch, in: *Westfälische Allgemeine Volkszeitung*, 13. März 1930.

gestifteten Ehrengrab auf dem Dortmunder Nordfriedhof, statt. Die Erinnerung an die Ereignisse von 1920 wurde auch zu einem festen Bestandteil der kommunistischen Märzfeiern. Der 18. März, der im Kaiserreich über lange Zeit bedeutendste Gedenktag der Arbeiterbewegung, erinnerte traditionell an zwei historische Ereignisse: an die Berliner Barrikadenkämpfe von 1848 und an den Aufstand der Pariser Kommune von 1871.[25] Im Ruhrgebiet stellte die KPD den Ruhrkampf in die Tradition dieser Revolutionsbewegungen und interpretierte den Aufstand der Ruhrarmee als eine Fortführung des »Freiheitskampfes« der Arbeiterklasse und als Vorboten einer nahenden Revolution. Die politischen Tageskämpfe der Partei – vom Wahlkampf bis hin zu den Saal- und Straßenschlachten mit der SA in der Spätphase der Weimarer Republik – wurden in dieser Deutung als eine Fortsetzung der Bewegung von 1920 und als Erbe der Roten Ruhrarmee interpretiert. Die Niederschlagung des Ruhraufstandes, die im Rahmen der Märzfeiern meist in Analogie zur Niederschlagung der Pariser Kommune erzählt wurde, fungierte darüber hinaus sozusagen als kommunistische Version der Dolchstoßlegende: Das Ruhrproletariat, im Kampfe unbesiegt, habe demnach nur durch den »Verrat« durch die sozialdemokratische Regierung zu Fall gebracht werden können.[26] Das Örtchen Pelkum, heute ein Stadtteil von Hamm, in dem sich Anfang April 1920 blutige Zusammenstöße ereignet hatten, und wo die einrückenden Reichswehrtruppen mit einer außerordentlichen Brutalität gegen die zum Teil unbewaffneten Arbeiter vorgegangen waren, wurde zudem jedes Jahr um Ostern zu einer Art Pilgerstätte für kommunistische Arbeiter aus der ganzen Region. Diese Gedenktraditionen, die mit der Machtübernahme der Nationalsozialisten ein vorläufiges Ende fanden, konnten nach dem Zweiten

25 Zur Geschichte der Märzfeiern Beatrix W. Bouvier, Die Märzfeiern der sozialdemokratischen Arbeiter: Gedenktage des Proletariats – Gedenktage der Revolution. Zur Geschichte des 18. März, in: Dieter Düding u.a. (Hg.), Öffentliche Festkultur. Politische Feste in Deutschland von der Aufklärung bis zum Ersten Weltkrieg, Reinbek 1988, 334-351. Mit einem kurzen Ausblick auf die Märzfeiern im Ruhrgebiet nach 1914: Andreas Zolper, Die Märzfeiern der deutschen Sozialdemokratie bis 1914. Magisterarbeit, Ruhr-Universität Bochum, Bochum 1994, 116 ff.

26 Anders als die sozialdemokratische Volkszeitung veröffentlichte das kommunistische »Ruhr Echo« zum zehnten Jubiläum der Ereignisse über Wochen eine ganze Serie von Artikeln und Memoiren zu den Vorgängen im Ruhrgebiet. Zum Dolchstoß-Motiv sowie zur These vom Sozialfaschismus hier beispielhaft zwei Zitate aus: Der Kapp-Putsch – die Geburtsstunde der ersten Roten Armee an Ruhr und Rhein, in: *Ruhr Echo*, 13. März 1930: »Aber der Verrat hatte seinen Dolch erhoben und stieß ihn in den Rücken der kämpfenden Front«; »Das Bielefelder Abkommen besiegelte dann vollständig die Niederlage der kämpfenden Ruhrarbeiterschaft und der Verrat der Sozialfaschisten wurde fortgesetzt«.

Weltkrieg bei Weitem nicht mehr in vollem Umfang reaktiviert werden. An einzelnen Orten der Region haben sich jedoch Relikte davon bis in die Gegenwart hinein erhalten.[27]

Die Erinnerung an den Ruhrkampf wurde im Ruhrgebiet während der Weimarer Jahre, insbesondere im öffentlichen Raum, ganz maßgeblich von kommunistischen Identifikations- und Deutungsangeboten bestimmt und von der KPD in eine weitgehend institutionalisierte Gedenkpraxis eingebettet. Gewalt und Kampf bzw. Klassenkampf waren hierbei die zentralen Motive und das »Ruhrproletariat« wurde zum Vorkämpfer der deutschen Arbeiterklasse stilisiert. Welche Auswirkungen diese »roten Heldenerzählungen« auf das Selbstbewusstsein der angesprochenen Revierbewohner hatten, lässt sich lediglich erahnen. In der Außenwahrnehmung der Region und seiner Bewohner spielte das Gewaltmotiv keine weniger maßgebliche Rolle. Das Wort vom Ruhrgebiet als »Deutschlands Wildem Westen« war schon vor 1920 in die Welt gesetzt worden, jedoch wurde der industrielle Ballungsraum erstmals im Zuge der gewaltsamen Ausschreitungen in den Anfangsjahren der Weimarer Republik als ein selbstständiger politischer Akteur und ein zusammenhängender Raum mit eigenen politisch-sozialen Zielvorstellungen wahrgenommen.[28] Im Anschluss an den Ruhrkampf von 1920 sollte die Ruhrbesetzung von 1923, als eine »Fortsetzung des Ersten Weltkriegs mit anderen Mitteln«, diesen Eindruck noch intensivieren. Abermals gelangten die sonst eher randständig betrachtete Region und ihre Bewohner durch die Gewaltexzesse jener Monate in den Fokus der Aufmerksamkeit und wurden mitunter zu Leitbildern eines vermeintlich »nationalen Widerstandskampfes« verklärt.[29] Bezüglich der Straßengewalt zwischen den politischen Kampfbünden avancierte die Industrieregion gegen Ende der Weimarer Republik, neben Metropolregionen wie Berlin oder Hamburg, zu einer der »Gewalthoch-

27 In Bochum-Werne hat in diesem Jahr beispielsweise die »Vereinigung der Verfolgten des Naziregimes« zusammen mit Vertretern des DGB eine Kundgebung zu Ehren der gefallenen Ruhrarbeiter organisiert. Auf dem Dortmunder Nordfriedhof finden sich alljährlich Angehörige der örtlichen DKP zu einer Kranzniederlegung an dem oben erwähnten Ehrengrab für die Ruhrkämpfer ein. Die letzte größere Gedenkveranstaltung in Pelkum fand wiederum 2010, anlässlich des 90. Jubiläums des Ruhrkampfs, unter Beteiligung von lokalen Vertretern der Partei »Die Linke« statt.

28 Zur Bedeutung von Gewalt in der Wahrnehmung des Ruhrgebiets in den Anfangsjahren der Weimarer Republik vgl. Tenfelde, Bürgerkrieg im Ruhrgebiet (wie Anm. 17), insb. 16 f.

29 Zur Rolle der Gewalt während der Ruhrbesetzung in der Deutung und Wahrnehmung der Ereignisse siehe Gerd Krumeich und Joachim Schröder (Hg.), Der Schatten des Weltkriegs. Die Ruhrbesetzung 1923, Essen 2004, erstes Zitat siehe Klappentext.

burgen des Deutschen Reiches«.[30] Etwas überspitzt ließe sich also sagen: Wann immer das Ruhrgebiet überregional Beachtung fand, waren Akte kollektiver Gewalt der Grund dafür.

Einen Ausdruck fand diese gesteigerte Aufmerksamkeit, mit der das Ruhrgebiet infolge der Ereignisse von 1920 bedacht wurde, nicht zuletzt in den zahlreichen literarischen Erzeugnissen – von persönlichen Erfahrungsberichten über erste Ansätze einer Ruhrkampf-Geschichtsschreibung bis hin zur literarischen Verarbeitung in Form von Ruhrkampf-Romanen –, in denen die Region als Schauplatz einschneidender Ereignisse porträtiert wurde. In den Werken proletarisch-revolutionärer Schriftsteller[31] dominierte neben dem Klassenkampf-Motiv das Bild vom heroischen Freiheitskampf der Ruhrarbeiter, welcher dem »Weißen Terror« der Freikorps- bzw. Reichswehrtruppen gegenübergestellt wurde.[32] Völkisch-nationalistische Ruhrkampf-Erzählungen hingegen erlebten vor allem zwischen 1933 und dem Ausbruch des Zweiten Weltkriegs eine rege Konjunktur.[33] Die Autoren dieser Werke interpretierten die Ereignisse ihrerseits als einen Abwehrkampf gegen kommunistische »Schreckensherrschaft«, vornehmlich gegen den »Roten Terror« im Ruhrgebiet. Sowohl in den Erfahrungsberichten als auch in den meist autobiografisch fundierten Ruhrkampf-Romanen ehemaliger Freikorpskämpfer wurden die bewaffneten Arbeiter in der Regel als rücksichtslose Mörder, Plünderer, Verbrecher oder Vergewaltiger dargestellt, wodurch ein höchst emotionales Feindbild generiert wurde. Die Ruhrarmisten, »Vaterlandsverräter« der schlimmsten Sorte, sollten auf diese Weise einen Gegenentwurf zu den vermeintlich edlen, »deutschen« Soldaten bilden. In der NS-Propaganda galten die alt-

30 Sven Reichardt, Faschistische Kampfbünde. Gewalt und Gemeinschaft im italienischen Squadrismus und in der deutschen SA, Köln 2002, hier 80.

31 Als bekannteste Romane siehe Karl Grünberg, Brennende Ruhr. Roman aus dem Kapp-Putsch, Rudolstadt 1928; Hans Marchwitza, Sturm auf Essen. Die Kämpfe der Ruhrarbeiter gegen Kapp, Watter und Severing, Berlin 1930; Kurt Kläber, Barrikaden an der Ruhr. Erzählungen aus den Kämpfen des Ruhrproletariats, Berlin 1925.

32 Für eine ausführliche Untersuchung zur proletarisch-revolutionären Ruhrkampf-Literatur der 1920er und 1930er Jahre siehe Dirk Hallenberger, Industrie und Heimat. Eine Literaturgeschichte des Ruhrgebiets, Essen 2000, 171-203; Dirk van Laak, Land der Städte. Städtestadt. Literatur über das Phänomen Ruhrgebiet 1911-1961, Essen 2009, 17 f.

33 Als bekannteste Werke siehe Paul C. Ettighoffer, Zelt 27 wird niedergerissen. Zehn Männer in deutscher Not, Leipzig 1933; Tüdel Weller, Peter Mönkemann. Ein hohes Lied der Freikorpskämpfer an der Ruhr, Berlin 1936; Edwin E. Dwinger, Auf halbem Wege, Jena 1939. Ebenfalls mit Erfahrungsberichten aus dem Ruhrkampf: Ernst von Salomon, Das Buch vom deutschen Freikorpskämpfer, Berlin 1938.

bewährten Freikorps-Kämpfer wiederum als Vorkämpfer der nationalsozialistischen Bewegung, was diese neuen »politischen Soldaten« zudem als beliebte Romanhelden prädestinierte.[34]

Ein Motiv, das sich wie ein roter Faden durch nahezu alle nationalistischen Ruhrkampf-Erzählungen zieht, ist die Legende von der Schlacht am Essener Wasserturm. Bei den Kämpfen um die Stadt hatte sich am Morgen des 19. März 1920 eine insgesamt 46-köpfige Gruppe aus Sicherheitspolizisten und Mitgliedern der Einwohnerwehr im Wasserturm in Essen-Steele verschanzt und wurde von Ruhrarmisten belagert. In den Nachmittagsstunden wehte aus dem Turm die weiße Flagge – als Bekundung, dass man sich ergeben wolle. Als sich Mitglieder der Ruhrarmee daraufhin dem Turm näherten, soll jedoch weiter auf sie geschossen worden sein. Der Turm wurde schließlich von den Ruhrkämpfern gestürmt, wobei der darauffolgende Kampf auf Seiten der Besatzer elf Opfer forderte. Eine andere Version dieser Geschichte bestreitet, dass nach dem Hissen der weißen Fahne noch weiter aus dem Turm heraus geschossen worden sei. Demnach hätten die Ruhrarmisten die wehrlose Turmbesatzung angegriffen. Die 15 Angehörigen der Ruhrarmee, die sich knapp ein Jahr nach den Ereignissen vor Gericht verantworten mussten, wurden jedoch allesamt freigesprochen. Zeugen der Anklage hatten widersprüchliche Aussagen zu den Vorgängen gemacht, was nahelegt, dass zumindest von einem Teil der Turmbesatzung tatsächlich weiter auf die herannahenden Belagerer geschossen worden war. Dennoch sollte sich im Nachhinein die Version durchsetzen, nach der die Rote Ruhrarmee am Wasserturm ein Blutbad angerichtet hatte. Begünstigt wurde diese Legendenbildung dadurch, dass nach dem Ruhrkampf eine Gedenktafel mit insgesamt 40 Namen, den Namen sämtlicher Angehöriger von Sicherheitspolizei und Einwohnerwehr, die bei den Kämpfen in und um Essen gefallen waren, am Wasserturm angebracht wurde. Da diese Tafel den Anschein erweckte, alle darauf genannten Personen wären beim Sturm auf den Turm gefallen, die Ruhrarmisten hätten also fast die gesamte Besatzung ermordet, wurde ein weiterer Baustein für die sogenannte Wasserturmlegende gelegt.[35] In den Ruhrkampf-Romanen aus dem rechten Lager wurde die Legende weiter ausgeschmückt und zu einem wirkungsmächtigen Schreckensbild vom »roten Terror« der blutdurstigen, kommunistischen »Mordbanden« verdichtet. In Dwingers Ro-

34 Zu völkisch-nationalistischen Ruhrkampf-Romanen: Hallenberger, Industrie und Heimat (wie Anm. 32), 203-210, insb. 205.

35 Ernst Schmidt, Der Kapp-Putsch 1920 und die Wasserturmlegende, in: Johannes Gorlas und Detlev J. K. Peukert (Hg.), Ruhrkampf 1920, Essen 1987, 75-85; Erhard Lucas-Busemann, Kapp-Putsch und Rote Ruhrarmee, in: Gorlas/Peukert (Hg.), Ruhrkampf 1920, 59-74, hier 69 f.

man »Auf halbem Wege« etwa stürmt die Ruhrarmee im Wasserturm »wie ein Rudel Wölfe mit speichelnden Lefzen die Treppen hinauf«.[36] Mit derartigen Erzählungen sollte nicht nur ein Gegenentwurf zu den vermeintlich edelmütigen Freikorpskämpfern gezeichnet, sondern auch die exzessive Gewalt der Freikorpstruppen gegenüber den Ruhrkämpfern nachträglich gerechtfertigt werden. Die Nationalsozialisten griffen die Wasserturmlegende wiederum für ihre antikommunistische Propaganda auf[37] und festigten dadurch eine Sicht auf die Ereignisse von 1920, die in Deutschland noch lange über den Zweiten Weltkrieg hinaus das Geschichtsbild zum Ruhrkampf bestimmen sollte.

Jan Assmann fasste die grundlegende Funktion von Erinnerung als einer sozialen Praxis mit folgenden Worten zusammen: »Erinnerung vermittelt Zugehörigkeit, man erinnert sich, um dazugehören zu können, und diese Erinnerung hat verpflichtenden Charakter.«[38] Im Rückkehrschluss kann also derjenige, der die Erinnerungsangebote einer Gruppe *nicht* annimmt bzw. nicht anzunehmen imstande ist, kein Teil dieser Gruppe sein. Kollektive jeglicher Art grenzen sich über ihre gemeinsame Erinnerung nach außen hin ab, generieren Exklusivität. Folglich ist Erinnerung ein normatives Kriterium, welches über Zugehörigkeit zu und Ausschluss aus einer Gemeinschaft entscheidet. Solche Erinnerungsangebote können wiederum in mitunter sehr unterschiedlichem Maße integrativ bzw. segregativ sein, also breiten gesellschaftlichen Gruppen die Zugehörigkeit zu einer Erinnerungsgemeinschaft ermöglichen, oder aber weite Teile der Gesellschaft von vornherein aus ihr ausschließen. Sowohl die linken als auch die rechten Ruhrkampf-Narrative der Weimarer Jahre wiesen einen stark ausgrenzenden Impetus auf. Die auf beiden Seiten propagierten Feind- und Schreckensbilder zielten eindeutig auf Konfrontation und in keiner Weise auf Integration ab. Wie könnte man die verfeindeten Seiten auch unter einer gemeinsamen Ruhrkampf-Erinnerung vereinen?

Nach 1933, wie im Folgenden aufgezeigt wird, unternahmen die Nationalsozialisten im Ruhrgebiet eben diesen scheinbar abwegigen Versuch. Hierbei gilt es zu bedenken, dass die Rote Ruhrarmee 1920 eine Massen-

36 Dwinger, Auf halbem Wege (wie Anm. 33), 502.

37 Siehe z.B. die Darstellung der Wasserturmschlacht im Rahmen der nationalsozialistischen Ruhrkampf-Gedenkfeier vom März 1934: Das Blutbad am Essener Wasserturm, in: *WL/RE*, 18. März 1934. Ebenfalls mit deutlichen Bezügen zur Schlacht am Wasserturm: Einst lohte roter Brand im Ruhrrevier, in: *WL/RE*, 20. März 1937.

38 Jan Assmann, Erinnern, um dazuzugehören. Kulturelles Gedächtnis, Zugehörigkeitsstruktur und normative Vergangenheit, in: Kristin Platt/Mihran Dabag (Hg.), Generation und Gedächtnis. Erinnerungen und kollektive Identitäten, Opladen 1995, 51-75, Zitat 52.

bewegung war, was nicht bedeutet, dass der Aufstand von sämtlichen Arbeitern des Ruhrgebiets unterstützt oder auch nur begrüßt worden wäre. Auch haben sich nicht wenige der damals aktiv Beteiligten mit der Zeit von den Ereignissen distanziert bzw. ihre damals getroffenen Entscheidungen kritisch hinterfragt.[39] Dennoch kann davon ausgegangen werden, dass es zum Ende der Weimarer Republik in der Region eine breite, politisch einflussreiche Basis an Akteuren gab, die, wenn sie die kommunistische »Heldenerzählung« zum Ruhrkampf auch nicht vorbehaltlos geteilt haben mochten, zumindest bis zu einem gewissen Grade mit den Aufständischen von 1920 sympathisierten. Gerade hier nun eine diametral entgegengesetzte Erinnerungskultur zum Ruhrkampf etablieren zu wollen, muss daher zumindest als ein heikles Unterfangen betrachtet werden. Einerseits ging es den Nationalsozialisten darum, kommunistische Gedenktraditionen zum Ruhrkampf zu verdrängen und antikommunistische Ressentiments zu schüren bzw. zu verstärken, andererseits sollten die Arbeiter an Rhein und Ruhr aber auch über die neu zu schaffende Ruhrkampf-Erinnerung in das »neue Deutschland« integriert werden.

In den ersten Monaten nach Hitlers »Machtergreifung« stand jedoch nicht die Integration politischer Gegenspieler im Vordergrund, sondern deren politische wie physische »Ausschaltung« – eine Fortführung der politischen Straßengewalt –, wobei neben der Gewalt gegen Leib und Leben auch die Gewalt gegenüber dem kulturellen Erbe politisch Andersdenkender einen wesentlichen Bestandteil dieser Ausschaltungspolitik bildete. Infolge der Zerschlagung der politischen Opposition fanden auch die kommunistischen Gedenkfeiern zum Ruhrkampf ein jähes Ende. Zugleich wurden die Zeugnisse und Stätten dieser Gedenktradition – Grabsteine und Gräber, Gedenktafeln und Inschriften, ja sogar ganze Denkmäler – in umfassendem Maße zerstört, und die Ruhrkampf-Erzählungen aus der Feder proletarisch-revolutionärer Schriftsteller fielen der Zensur zum Opfer.[40] Infolge dieses »Kahlschlags« im Jahr 1933, der jedoch weniger als eine gezielte erinnerungspolitische Maßnahme, sondern vielmehr als Bestandteil einer ganz realen Gewalt gegen politisch Andersdenkende verstanden werden muss, begannen die Nationalsozialisten im Ruhrgebiet

39 Eine überaus kritische »Innen-Sicht« auf den Aufstand der Ruhrarmee vermittelt z. B. die Broschüre: Achtzehn Tage Kommunisten-Terror in Dortmund. 17. März bis 3. April 1920. Schilderungen eines Dortmunder Arbeiters, Düsseldorf 1920.

40 Nur wenige Gedenksteine, die von der KPD errichtet worden waren, haben die Zeit des Nationalsozialismus unbeschadet überdauert und sind bis heute erhalten geblieben. Siehe hierzu Tenfelde, Fragmentiert (wie Anm. 22), 390 f.; Lucas, Bd. 3 (wie Anm. 13), 465 ff.; Fittkau und Schlüter: Ruhrkampf (wie Anm. 12). Zur kommunistischen Ruhrkampf-Literatur siehe Hallenberger, Industrie und Heimat (wie Anm. 32), 174-203.

erst etwa ein Jahr später mit der Umdeutung des Ruhrkampf-Gedächtnisses. Nachdem sie ihre Herrschaft mittels realer Gewalt gegenüber politisch Andersdenkenden etabliert hatten, machten sie sich im nächsten Schritt die erinnerte Gewalt zunutze, um ihre Herrschaft zu stabilisieren.

Im Juni 1934 wurde in Dorsten, wo sich bereits im Frühjahr 1919 erste blutige Zusammenstöße zwischen streikenden Arbeitern und Freikorpstruppen ereignet hatten, ein Denkmal errichtet, zu Ehren des Freikorps Lichtschlag, welches unter der Ruhrarbeiterschaft schon vor 1920 als »Freikorps Totschlag« gefürchtet war und im Ruhrkampf eine zentrale Rolle gespielt hatte. Kurz darauf folgte ein Gedenkstein in Pelkum zu Ehren des einzigen Toten, den die Brigade Epp bei den dortigen Gefechten mit der Roten Ruhrarmee zu beklagen hatte. Schwerlich hätten die Nationalsozialisten die kommunistischen Gedenktraditionen zum Ruhrkampf offensichtlicher verhöhnen können. Pelkum galt als Synonym für den »Weißen Terror« und war über Jahre hinweg der zentrale Ort – eine Art Pilgerstätte – gewesen, an welchem man der gefallenen Ruhrkämpfer gedachte. Aber auch außerhalb des kommunistischen Lagers wurde der Name Pelkum mit der Brutalität der einrückenden Reichswehr- und Freikorpseinheiten gegenüber der lokalen Einwohnerschaft assoziiert. Man hatte damals keineswegs mit der Aufstandsbewegung der Ruhrarmee sympathisieren müssen, um zu der Überzeugung zu gelangen, dass sich das Militär in Pelkum alles andere als untadelig verhalten hatte.[41] Im November 1934 wurde schließlich in Essen-Horst, auf einer Anhöhe am Ufer der Ruhr, ein pompöses Denkmal zu Ehren sämtlicher Toter aus den Reihen von Reichswehr, Freikorps, Sicherheitspolizei und Einwohnerwehren eingeweiht, die in den Jahren 1919/20 in Kämpfen mit der Ruhrarbeiterschaft gefallen waren. Das Ehrenmal, ein begehbares Rondell aus 24 durch einen Kranz miteinander verbundenen Pfeilern, stellte das größte Denkmal dieser Art im Ruhrgebiet dar und war auf Anregung eines ehemaligen Adjutanten des Freikorpsführers Lichtschlag entstanden. Es fällt schwer, im Bau der drei hier erwähnten Denkmäler etwas anderes als einen offenen Affront gegen die Arbeiter an Rhein und Ruhr zu erkennen. Im Falle der beiden Gedenksteine in Dorsten und Pelkum stellte bereits die Wahl des jeweiligen Standortes eine gezielte Provokation dar. Mit dem Säulenbau in Essen-Horst, so könnte man meinen, wurde gar dem Kampf gegen die Ruhrarbeiterschaft als solchem ein Denkmal gesetzt. Inwiefern kann also

41 Carl Severing etwa, der als Staatskommissar die sogenannten »Bielefelder Verhandlungen« mit den Delegierten der Roten Ruhrarmee führte, verurteilte die Brutalität einiger Freikorps- und Reichswehreinheiten, namentlich das Vorgehen der Brigade Epp in und um Pelkum, in seinen Memoiren scharf: Carl Severing, Im Wetter- und Watterwinkel, Bielefeld 1927, 207ff.

davon gesprochen werden, dass die Bevölkerung des Ruhrgebiets in diese neue Erinnerungskultur integriert wurde? Ein Blick auf die Ruhrkampf-Gedenkfeiern des Jahres 1934 eröffnet hierbei einige interessante Perspektiven.

Am 17. und 18. März fanden in Essen die bis dahin größten Gedenkfeierlichkeiten zum Ruhrkampf statt, die das Ruhrgebiet je gesehen hatte. Mit Hermann Göring und Ernst Röhm waren zwei hochrangige Festredner zugegen. Darüber hinaus waren rund 60.000 SA-Männer angereist, um die Straßen öffentlichkeitswirksam in Beschlag zu nehmen. In dem mehrseitigen Zeitungsbericht der »Westfälischen Landeszeitung«[42] über dieses Großereignis fällt auf, dass vor allem dem Verhältnis zwischen der Region Ruhrgebiet und dem Dritten Reich größte Aufmerksamkeit gewidmet wurde. »Das Ruhrgebiet, die rastlose Stätte deutscher Schaffenskraft und deutschen Arbeitertums [...] hat im neuen Deutschland eine besondere Sendung, eine besondere Ehrenstellung erhalten«, heißt es gleich zu Beginn des zweiseitigen Artikels. In scharfer Abgrenzung zu den Jahren der Weimarer Republik, in denen die Region eine »Stätte verzweifelten Elends« gewesen sei, wird nun ein neues Zeitalter propagiert, das die Arbeiterschaft als den eigentlichen »Wert des Ruhrgebiets« endlich zu würdigen wisse. Die Region wird zum »Juwel [...] in der Krone der deutschen Gaue« stilisiert, in der sich »die Millionen Arbeiterfäuste [...] heute nicht mehr zum Moskau-Gruß ballen«; in der die Arbeiterherzen »nicht mehr von dem Wahn der Internationale bedrückt sind«. Die exzessive Verwendung der beiden Worte »Nicht mehr« wirkt wie eine Selbstbeschwörung. Je überschwänglicher hier die »Verbundenheit zwischen dem Land werktätiger Arbeiter, seinen harten Männern und dem nationalsozialistischen Staat« gepriesen wird, desto zweifelhafter scheint es, dass die Initiatoren der Gedenkfeierlichkeiten von ihren eigenen propagierten Formulierungen überzeugt waren. »Wir Nationalsozialisten aber glauben, dass wir mit dem Ruhrgebiet keine Last übernommen haben« – eine Aussage, die sich angesichts dieser eindringlichen Bemühungen, eine tiefe Verbundenheit zwischen der Region und dem nationalsozialistischen Regime zu suggerieren, auch ganz anders verstehen lässt: Das Ruhrgebiet als »Pulverfass« stellte in den Augen der Nationalsozialisten sehr wohl eine Last dar, weshalb sie nach ihrer Machtübernahme alles daran setzen, die politischen Wogen zu glätten. Der Ruhrkampf hatte der Öffentlichkeit im Frühjahr 1920 vor Augen geführt, welches Gewaltpotenzial die Region an Rhein und Ruhr barg, wie dramatisch ein Aufstand der dortigen Bevölkerung die

42 Zum Folgenden siehe Deutschland ehrt die Toten des Ruhrgebiets!, in: *WL/RE*, 19. März 1934. Alle Zitate ebd.

Festen des bestehenden Staates ins Wanken zu bringen vermochte. Die Angst vor einem erneuten Aufstand – ganz gleich, wie gering diese Gefahr zu jenem Zeitpunkt auch gewesen sein mochte – bildete daher, so meine These, einen zentralen Beweggrund dafür, dass die Nationalsozialisten die Ereignisse in ihre Gedenkkultur integrierten. Hierbei kam es ihnen ganz dezidiert darauf an, den Ruhrkämpfern von einst ein »versöhnliches« Erinnerungsangebot zu machen.

Aus der Berichterstattung über die Ruhrkampf-Gedenkfeier vom März 1934, aus welcher hier zitiert wird, lassen sich die konkreten Schritte für den Aufbau dieses neuen Ruhrkampf-Gedächtnisses ablesen: Zunächst werden das Ruhrgebiet und seine Bewohner glorifiziert, um positive Identifikationsangebote zu schaffen. Im zweiten Schritt wird der Aufstand der Ruhrarbeiter, insbesondere die angebliche Bestialität der Ruhrkämpfer, mit diesem positiven Bild kontrastiert. In seiner Rede auf der Gedenkfeier am Essener Wasserturm, dem Inbegriff für den »Roten Terror«, erinnerte Göring etwa »an die grauenvolle Zeit, da deutsche Menschen, aufgepeitscht und aufgehetzt durch artfremde Verführer aufgestanden waren gegen ihre eigenen Brüder, um sie abzuschlachten gleich Tieren«. Altbewährte Schreckensbilder von mordhungrigen Rotarmisten, die wie wilde Tiere über ihre Gegner herfallen, werden folglich nicht aufgegeben, doch wird die Verantwortung für die Ereignisse von 1920 ganz ausdrücklich nicht den Arbeitern im Ruhrgebiet – zumindest nicht den »deutschen Arbeitern« – zugeschrieben. »Artfremde Verführer« hätten die Ruhrarbeiterschaft mit dem »Wahn« des Kommunismus infiziert und die Menschen der Region in einem schwachen Moment, da sie von Armut und Elend bedroht waren, in den Kampf gegen ihre eigenen »Brüder« getrieben. In der Konsequenz tragen die Ruhrarbeiter auch nicht die Verantwortung für die Ereignisse. Die einstigen Angehörigen der Roten Ruhrarmee werden von jeglicher Schuld freigesprochen. Explizit wird ausgeführt, dass die Verdienste dieser »fleißigen Arbeitsmänner an der Ruhr« höher zu werten seien als ihre einstigen »Verfehlungen«.

Es ist die Idee von der »Volksgemeinschaft«[43], die Idealvorstellung von einer über alle innergesellschaftlichen Grenzen – »Klassen« – hinweg existierenden Solidarität, von einer politischen, sozialen und kulturellen Einmütigkeit, die diesem Ansatz zugrunde liegt. Obgleich der Begriff der Volksgemeinschaft bereits den politischen Diskurs der Weimarer Republik prägte, wurde er nach 1933 schließlich zu »einer der wirkungsmäch-

43 Zur Volksgemeinschaftsidee im Nationalsozialismus: Frank Bajohr/Michael Wildt, Einleitung, in: dies. (Hg.), Volksgemeinschaft. Neue Forschungen zur Gesellschaft des Nationalsozialismus, Frankfurt am Main 2009, 7-23.

tigsten Formeln in der nationalsozialistischen Massenbewegung«.[44] Die Wirkungsmacht dieses Begriffs, hier speziell für die Arbeiterschaft, lässt sich nicht zuletzt darauf zurückführen, dass er unter anderem eine Nivellierung von Arbeiterschaft und Bürgertum verhieß – eben jene soziale und politische Anerkennung, gesellschaftliche Integration und Partizipation, die sich die politische Arbeiterbewegung von der Revolution erhofft hatte, die in der Weimarer Republik jedoch nicht hatte realisiert werden können. Die nationalsozialistische Volksgemeinschaft versprach Inklusion auch für einstige politische Feinde, hier also all jene, »die bis 1933 zum weitaus überwiegenden Teil hinter der roten Fahne hermarschierten«.[45] Stärker aber als durch die Verheißung von sozialer Inklusion war die nationalsozialistische Volksgemeinschaft über eine strikt rassistisch-antisemitisch begründete Exklusion definiert: »Volksgenosse kann nur sein, wer deutschen Blutes ist, ohne Rücksichtnahme auf Konfession. Kein Jude kann daher Volksgenosse sein.«[46] Mit der Fokussierung auf die aus der Volksgemeinschaft ausgegrenzten Gruppen, insbesondere die Juden, gewann dieses Gemeinschaftskonzept schließlich seinen destruktiven Charakter. Michael Wildt betonte vor diesem Hintergrund, dass es in der neueren Auseinandersetzung mit dem nationalsozialistischen Volksgemeinschaftsbegriff darum gehen müsse, die Grenzen zwischen Inklusion und Exklusion nicht als etwas Gegebenes hinzunehmen, sondern die Konstruktion jener Grenzziehungen zu untersuchen und aufzuzeigen, *wie* in »der politischen Praxis vor Ort […] soziale Distanzen zwischen Juden und ›Volksgenossen‹« geschaffen worden waren, die letztlich bis zum systematischen Völkermord führten.[47]

Die nationalsozialistische Umdeutung der Ruhrkampf-Erinnerung kann als ein solches Instrument der sozialen Grenzziehung verstanden werden. Indem der Ruhrkampf in der nationalsozialistischen Deutung zu einem von außen veranlassten, hinterhältigen Angriff auf die Volksgemeinschaft erklärt wurde, verschoben sich die Grenzen, die bis dahin die Ruhrkampf-Erinnerung in Freund und Feind strukturiert hatten, maßgeblich: An die

44 Hans-Ulrich Thamer, Nation als Volksgemeinschaft. Völkische Vorstellungen, Nationalsozialismus und Gemeinschaftsideologie, in: Jörg-Dieter Gauger und Klaus Weigelt (Hg.), Soziales Denken in Deutschland zwischen Tradition und Innovation, Bonn 1990, 112-128, Zitat 113.

45 Hans Munter, Warum steht der deutsche Arbeiter zu Adolf Hitler?, Berlin 1940, 5.

46 Zitat aus dem NSDAP-Parteiprogramm von 1920, abgedr. in: Bajohr und Wildt, Einleitung (wie Anm. 43), 17.

47 Michael Wildt, »Volksgemeinschaft«. Eine Antwort auf Ian Kershaw, in: *Zeithistorische Forschungen/Studies in Contemporary History*, Online Ausgabe, 8 (2011), H.1, Zitat 4.

Stelle einer politischen Rechts/Links-Dichotomie bzw. einer im Klassendenken verhafteten Gegenüberstellung von »Arbeit« und »Kapital« trat die nach völkischen und rassebiologischen Kategorien vorgenommene Unterscheidung von »deutsch« und »artfremd«, die sich schließlich in der Gegenüberstellung von Juden und »Ariern« verdichtete. Dieser Prozess lässt sich hinsichtlich der nationalsozialistischen Ruhrkampf-Erinnerung eindrücklich nachvollziehen: Am Anfang stand das Integrationsangebot an die ehemaligen Ruhrkämpfer in die nationalsozialistische Volksgemeinschaft – eine Gemeinschaft, der sie im selben Maße als angehörig erklärt wurden, wie ihre damaligen Gegenspieler, die Akteure aus den Reihen von Freikorps und Reichswehr. Um die Existenz einer inneren Solidarität zu suggerieren, musste der Ursprung der Gewalt zwischen diesen (einst) verfeindeten Gruppen auf einen vermeintlich »äußeren« Faktor, einen Akteur außerhalb dieser als Volksgemeinschaft deklarierten »Wir-Gruppe«, zurückgeführt werden. Gerade mit Blick auf den Ruhrkampf als einem Bürgerkrieg, dem wohl massivsten Ausdruck *inner*gesellschaftlicher Fragmentierung, war eine solche Externalisierung nur möglich, indem auf der Grundlage rassisch-völkischer Denkmuster ein gänzlich neues Verständnis von »außen« generiert wurde, welches die bisherigen Grenzziehungen sprengte.

Somit begründeten die Nationalsozialisten eine neuartige Ruhrkampf-Erinnerung, mit der zunächst antikommunistische, später vor allem antisemitische Ressentiments geschürt und gleichsam positive Identifikationsangebote an die Ruhrarbeiterschaft generiert wurden. In den Darstellungen zu den Kämpfen der Roten Ruhrarmee unterschied man folglich strikt zwischen den angeblichen Feinden der Volksgemeinschaft und »dem besseren Teil der irregeleiteten Arbeiter«[48]. Darüber hinaus gelang es mit dieser neuen Form der Ruhrkampf-Erinnerung, die Brutalität, welche die Freikorps- und Reichswehrtruppen bei ihrem Einmarsch in das Ruhrgebiet an den Tag gelegt hatten, zu rechtfertigen, ohne dabei die Gewalt gegenüber dem »besseren Teil« der Aufständischen zu verherrlichen. Sogar die Schlacht bei Pelkum, vormals der Inbegriff für »Weißen Terror«, fand Eingang in diese Gedenkkultur. Sie wurde zu einem Symbol für die »Befreiung« des Ruhrgebiets aus dem Bann der »artfremden Verführer«, die demnach erst die Gewalt über das Ruhrgebiet gebracht hatten. Die »moralische Wirkung« der Ereignisse von Pelkum, so hieß es, rechtfertige hierbei insofern jegliches Maß an Gewalt und Brutalität gegenüber den Ruhrarmisten, als dass die Kämpfe nur so ein schnelles Ende hatten finden kön-

48 Zitat aus: Die Schlacht bei Pelkum, in: *WL/RE*, 31. März 1934.

nen.[49] Die Brigade Epp, die bei Pelkum auf flüchtende, zum Teil unbewaffnete Arbeiter – darunter auch Frauen – Jagd gemacht hatte, wurde zum Retter umgedeutet: »Wir, die wir den Roten Terror von 1920, Gefahr, Drangsal, Not und Sorge erlebt und erlitten haben, danken noch heute den Bayern für ihr eisernes Zupacken.«[50] In diesem »Wir« verbirgt sich wiederum ein eindeutiges Identifikationsangebot an die Bevölkerung im Ruhrgebiet. Das Motiv vom Ruhrkampf als einem Befreiungskampf bildete zugleich auch den Kern der nationalsozialistischen Ruhrkampf-Denkmallandschaft. So stand nicht zuletzt bei den Feierlichkeiten zur Einweihung des Freikorps-Ehrenmals in Essen-Horst, bei denen unter anderem der General von Watter als Ehrengast eine Festrede hielt, die Vorstellung von der Befreiung von der »roten Flut«, also von einem äußeren Feind, im Zentrum.[51]

Die »Große Antibolschewistische Schau«, auf die zu Beginn dieses Beitrags ausführlicher eingegangen wurde, bildete sowohl den Höhe- als auch den Endpunkt der nationalsozialistischen Erinnerungspolitik zum Ruhrkampf. Einen Höhepunkt markierte die Ausstellung, die am Jahrestag des Kapp-Putsches in Dortmund eröffnet wurde und pünktlich zum Jahrestag der »Befreiung« Dortmunds vom »Kommunisten-Terror« ihre Pforten wieder schloss, insofern, als die Menschen aus Stadt und Region die einmalige Gelegenheit erhielten, die Schrecken jener Wochen auf eindrucksvolle Weise und quasi in Echtzeit abermals zu durchleben. Als die Nationalsozialisten im Ruhrgebiet mit der Konstruktion eines umgedeuteten Ruhrkampf-Gedächtnisses begannen, war die Erinnerung an jene Zeit hier noch eine überaus »heiße«, das heißt emotional wie politisch deutlich aufgeladene. Die Ereignisse von 1920 waren bis dahin fester Bestandteil einer einflussreichen, kommunistischen Gedenkkultur gewesen und hatten entsprechende politische Identitäten bedient, nun sollten sie mit einer entgegengesetzten Deutung versehen werden. Die Spannungen, die sich aus diesem Vorhaben ergeben mussten, sollten wiederum dadurch eingedämmt werden, dass man dem Aufstand der Roten Ruhrarmee die Idealvorstellung von der deutschen Volksgemeinschaft gegenüberstellte, die Bevölkerung des Ruhrgebiets explizit in dieses Volksgemeinschaftsideal zu integrieren suchte und die Verantwortung für den Ruhrkampf außer-

49 Für eine entsprechende Deutung der Schlacht bei Pelkum siehe Vor 15 Jahren: Die Schreckensherrschaft der »Roten Armee«, in: *WL/RE*, 13. März 1935; Vor 15 Jahren! Brigade Epp befreit das Ruhrgebiet, in: *WL/RE*, 24. März 1935.

50 Zitat aus: Die Schlacht bei Pelkum, in: *WL/RE*, 31. März 1934.

51 Zu der Einweihungsfeier des Essener Ehrenmals siehe Im Kampf gegen die rote Flut, in: *WL/RE*, 4. November 1934; Dem Gedenken der Ruhrkämpfer, in: *WL/RE*, 5. November 1934.

halb dieser Volksgemeinschaft verortete. Mit ihrer eigenen Version einer Ruhrkampf-Erinnerung zielten die Nationalsozialisten somit darauf ab, im Ruhrgebiet »die letzten Schlacken marxistischer Verhetzung zu lösen«.[52]

Im Frühjahr 1937, nur drei Jahre also nachdem in Essen die ersten nationalsozialistischen Gedenkfeiern zum Ruhrkampf stattgefunden hatten, erweckte die Antibolschewistenschau schließlich den Eindruck, der Ruhrkampf sei Teil einer längst vergangenen, tief in Vergessenheit geratenen geschichtlichen Epoche; als sei es kaum noch vorstellbar, dass sich tatsächlich »Volksgenossen« an einer solchen Aufstandsbewegung beteiligt haben könnten. Das Ideal von der Volksgemeinschaft schien erreicht und die Bevölkerung des Ruhrgebiets endgültig in ihr aufgegangen zu sein. Die kurze Tradition der nationalsozialistischen Ruhrkampf-Erinnerung, die nach 1933 im Ruhrgebiet etabliert wurde, fand insofern ein Ende, als dass der Kampf gegen den Kommunismus als einem Feind »im Inneren« abgeschlossen war bzw. als solches propagiert wurde. Die Ausstellung von 1937 erinnerte zwar noch einmal daran, dass der Kommunismus einst eine veritable Bedrohung für die Volksgemeinschaft dargestellt hatte, der Fokus war jedoch ein anderer: »Juden und immer wieder Juden«, so die Erläuterungen zu der Antibolschewistenschau, hätten Millionen von Menschen mit der »Weltseuche« des »internationalen Bolschewismus« infiziert. Während in den Jahren zuvor die Vorstellung von den »artfremden Verführern« in Verbindung mit der Erinnerung an den Ruhrkampf nicht näher ausgeführt worden war, wodurch dezidiert verschiedene Deutungen offengehalten wurden, wurde hier ein ganz konkreter Feind benannt, der eindeutig außerhalb der propagierten Volksgemeinschaft zu verorten war. Der Ruhrkampf verlor in diesem Zusammenhang seine Funktion als eine dezidiert regionale Erinnerung und entwickelte sich zu einem weitgehend austauschbaren Argument zur Legitimierung eines übergeordneten, internationalen Kampfs gegen den »Jüdischen Bolschewismus«. Vor diesem Hintergrund verwundert es wenig, dass sich nach 1937 im Ruhrgebiet keine Hinweise mehr auf nationalsozialistisches Gedenken zum Ruhrkampf finden lassen. Als integraler Bestandteil der Volksgemeinschaft, der es inzwischen geworden war, bedurfte das Ruhrgebiet einer solchen Erinnerung schlichtweg nicht mehr.

52 Deutschland ehrt die Toten des Ruhrgebiets, in: *WL/RE*, 19. März 1934.

III. Reich

Jost Dülffer (Köln)

Humanitäre Intervention, Menschenrechte und die Legitimation von Gewalt

Der deutsche Weg in den Zweiten Weltkrieg 1937/1939

Nationalsozialistische Herrschaft setzte von Beginn an auf nackte Gewalt nach innen. Sie zielte langfristig auf Gewalt nach außen, auf Krieg ab. Dazu fehlte 1933 noch das erforderliche Instrument: eine dafür bereite Wehrmacht und eine Mentalität in der Bevölkerung, die nach dem Ersten Weltkrieg eine neue militärische Auseinandersetzung aktiv wollte. Adolf Hitler nannte diese Voraussetzungen in den ersten Tagen seiner Regierung das Programm der »Wiederwehrhaftmachung«. Beide, die materielle wie die mentale Kriegsvorbereitung, wurden bis 1939 in einem atemberaubenden Tempo vorangetrieben, und stießen dennoch an Grenzen. Jede massive Gewaltanwendung nach außen rief in der Staatengesellschaft Widerstand hervor. Zumal die europäischen Westmächte, Großbritannien und Frankreich, sahen sich zunehmend veranlasst, deutsche Gewalt mit der Androhung von Gegengewalt zu beantworten, um die deutsche Politik zur Vernunft zu bringen. »Appeasement« – als Bestreben, deutsche Saturiertheit in eine neue europäische Ordnung einzubinden – war das eine, die Entschlossenheit, gegen die Verletzung internationalen Rechts von deutscher Seite vorzugehen, aber die Kehrseite.

Da dies in der deutschen Politik wahrgenommen wurde, schien es den Akteuren zweckmäßig, das eigene Handeln zu verharmlosen, als legitime Revision etwa des Versailler Vertrages darzustellen. Ein anderer Weg war es, eine angebliche Unterdrückung von Deutschen im benachbarten Ausland zu beklagen und in diesem Zusammenhang humanitäre Gründe anzuführen, die einer Intervention vorausgegangen sein sollen. Hier setzt dieser Beitrag ein. Humanitäre Intervention wurde und wird meist als positiv konnotierte Aktion im Sinne der allgemeinen Erklärung der Menschenrechte von 1948 verstanden.[1] Man kann mit Samuel Moyn unter-

1 Christian Tomuschat, Menschenrechtsschutz und innere Angelegenheiten, http://tomuschat.rewi.hu-berlin.de/not; gute Überblicke: Stefan-Ludwig Hoffmann (Hg.), Moralpolitik. Geschichte der Menschenrechte im 20. Jahrhundert, Göttingen 2010, bes. der Beitrag von Mark Mazower; Jan Eckel/ Samuel Moyn (Hg.), Moral für die Welt? Menschenrechtspolitik in den 1970er Jahren, Göttin-

scheiden, dass Menschenrechte immer von Staaten verletzt werden, humanitäre Intervention aber unabhängig von Staaten stattfinden kann: Auf eine entsprechende Notlage wird von außen von entsprechenden Organisationen reagiert.[2] Aber die Sache selbst, wie auch die Rede davon, ist älter, auch wenn der Begriff selbst nicht gefallen ist. Humanitäre Intervention aufgrund Verletzungen grundlegender Rechte hat Vorläufer, die besonders häufig in der Zwischenkriegszeit des 20. Jahrhunderts zu finden sind. Bemerkenswert in dieser Zeit ist die auffällige Spannung zwischen einerseits der Behauptung von Selbstbestimmung und andererseits den Rechten von Minderheiten.[3] Die Schaffung neuer Nationalstaaten in Ostmitteleuropa und die Verkleinerung oder Auflösung von besiegten Großmächten brachten große Minderheitenprobleme mit sich: »The Paris peace treaties gave 60 million people a state of their own, but turned another 25 million into minorities.«[4] Kompensation sollte dadurch geschaffen werden, dass Minderheiten durch entsprechende Verträge geschützt wurden.[5] Das wurde zwar vereinbart, aber in der Praxis doch nur sehr unvollkommen durchgesetzt.

Besonders in den neu gegründeten Staaten bestand bei den herrschenden Eliten Konsens über einen Primat der nationalen Konsolidierung. Diesen versuchten die Mehrheiten gegenüber den Minderheiten in wirtschaftlicher, politischer und manchmal auch kultureller Hinsicht herzustellen. Das schuf Spannungen innerhalb der Staaten, aber in vielen Fällen wurden diese begleitet durch Klagen von außen, von Nachbarstaaten, die eine schlechte Behandlung der ihnen verwandten oder zugehörenden Minoritäten konstatierten. »Irredenta«, ursprünglich ein italienisches politisches Schlagwort gegenüber Österreich-Ungarn aus den 1860er Jahren, erhielt nun auch die Bedeutung einer potenziellen Intervention zugunsten von

gen 2012. Außerdem erscheint ein thematisch ähnlicher Beitrag von mir in einem von Fabian Klose herausgegebenen Band zum Thema »Humanitarian Intervention in the 19th and 20th Century« bei Cambridge University Press. Ich danke Claudia Kemper für hilfreiche Anregungen und Peter Ridder für die redaktionelle Unterstützung.

2 Samuel Moyn, The Last Utopia. Human Rights in History, Cambridge, MA, 2010, bes. Kapitel 1: Humanity before Human Rights, 11-43.

3 Carol Fink, Defending the Rights of Others. The Great Powers, the Jews, and International Minority Protection, 1878-1938, Cambridge 2004; Mark Mazower, Minorities and the League of Nations, in: *Daedalus*, 126, 2 (1997), 47-63.

4 Zara Steiner, The Lights that Failed. European International History 1919-1933, Oxford 2005, 259; Mazower (wie Anm. 3), 50, zitiert Jungjohann mit der Zahl von 35 Millionen Menschen, die einer Minorität angehörten, von denen nur 8,6 Millionen in Westeuropa lebten.

5 Fink (wie Anm. 3); Mark Mazower, Der dunkle Kontinent. Europa im 20. Jahrhundert, Berlin 2000, v.a. Kapitel 2.

Unterdrückten. Gerade nach dem Ersten Weltkrieg wurden Minoritäten zu einem politischen Problem in großen Teilen Mittel- und Osteuropas, oft auch verbunden mit dem Gedanken an eine Vergrößerung der neu gegründeten Nationalstaaten, die alle Landsleute auch jenseits der bestehenden Grenzen künftig einmal einschließen sollte. Dennoch blieb die politische Lage in dieser Region zunächst relativ ruhig – bzw. ohne einen größeren Umschlag in Gewalt. Die latente und nur manchmal offene Drohung zur Intervention für die unterdrückten Minderheiten war jedenfalls in den 1920er Jahren kein manifestes Problem. Auch den deutschen Fall kann man in diesen Kontext einordnen: Der Anschluss des neu gegründeten Staates Österreich, ursprünglich als »Deutsch-Österreich« ausgerufen, wurde von den Siegermächten verboten, weil sie eine territoriale Vergrößerung des Deutschen Reiches mit diesen ursprünglich zu Österreich-Ungarn gehörenden Territorien verhindern wollten. Die Errichtung einer Zollunion zwischen den beiden Staaten, die im Jahr 1931 geplant war, wurde ebenso vom Internationalen Gerichtshof abgelehnt. Die neu gegründete tschechoslowakische Republik umfasste starke deutschsprachige Minderheiten, die zwar früher Teil Österreich-Ungarns gewesen waren, aber eben nicht des Deutschen Reiches. In gleicher Weise lebten im wieder begründeten Staat Polen große deutsche (ebenso wie mehrere andere) Minoritäten, besonders im sogenannten Korridor zwischen Ostpreußen und dem Reich. Die Minderheitenverträge, die zwischen den Alliierten und den neu gegründeten Staaten ab 1919 geschlossen wurden, waren nicht eindeutig in ihrer Reichweite und daher auch nicht allgemein akzeptiert. Sie sprachen nicht über Menschenrechte, lediglich über Minoritätenrechte, die die Mehrheitsbevölkerung der Minderheit gewähren sollte. Der erste dieser Verträge wurde mit Polen geschlossen und diente als Modell für die nachfolgenden Abschlüsse.[6] Die Locarno-Verträge von 1925 garantierten zwar die bestehenden Grenzen der Tschechoslowakei und Polens nicht, aber sie enthielten Schiedsgerichtsverträge zwischen Deutschland einerseits und Polen und der Tschechoslowakei andererseits, welche die Spannungen reduzierten und damit die Gefahr einer deutschen revisionistischen Intervention weiter verminderten.

6 Erwin Viefhaus, Die Minderheitenfrage und die Entstehung der Minderheitenschutzverträge auf der Pariser Friedenskonferenz 1919. Eine Studie zur Geschichte des Nationalitätenproblems im 19. und 20. Jahrhundert, Würzburg 1969; Zara Steiner, The Lights that Failed (wie Anm. 4), 361-363.

Nationalsozialistische Außenpolitik

Die Machtübernahme der Nationalsozialisten im Jahr 1933 änderte zunächst einmal nichts an den gerade geschilderten Verhältnissen und Problemen auf der Ebene täglicher Diplomatie. Eine unmittelbare Umsetzung ihrer Ziele hätte revolutionäre Folgen gehabt, so blieb als bedeutende Zäsur die latente, in die Zukunft gerichtete Bedrohung einer bis dahin akzeptierten internationalen Ordnung, die auf dem Prinzip des friedlichen Wandels beruht hatte. Die programmatischen oder situativen Grundlagen von Hitlers Außenpolitik waren bereits Gegenstand einer breiten Debatte.[7] Wie auch immer man hierzu Stellung bezieht, grundlegende Axiome nationalsozialistischen Handelns tauchten immer wieder im Geheimen oder auch in der Öffentlichkeit auf. Die Schaffung von Lebensraum im Osten auf rassischer Basis unter der Herrschaft der germanischen Rasse war ein zentraler Gedanke Hitlers, und eine solche Expansion konnte nicht nur mit friedlichen Mitteln erreicht werden, sondern – wie einleitend angeführt – durch Krieg. Diese universelle rassistische Sicht gründete auf der Vorstellung, dass jüdische Einflüsse nicht nur innenpolitisch bekämpft werden müssten, sondern auch international: Bolschewismus erschien danach als jüdische Herrschaft, während westliche Demokratien immer in Gefahr standen, zur Beute jüdischen Finanzkapitals zu werden. Die positive Identifikation bildete die Überzeugung von der Überlegenheit der germanischen Rasse. »Es gibt nur ein einziges Volk der Erde, das in großer Geschlossenheit, in einheitlicher Rasse und Sprache eng zusammengedrängt im Herzen Europas wohnt, das ist das deutsche Volk mit seinen 110 Millionen Deutschen in Mitteleuropa […]. Diesem geschlossenen Block Mitteleuropa wird und muss einmal die Welt gehören«, war Hitlers geheime Botschaft an Generäle am 22. Januar 1938.[8] Auch in der Öffentlichkeit sprach er von 80 Millionen Germanen in ganz Europa, während das Reich Ende 1937 nur ungefähr 67 Millionen Einwohner hatte. Der entscheidende Punkt dieser Rhetorik war, dass in einem derartigen rassischen Denken das Vorschieben von Minoritätenproblemen nur ein Vehikel dafür war, Großdeutschland durch Annexionen herzustellen. Deutsche der Volks-

7 Andreas Hillgruber, Deutschlands Rolle in der Vorgeschichte der beiden Weltkriege, Göttingen 1967; Klaus Hildebrand, Deutsche Außenpolitik 1993-1945. Kalkül oder Dogma?, Stuttgart 1972; Gerhard L. Weinberg, The Foreign Policy of Hitler's Germany [1933-1939], 2 Bde., Chicago 1970/80; Martin Broszat, Der Staat Hitlers, München 1969; Frank McDonough (Hg.), The Origins of the Second World War: An International Perspective, London 2011 (bes. die Kapitel von David Dutton, John Charmley und Robert Young zu britischen Perspektiven).

8 Jost Dülffer, Weimar, Hitler und die Marine. Reichspolitik und Flottenbau 1920-1939, Düsseldorf 1973, 547.

gemeinschaft hinzuzufügen (oder besser: sie zurückzubringen) wurde damit zu einem Ziel, in dem humanitäre Motive eine Rolle spielten, doch dies zunächst nur in rhetorischer Form.

Die konkrete nationalsozialistische Außenpolitik agierte zunächst relativ vorsichtig und weitgehend kooperativ innerhalb der bestehenden internationalen Beziehungen, um die Großmächte nicht zu provozieren. Es war tatsächlich eine Politik der »grandiosen Selbstverharmlosung«,[9] eine Politik, die Frieden predigte, um sich besser für den Krieg vorzubereiten, ohne dabei allzu viel Aufmerksamkeit der anderen Mächte zu erregen. Es war darüber hinaus eine Politik, die sich politisch und später auch militärisch erpresserischer Mittel bediente, um eine Vergrößerung des Deutschen Potenzials zu erreichen, solange wie möglich, ohne offene Gewalt zu praktizieren.

Unter diesen Umständen erlangten in den beiden Jahren vor dem Zweiten Weltkrieg humanitäre Argumente und Motive in der deutschen Außenpolitik, und damit auch in den europäischen internationalen Beziehungen, eine bedeutende Rolle.[10] Das wird hier an dem zentralen Fall Tschechoslowakei gezeigt, während die vorausgehenden Aktionen gegenüber Österreich und die nachfolgenden im Hinblick auf Polen nur knapp gestreift werden.

Österreich

Die Rückkehr des Saargebiets nach der Volksabstimmung im Jahr 1935 und die Remilitarisierung des Rheinlandes im März 1936 waren beides Akte deutscher territorialer Expansion bzw. Ausweitung von Souveränität. Im Kern der Legitimation stand dabei die Anwendung oder Revision der Friedensregelungen nach dem Ersten Weltkrieg. Als legitime Heimholung deutscher Bevölkerungsteile hatten die Nationalsozialisten ursprünglich auch den Fall Österreich inszeniert. Aus der Lektion, dass ein solch revolutionäres Vorgehen kontraproduktiv war, lernte man und setzte daher ab 1934 auf eine politische Einbindung des bestehenden europäischen Staatensystems, die 1936 zur weitgehenden Abhängigkeit des Nachbarstaates

9 Hans-Adolf Jacobsen, Nationalsozialistische Außenpolitik 1933-1938, Frankfurt am Main 1968, 328.

10 Es gibt eine ausführliche wissenschaftliche Debatte über das internationale Staatensystem auf dem Weg in den Krieg: Klaus Hildebrand (Hg.), 1939. An der Schwelle zum Weltkrieg, Berlin/New York 1990; Donald C. Watt, How War Came. The Immediate Origins of the Second World War, 1938-1939, London 1988; Zara Steiner, The Triumph of the Dark. European International History 1933-1939, Oxford 2011, bes. Kapitel 10-14; Joseph Maiolo, Cry Havoc. How the Arms Race drove the World to War, London 2010.

in politischer und wirtschaftlicher Hinsicht führte.[11] Seit 1937 stand jedoch die volle Integration Österreichs ins Deutsche Reich im Vordergrund – »Anschluss« war das entsprechende Schlagwort, wie Hitler selbst rückblickend verkündete:[12] »Im Januar 1938 fasste ich den endgültigen Entschluss, im Laufe dieses Jahres so oder so das Selbstbestimmungsrecht für die sechseinhalb Millionen Deutschen in Österreich zu erkämpfen.« Diese Berufung auf »Selbstbestimmung«,[13] eines der tragenden Prinzipien der Friedensregelung nach dem Ersten Weltkrieg, wurde auch hier gegenüber dem primär ethnisch-rassisch geprägten Volkstumsbegriff taktisch und durchaus wirkungsvoll gegenüber dem europäischen Ausland verwandt, gepaart mit offenen Großmachtansprüchen.

Diese Taktik ging gegenüber Großbritannien und Frankreich auf; die Klagen über die Verletzung von Rechten Deutscher in Österreich spielten nur eine begleitende Rolle. Der »friedliche« Einmarsch der Wehrmacht, die öffentliche Begeisterung in Österreich und die plebiszitäre Absicherung taten ein Übriges, um die von Beginn an gewalttätige Gleichschaltung, zumal in politisch-rassischer Hinsicht, zu verbrämen.

Der Fall Tschechoslowakei: die Sudetenkrise 1938

Der über drei Millionen starke deutschsprechende Bevölkerungsanteil in der Tschechoslowakei hatte zunächst wenig Anlass, sich über Unterdrückung zu beklagen.[14] Aber unter dem Eindruck nationalsozialistischer Politik im Deutschen Reich radikalisierte sich diese auch in ihren politi-

11 Norbert Schausberger, Österreich und die nationalsozialistische Anschluß-Politik, in: Manfred Funke (Hg.), Hitler, Deutschland und die Mächte. Materialien zur Außenpolitik des Dritten Reiches, Düsseldorf 1976, 728-756; ders., Der Griff nach Österreich. Der Anschluß, Wien 1978, 451-558.

12 Archiv der Gegenwart 1939, 3914 (30. Januar 1939).

13 Jörg Fisch, Das Selbstbestimmungsrecht der Völker: die Domestizierung einer Illusion, München 2010; ders., Adolf Hitler und das Selbstbestimmungsrecht, in: *Historische Zeitschrift* 290 (2010), 94-118 (103, 108-115). Fisch zitiert mehrere Reden Hitlers: 20 Februar, 12. März, 18. März, 25. März, 12. September: Max Domarus, Hitler, Reden 1932-1945, Wiesbaden 1975, 801, 816, 827 ff., 833, 901.

14 Ronald M. Smelser, Das Sudetenproblem und das Dritte Reich, 1933-1938. Von der Volkstumspolitik zur Nationalsozialistischen Außenpolitik, München 1980, bes. das Kapitel: Von der Volkstumspolitik zur Außenpolitik, 188-215; Ralf Gebel, »Heim ins Reich«. Konrad Henlein und der Reichsgau Sudetenland (1938-1945), München 2009, für 1937/8: 51-61; René Küpper, Karl Hermann Frank (1898-1946). Politische Biographie eines sudetendeutschen Nationalsozialisten, München 2010, 88-115; Detlef Brandes, Die Sudetendeutschen im Krisenjahr 1938, München 2008; klassisch: Helmut K.G. Rönnefarth, Die Sudetenkrise in der internationalen Politik, 2 Bde., Stuttgart 1961; Jürgen Zarusky/Martin Zückert (Hg.), Das Münchener Abkommen von 1938 in europäischer Perspektive,

schen Aktivitäten. 1933 bildete sich als Zusammenschluss mehrerer Parteien der deutschen Minderheit die *Sudetendeutsche Heimatfront*, 1935 umbenannt in *Sudetendeutsche Partei* (SdP), da sie sich nur als Partei zur Wahl stellen konnte. Dies wurde begleitet von einer engeren Anbindung an die deutsche Politik und schwindender Loyalität gegenüber dem tschechoslowakischen Staat. Bedeutsam wurde die Radikalisierung der nationalsozialistischen Politik auf der konzeptuellen Ebene, als Hitler am 5. November 1937 eine interne Rede vor den Wehrmachtführern und dem Außenminister hielt, die durch die Hoßbach-Niederschrift bekannt geworden ist.[15] Hier verkündete Hitler nicht nur, unter Zeitdruck zu stehen, da die europäischen Mächte auf seine Politik mit maximaler Rüstung reagierten, darüber hinaus leitete er aus dem Befund einer schwindenden militärischen Überlegenheit das Erfordernis eines großen Krieges in den kommenden Jahren ab. Im nächsten Schritt erklärte er nicht nur Österreich, sondern auch die Tschechoslowakei zu einem Expansionsziel: »Zur Verbesserung unserer militär-politischen Lage müsse in jedem Fall einer kriegerischen Verwicklung unser erstes Ziel sein, die Tschechei und gleichzeitig Österreich niederzuwerfen, um die Flankenbedrohung eines etwaigen Vorgehens nach Westen auszuschalten.«[16] Darin lag ein Primat der militärischen Strategie und der Geopolitik – ein Argument, das gewiss auch im Hinblick auf seine Zuhörer verwandt wurde. Ethnische Argumente spielten diesen gegenüber, wenig überraschend, keine Rolle: »Der Führer [...] wolle in eigener Selbständigkeit und unter Ausnutzung dieser sich nur einmal bietenden günstigen Gelegenheit den Feldzug gegen die Tschechei beginnen und durchführen, wobei der Überfall auf die Tschechei ›blitzartig schnell‹ erfolgen müsse.«[17]

In öffentlichen Reden jedoch spielte das völkische Argument als Vorbereitung für einen solchen Schritt eine bedeutende Rolle. Ungefähr zur selben Zeit, zu der diese Rede gehalten wurde, legte der Führer der Sudetendeutschen Partei, Konrad Henlein, Hitler ein langes Memorandum vor. Darin kündigte er die Radikalisierung seiner Bewegung und zugleich ihre stärkere Abhängigkeit von der Politik des Reiches an:[18] »Das tschechische

München 2013 erschien nach Abschluss des Manuskripts (v. a. Beiträge von Studt, Neville, Brandes, Soutou).

15 Hossbach-Niederschrift, Berlin 10 November 1937, Akten zur deutschen Auswärtigen Politik 1918-1945, Serie D, Band I, Baden-Baden 1949, No. 18, 25-32, hier Seite 29f. Zu den wirtschaftlichen Hintergründen für diese Rede: Dülffer (wie Anm. 8), 446-452.

16 Akten (wie Anm. 15) No. 19. Memorandum, 11 November 1937, 29-39, Zitat 35.

17 Ebd., Zitat: 37f.

18 ADAP (wie Anm. 15) D, II, No. 23. Henlein an Neurath, 19. November 1937, Anlage: Bericht für den Führer, 40-51, Zitate 42f.

Regime geht [...] vor allem in der letzten Zeit mit allen Mitteln planmäßig davon aus, die wirtschaftlichen und sozialen Existenzgrundlagen des Sudetendeutschtums zu zerstören [...]. Es gibt heute kaum mehr eine sudetendeutsche Familie, in der nicht ein Angehöriger wegen eines politischen Deliktes verfolgt würde, in Untersuchungshaft sitzt oder aber eingekerkert ist. Die tschechische Justiz ist vollständig zu einem Mittel der antideutschen Vernichtungspolitik des Regimes geworden.« Dieser »Bericht für den Führer« führte sehr detailliert die Schwierigkeiten des sozialen und kulturellen Lebens für die Sudetendeutschen auf. Bei Henlein bedeutete diese Klage über humanitäre Unterdrückung damals noch keinen Appell an unmittelbare Intervention, eher intendierte er eine Flucht nach vorn, im Sinne eines Versuchs, sich mit der SdP endgültig durch die Gefolgschaft gegenüber Hitler durchzusetzen. Dennoch versorgte er den deutschen »Führer und Reichskanzler« hier mit Argumenten, die dieser zunehmend im Tagesgeschäft politisch nutzen konnte. Dazu gehörte auch explizit die Verletzung von Menschenrechten. Nach dem Anschluss Österreichs beklagte sich Hitler in seiner Reichstagsrede vom 18. März über die »Rechtsvergewaltigung« von Millionen Deutschen außerhalb der Reichsgrenzen.[19] »Recht muss Recht sein, auch dann, wenn es sich um Deutsche handelt! Und wer will sich nun darüber wundern, dass sich die Völker, denen man dieses Recht beharrlich verweigert, endlich gezwungen sehen, sich ihr Menschenrecht selbst zu holen.« Es dauerte noch bis Mai 1938, bis der unmittelbare Kurs zu einem militärischen Angriff auf die Tschechoslowakei beschritten wurde. Vorwand dazu bildete die sogenannte Mai-Krise, während derer Teile der tschechoslowakischen Armee mobilmachten, nachdem es dort Gerüchte über deutsche Truppenkonzentrationen gegeben hatte. Hitler war empört und verkündete intern seine feste Entschlossenheit, das tschechische – nicht nur das sudetendeutsche – Problem ein für alle Mal mit militärischen Mitteln zu lösen. Noch kurz vor dieser Eskalation hatte es in einer Weisung für die Wehrmacht vom 20. Mai 1938 über ein mögliches Vorgehen geheißen:[20] »Es liegt nicht in meiner Absicht, die Tschechoslowakei ohne Herausforderung schon in nächster Zeit durch eine militärische Aktion zu zerschlagen, es sei denn, dass eine unabwendbare Entwicklung der politischen Verhältnisse innerhalb der Tschechoslowakei dazu zwingt.«[21] Wie so etwas konkret geschehen könnte,

19 Domarus (wie Anm. 13), 828 auch zum Folgenden.

20 ADAP (wie Anm. 15), D II, No. 175, Anlage 20. Mai 1938: Entwurf Weisung Grün, 236-240, Zitat 237. Dieses und das folgende Dokument auch online unter http://www.ns-archiv.de/krieg/.

21 Die endgültige Weisung Grün vom 30.5.1938 verschärfte: »Es ist mein unabänderlicher Entschluß, die Tschechoslowakei in absehbarer Zeit durch eine mili-

ging aus dem Zusatz hervor, nämlich »durch blitzschnelles Handeln aufgrund eines ernsten Zwischenfalles, durch das Deutschland in unerträglicher Weise provoziert wird und wenigstens einem Teil der Weltöffentlichkeit gegenüber die moralische Berechtigung zu militärischen Maßnahmen gibt«.[22]

Mobilisierung von »Weltöffentlichkeit« als Grundlage für eine humanitäre Intervention – das bildete in der Tat den Kern von Hitlers Argument, aber es erwies sich dennoch schwieriger als angenommen, dies in der Politik zu implementieren. Bereits zwei Monate zuvor hatte Außenminister Joachim von Ribbentrop mit Blick auf künftige Planungen argumentiert,[23] »es käme darauf an, ein Maximalprogramm aufzustellen, das als letztes Ziel den Sudetendeutschen die volle Freiheit gewähre. Gefährlich erscheine es, sich frühzeitig mit Zusage der tschechoslowakischen Regierung abzufinden.« In dieser Hinsicht erwiesen sich Konrad Henlein und seine SdP als zuverlässiges Instrument deutscher Eskalationspolitik. Im Anschluss an den Parteitag – und nun in enger Abstimmung mit Berlin – verabschiedete die SdP ihr sogenanntes Karlsbader Programm,[24] in dem sie nicht nur volle Gleichberechtigung innerhalb der Tschechoslowakei (analog zu den Staatsnationen der Tschechen und Slowaken) einforderten, sondern auch Entschädigung für das angeblich erlittene Unrecht, das sie seit dem Ersten Weltkrieg erlitten hatten für ihr »Bekenntnis zum deutschen Volkstum«. Das bedeutete weit mehr als Autonomie, blieb aber dennoch unterhalb der Forderung nach Anschluss ans Deutsche Reich, dem österreichischen Weg also vergleichbar. Diese Forderung bildete die Grundlage für ihre innenpolitischen Verhandlungen mit den tschechoslowakischen Behörden. Genau diese Taktik wurde Henlein wenig später von Hitler selbst als zweckmäßig bestätigt: »immer verhandeln und den Faden nicht abreißen lassen. Aber immer mehr fordern als die Gegenseite anbieten kann.«[25] Parallel dazu lief eine zunehmend militante Politik der Sude-

tärische Aktion zu zerschlagen«; in ihr wurde weiter erläutert: »Der Propagandakrieg muß einerseits die Tschechei durch Drohungen einschüchtern und ihre Widerstandskraft zermürben, andererseits den nationalen Volksgruppen Anweisungen zur Unterstützung des Waffenkrieges geben und die Neutralen in unsrem Sinne beeinflussen.« ADAP (wie Anm. 15), D II, No 221, Zitat 282.

22 Wie Anm. 20, 237.

23 ADAP (wie Anm. 15), D, II, No. 109, 29. März 1938.

24 ADAP (wie Anm. 15), D II, No. 135, 192: 8 Karlsbader Forderungen. Englische Zusammenfassung: Documents on British Foreign Policy, London 1949, Serie III, Vol. 1, No. 157, 182-186.

25 Smelser, 233 (eigene Rückübersetzung).

tendeutschen, wobei Freikorps, unterstützt von der SA im Reich, das ihrige taten, um die soziale Situation unerträglich erscheinen zu lassen.[26]

Bereits vor Karlsbad hatten sich die Klagen der Sudetendeutschen radikalisiert und zu stärkeren Spannungen mit ihren tschechoslowakischen Landsleuten geführt. Die deutsche diplomatische Berichterstattung ist voll von Berichten über wachsendes sudetendeutsches Selbstbewusstsein, dem die tschechoslowakischen Behörden zunächst mit scharfen Gegenmaßnahmen zu begegnen trachteten:[27] Erstmalig nach dem Aufgehen der deutschen Splitterparteien in der Sudetendeutschen Partei fanden am 27. März 1938 im sudetendeutschen Gebiet rund 36 Versammlungen der Henlein-Bewegung mit insgesamt etwa 500.000 Teilnehmern statt. Kundgebungen standen naturgemäß im Zeichen der Ereignisse in Österreich und waren gekennzeichnet durch »stärkste Begeisterung Sudetendeutschen Volkes, das völlige Neugestaltung seines Schicksals erwartet«.[28] Bald darauf wurden sogar schon vereinzelt Rufe wie »ein Volk, ein Reich, ein Führer« vernommen.

Unter diesen Bedingungen erhielt die taktische Verwendung des Arguments von der Unterdrückung der Sudetendeutschen eine ganz spezifische Bedeutung auch in der internationalen Politik. Als etwa der britische Botschafter in Berlin, Sir Neville Henderson, sich während der Mai-Krise über deutsche Eskalationsmaßnahmen beklagte, erwiderte Ribbentrop:[29] »Lord Halifax habe davon Kenntnis genommen, dass ich dem britischen Botschafter gesagt habe, wenn ein Blutbad in der Tschechoslowakei aus der Spannung zwischen den Tschechen und den Deutschen entstände, werde Deutschland handeln. [Außenminister Lord Halifax solle sich lieber in Prag als in Berlin beschweren.] Unbewaffnete deutsche Menschen, die heute nicht mehr Radfahren oder auf der Straße spazieren gehen könnten, ohne dem übelsten Terror bewaffneter Tschechen ausgesetzt zu sein, zur Ruhe mahnen zu sollen, schienen mir eine groteske Zumutung, und ich könnte dieses Ansinnen nicht ernst nehmen.«[30] Solche Aussagen beruhten auf der Annahme, dass insbesondere die europäischen Westmächte ein offenes Ohr für die Klage über die Verletzung von Menschenrechten ha-

26 Stefan Dölling, Henleins Bürgerkrieger – Das Sudetendeutsche Freikorps zwischen Eigenmobilisierung und Fremdsteuerung durch das 3. Reich, unpubl. MA-Arbeit, Humboldt-Universität Berlin 2010; Grenzüberschreitende Gewalttätigkeit – die SA und die ›Sudetenkrise‹, in: Yves Müller/Reiner Zilkenat (Hg.), Bürgerkriegsarmee. Forschungen zur nationalsozialistischen Sturmabteilung (SA), Frankfurt am Main 2013, 241-263.

27 ADAP (wie Anm. 15), D, II, No. 112, Gesandter in Prag, 31. März 1938.

28 Ebd.

29 ADAP (wie Anm. 15), D, II, No. 186, Note von Ribbentrop, 21 May 1938, 249.

30 Ebd.

ben würden. Oder anders gesagt: Obwohl in Paris und London die Überzeugung wuchs, dass Berlin Krieg und Gewalt meinte und nur Vorwände für deren Anwendung suchte, konnte man angesichts der eigenen Öffentlichkeit die Berliner und sudetendeutschen Klagen nicht auf die leichte Schulter nehmen. Das erleichterte eine kompromisslose Politik der Abschreckung, verbunden mit einem Eingehen auf legitime Klagen – genau das war der Kern der Appeasement-Politik – nicht unbedingt. Frankreich war der Tschechoslowakei durch einen Beistandspakt aus dem Jahr 1935 verbunden. Da sich das französische Militär dennoch nicht in der Lage sah, im Falle eines europäischem Krieges auch nur den eigenen Verpflichtungen nachzukommen, war es besser, sich an den Strohhalm zu klammern, der vielleicht eine Lösung hervorbringen konnte, zumindest aber härtere Entscheidungen herauszögern sollte. Beides ging aber nur mit Unterstützung Großbritanniens. Bereits 1937 hatte die britische Regierung begonnen, der tschechischen dringend nahezulegen, den Minderheiten Autonomie zu gewähren, oder doch zumindest darüber zu verhandeln. Das galt primär für die Sudetendeutschen, aber auch für die Slowaken, die – anders als Erstere – konstitutiver Teil der Republik waren. Die Sudetendeutschen wurden zunehmend aus Berlin ermuntert, ihre Forderungen mit stärkerem Nachdruck zu vertreten. Ende April 1938 übte der britische Gesandte in Prag erneut Druck auf die tschechoslowakische Regierung aus, für die Klagen ihrer Minderheiten Kompromisse zu finden.[31] Damit akzeptierte er implizit die Klage über Verletzung von Menschenrechten seitens der Sudetendeutschen. London stritt mit Prag, ob ein Vorschlag für eine umfassende Regelung von Minoritäten oder Nationalitäten sprechen solle. Mit großer Besorgnis registrierte man die wachsende Kluft zwischen den tschechoslowakischen Vorschlägen einerseits und den sich steigernden sudetendeutschen Gegenvorschlägen andererseits – ganz nach deutschem Plan. Im Rahmen britisch-französischer Konsultationen zeigte sich die britische Seite entschlossen:[32] »It would be made very clear to the Czechoslovak government and to Dr. Benes that they must seize this opportunity which might be the last to make a supreme effort to reach a settlement« – natürlich mit weiteren Konzessionen an die von deutscher Seite formulierten humanitären Klagen. Auf französischer Seite war man skeptischer und unterstrich vielmehr den Primat eines gemeinsamen Vorgehens mit London in machtpolitischem Auftreten, in der Hoffnung, dies könne die Deutschen abschrecken. Aber auch Paris schreckte vor einer militärischen

31 DBFP (wie Anm. 24), III, Vol. 1, No. 154, 22. April 1938.
32 Ebd., No. 164, 28./29. April British-French talks in Downing Street, 198-234, Zitat 214f.

Aktion, oder auch nur der unmittelbaren Androhung, zurück. Britische Vermittlungsversuche in der humanitären Frage erreichten Ende Juli 1938 einen neuen Höhepunkt, als Lord Runciman, zu dieser Zeit ohne Regierungsamt, zum Leiter einer Mission in die Tschechoslowakei ernannt wurde. Die britische Regierung konnte natürlich nicht offiziell zwischen der souveränen tschechischen Regierung und ihren eigenen Staatsbürgern vermitteln. Daher trat Runciman als unabhängiger »investigator and mediator« in dieser formal innertschechischen Angelegenheit auf.[33] Natürlich war bekannt, dass die Haltung der deutschen Regierung in dieser Frage entscheidend war, und dass Krieg drohte, wenn alle bisherigen Lösungsversuche scheitern würden und es nicht gelänge, den Beschwerden der Sudetendeutschen abzuhelfen. Daher griffen die Westmächte mit dieser Runciman-Mission nach einem Strohhalm, die Franzosen nun eher im Schlepptau der Briten. Informell versuchten britische Diplomaten dennoch, Runciman bestimmte Vorschläge nahezulegen, die aber nur minimale Aussicht auf Erfolg hatten.[34] Letztlich brachten all diese Bemühungen nichts. Ribbentrop vertrat offiziell die Ansicht, die Tschechen würden durch eine solche Mission nur noch aggressiver werden oder sich künftig gar bolschewistischen Ideen verschreiben – damit verwies er auf die Gefahr einer drohenden stärkeren Bindung Prags an Moskau und schürte damit bestehende britische Ängste. Für ihn stellte einzig die tschechische Regierung ein Hindernis für ein »settlement and the pacification of Europe« dar.[35]

Seit dem Anschluss Österreichs im März 1938 lagen die deutschen Absichten gegenüber der Tschechoslowakei in der sudetendeutschen Frage auf dem Tisch. Diese Propaganda blieb aber zunächst recht vorsichtig. Es gab eine scharfe Überwachung und Presselenkung, unter anderem durch tägliche Pressekonferenzen des Propagandaministeriums und gelegentlich durch Joseph Goebbels persönlich.[36] Gewiss bedurfte es immer noch der Abstimmung zwischen den sudetendeutschen Führern und Berlin, die

33 DBFP (wie Anm. 24) III, Vol. 2, No. 541/546, 25./26. Juli 1938.

34 Ebd., No. 662, Botschafter Berlin Henderson an Halifax, 22. August 1938, 129-130.

35 Ebd., No. 661, Ribbentrop an Halifax, 21. August 1938, 127-129, Zitat 128.

36 Nach wie vor ein guter Überblick über die Quellen: Walter Hagemann, Publizistik im Dritten Reich. Ein Beitrag zur Methode der Massenführung, Hamburg 1948, für den Sommer 1938, 348-377 (Zitat 366, Zusammenfassung 377); Engelbert Schwarzenbeck, Nationalsozialistische Pressepolitik und die Sudetenkrise 1938, München 1979; die fundamentale Quellenpublikation: Hans Behrmann u.a. (Hg.), NS-Presseanweisungen der Vorkriegszeit: Edition und Dokumentation, München 1984-2001, 7 Bände mit Kommentaren; jüngst: Bernd Heidenreich/Sönke Neitzel (Hg.), Medien im Nationalsozialismus, Paderborn 2010 (bes. der Beitrag von Joachim-Felix Leonhard).

Reichsregierung war nicht völlig Herr der Lage, aber die Medienlenkung in Deutschland war doch recht eng. Nachrichten über tschechische Übergriffe durften bisweilen nur in regionalen Zeitungen, und nur gerüchteweise, dann auch als Fakten gebracht werden. Später fanden sie auch eine reichsweite Verbreitung in verschiedenen Zeitungen, durften aber zunächst noch nicht kommentiert werden. Im August jedoch wurde der Ton im Zuge der parallel laufenden militärischen Planungen schärfer. Mit Hitlers Rede auf dem Reichsparteitag am 12. September beschleunigte und intensivierte sich die Medienkampagne.[37] Der »Führer« bekräftigte seine bereits zuvor geäußerte Ankündigung, »dass das Reich eine weitere Unterdrückung und Verfolgung dieser dreieinhalb Millionen Deutschen nicht mehr hinnehmen wird«.[38] Am 19. September wurden die Journalisten ermahnt, in ihren Berichten nicht länger mit »7,5-cm-Kanonen« zu schießen, sondern in ihrer Propaganda mit »21-cm-Artillerie« zu schießen – Journalismus als Vorbereitung des Krieges mit anderen Mitteln, eine Festung sollte so mit Berichten über humanitäre Gräuel gleichsam sturmreif geschossen werden.[39] Walter Hagemann hat bereits vor über 60 Jahren diesen instrumentalisierten Gebrauch von humanitären Verletzungen erstmals auf den Begriff gebracht: Die Richtlinien waren sehr flexibel handhabbar. Die Pressekampagne erreichte einen ersten Höhepunkt im Mai, wurde dann wieder gemäßigt, aber seit Mitte Juli schwollen die Propagandaberichte über angebliche Untaten der Tschechen ständig an – die Stationen diplomatischer Verhandlungen Hitlers mit Chamberlain und anderen westlichen Staatsmännern in Berchtesgaden, Bad Godesberg und München effektiv flankierend. Die Initiative wurde anfangs allein den Sudetendeutschen zugeteilt, gelegentlich verstärkt vonseiten der deutschen Medien. Nur in der letzten Phase stimmte die NS-Führung mit Reichsparteitagsreden und bei anderen Gelegenheiten ein. Immer ging es darum, die eigene Bevölkerung mental zu mobilisieren und das Ausland einzuschüchtern. Die einzelnen Schritte zur Angliederung der Sudetengebiete ans Reich sind oft dargelegt worden und gelten als Handbuchwissen. Premierminister Neville Chamberlain suchte Hitler dreimal zwischen dem 15. und 30. September auf: in Berchtesgaden, Bad Godesberg und München, Letzteres gar als westeuropäisches Gipfeltreffen mit dem französischen Ministerpräsidenten Édouard Daladier sowie dem italienischen Duce Benito Mussolini, aber ohne tschechoslowakische Repräsentanten. Danach wurde das Sudetengebiet unmittelbar an Deutschland abgetreten. Hitler hatte

37 Max Domarus (wie Anm. 13).
38 Ebd., 900.
39 Walter Hagemann (wie Anm. 36), 366.

seine Bereitschaft, einen großen europäischen Krieg zu riskieren, in die Waagschale geworfen, um die anderen westeuropäischen Großmächte zu erpressen. So hatte er etwa in Berchtesgaden Chamberlain mit der Klage konfrontiert:[40]

> »Die Lage sei sehr ernst. Aufgrund der neuesten Nachrichten müsse man mit 300 Todesopfern bei den Sudetendeutschen und vielen hunderten von Verletzten rechnen. Ganze Ortschaften seien von der Bevölkerung fluchtartig verlassen worden. Unter diesen Umständen müsse, so oder so, in kürzester Frist eine Entscheidung getroffen werden.«

Und weiter:

> »Im Falle der sieben Millionen Deutschen aus der Ostmark sei diese Forderung erfüllt worden. Den drei Millionen Deutschen in der Tschechoslowakei werde er (der Führer) unter allen Umständen die Rückkehr in das Reich ermöglichen. Er würde jeden Krieg und sogar das Risiko eines Weltkrieges dafür in Kauf nehmen. Es sei hier die Grenze erreicht, wo die übrige Welt tun könne, was sie wolle, er würde keinen Schritt zurückweichen.«[41]

Der Weg in den Krieg: Grenzen des humanitären Arguments

Das Münchner Abkommen stellte einen sehr prekären Sieg für Hitler dar. Er hatte nur deswegen Erfolg, weil das Argument der Unterdrückung der Sudetendeutschen, also das Motiv der Verletzung von Menschenrechten aus ethnischen Gründen, an der Oberfläche der Reden ins Feld geführt worden war. Das passte sich sehr gut in die Taktik ein, die der Staatssekretär des Auswärtigen Amtes, Ernst von Weizsäcker, im Anschluss an die Mai-Krise empfohlen hatte,[42] nämlich eine »chemische Lösung« des Problems zu finden, also eine Auflösung des tschechoslowakischen Staates von innen, ohne militärisches Drohen oder gar Eingreifen, begleitet von wirtschaftlichem Druck. Aber Hitler beharrte darauf, auch mit militärischem Einsatz zu drohen. Dennoch wurde die Sudetenfrage, u.a. mit dem Argument des humanitären Problems, schließlich »chemisch« und damit friedlich gelöst. Hitler war dennoch enttäuscht von »München«. Er hatte eigentlich die militärische Besetzung der ganzen westlichen Tschechoslo-

40 ADAP (wie Anm. 13), D, II, No. 487, Aufzeichnung 15. September 1938, 627-636, Zitat 628.

41 Ebd., Zitat 630.

42 Ernst von Weizsäcker, Die Weizsäcker-Papiere, Hg. Leonidas E. Hill, Frankfurt 1974, 129, 131 u.ö.

wakei samt Prag beabsichtigt, und dies, wenn nötig, durch einen regional begrenzten Krieg. Dieses Vorhaben zielte auf einen kurzen und isolierten Krieg, der die Wehrmacht testen und zugleich die Deutschen mental an Aggressionen größeren Stils gewöhnen sollte. In einer Geheimrede vor der deutschen Presse am 10. November 1938 erklärte er, dass nun die »pazifistische Platte« – also die humanitären Elemente – abgespielt sei, betonte vor den Verlegern und Journalisten auch seine relative Zufriedenheit darüber, »eine Front von fast 2000 Kilometern Befestigungen zu bekommen, ohne einen scharfen Schuss abgefeuert zu haben. Meine Herren, wir haben dieses Mal mit der Propaganda im Dienste einer Idee 10 Millionen Menschen mit über 100 000 Quadratkilometern Land bekommen.«[43] Was Hitler hier korrekt als Propaganda bezeichnete, war in der Substanz das Argument der Verletzung von Menschenrechten. In Verbindung mit der Androhung kriegerischer Mittel hatte er hier vorerst Erfolg.

Hitler war mit der Angliederung der Sudetengebiete, wie bereits dargelegt, keineswegs am Ende seiner Ziele, ordnete auch sogleich militärische Vorbereitungen für eine Zerschlagung der »Rest-Tschechei« an, während die Westmächte untereinander vereinbarten, den Deutschen fortan keine Zugeständnisse mehr zu machen, die sich nicht mit dem Selbstbestimmungsrecht vereinbaren ließen. Das erhöhte dann auch den politischen Druck auf die verkleinerte Tschechoslowakei und rückte vor allem die slowakische Frage in den Vordergrund: Auch hier unterstellten die Deutschen ein Unterdrückungsverhältnis der zweiten Staatsnation der Republik. Das führte letztlich zum friedlichen deutschen militärischen Einmarsch in Prag am 15. März 1939, während sich die Slowakei für unabhängig erklärte. In der von Goebbels verlesenen Proklamation war wieder von humanitären Verletzungen Deutscher die Rede: »Seit Sonntag finden in vielen Orten wüste Exzesse statt, denen nunmehr zahlreiche Deutsche zum Opfer fielen. Stündlich mehrten sich die Hilferufe der Betroffenen und Verfolgten. Aus den volkreichen deutschen Sprachinseln [...] beginnt wieder ein Strom von Flüchtlingen, von um Hab und Gut gebrachten Menschen, in das Reich zu fließen.«[44]

Aber dieses Mal hatte Hitler die Geduld Großbritanniens überstrapaziert. Die Mischung aus ethnischen Argumenten und militärischen Mitteln war ausgereizt. Gerhard Weinberg formulierte das prägnant und zugespitzt: »The reason is easy to see: in this sphere his 1938 strategy simply had not worked. He had in 1938 been required to settle for his ostensible demands, and he was not about to take a chance on that happening again.

43 Domarus (wie Anm. 13), 975.
44 Ebd., 1096.

If you did not want a negotiated settlement, and wished to avoid the risk of being nudged into one against your own preference, the safest thing to do was not to negotiate at all.«[45] Damit bezog er sich auf die polnische Frage, genauer: den polnischen Korridor zwischen dem Reich und Ostpreußen. Genau das schien schon seit Langem eine mit guten Aussichten zu verhandelnde politische Lösung. Hermann Göring hatte im April 1938 eben dies dem britischen Botschafter erklärt: »But, apart from the Sudeten, everything else was of minor importance: Danzig was already practically German again; the problem of the corridor could be solved possibly by a corridor across a corridor; Memel would also have to come back to Germany, but these were all matters of comparatively easy adjustments.«[46] Zu diesem Zeitpunkt war von Unterdrückung der Deutschen in diesen Gebieten noch keine Rede. Auch nach dem Ende deutsch-polnischer Kooperation im Frühjahr 1939 änderte sich daran zunächst nichts. Seit April 1939 ging es dann intern im Zusammenhang mit den Kriegsvorbereitungen auch nicht länger um ethnische Forderungen wie im Falle Danzigs oder des polnischen Korridors, sondern um einen – möglichst regional begrenzten – Krieg. Die deutsche Presselenkung blieb daher gerade mit Klagen über humanitäre Übergriffe der Polen auf Deutsche relativ ruhig, ethnische Argumentationen spielten erst ungefähr seit dem 8. August eine Rolle in den Medien und erst nach dem deutschen Überfall sprach Hitler im Reichstag am 1. September 1939 von der Unterdrückung Deutscher in Polen und zumal im Korridor – kein vorbereitendes, sondern ein rückwirkendes Argument. Die »pazifistische Platte« hatte endgültig ausgespielt.

Zusammenfassung

Die nationalsozialistische deutsche Außenpolitik war eine Politik zum Kriege, der die Aufstellung einer international überlegenen Armee voraus und parallel lief. Sie sollte in der Lage sein, einen dauerhaften Krieg zu überstehen und um Lebensraum und letztlich um Weltherrschaft zu kämpfen – und dies auf einer rassisch begründeten und motivierten Basis. Das hatte auf den ersten Blick nichts mit Menschenrechten oder einer Intervention aus humanitären Gründen zu tun.

Aber sekundär erlangte das Argument der humanitären Intervention doch mehr als eine rein taktische Funktion. Das propagierte Ziel, alle Deutschen, im weitest möglich gefassten Sinne, in das Reich zu integrieren, wies eine entfernte Ähnlichkeit auf mit den Prinzipien der Selbstbestim-

45 Gerhard Weinberg (wie Anm. 7), II, 561.
46 DBFP (wie Anm. 24), III, No. 152, 20. April 1938, 174.

mung, eine der Leitlinien der internationalen Ordnung seit dem Ersten Weltkrieg. Völlig unabhängig jedoch davon, ob alle, die von Berlin aus als Deutsche bezeichnet wurden, auch wirklich ihr höchstes Glück darin sahen, im NS-Staat zu leben – und ganz abgesehen von den gänzlich ungeklärten Schwierigkeiten, wie denn in gemischt ethnischen Gebieten gerade mit »Deutschen« hätte verfahren werden sollen. Insofern hatte die NS-Blut- und Bodenideologie etwas anderes im Sinne, auch wenn sie demonstrativ bemüht war, scheinbar innerhalb der Kategorien Woodrow Wilsons zu operieren.

Das Recht auf Selbstbestimmung konnte sich grundsätzlich auf den Schutz von Minderheiten in anderen Staaten beziehen, aber auch als Argument für eine Einbeziehung der von diesen bewohnten Gebieten ins Deutsche Reich verstanden werden. Da sich viele Auslandsdeutsche von den augenscheinlichen Erfolgen nationalsozialistischer Innen- und Außenpolitik ab 1933 beeindruckt zeigten, gab es von daher starke Sogeffekte, die durch eine Propaganda der Selbstbestimmung aus Berlin verstärkt wurden. Deutsche Minderheiten und ihre Repräsentanten erschienen daher mehr und mehr als fünfte Kolonne oder auch Agenten der NS-Politik in den jeweiligen Staaten. Konzessionen dieser Nachbarstaaten an die deutschen Minderheiten wurden so immer obsoleter und ließen sich leicht mit »zu spät – zu wenig« abtun.

Neben dem Argument des Rechts auf Selbstbestimmung war die proklamierte Verletzung von Menschenrechten oder humanitären Grausamkeiten gegenüber Deutschen durch die Regierungen von Nachbarstaaten ein potenziell wirksames Argument. Unabhängig von tatsächlichen sozialen, ökonomischen, kulturellen Benachteiligungen, von Verfolgungen ganz zu schweigen, konnte dieser Aspekt den jeweiligen Erfordernissen entsprechend – mal abgeschwächt, mal verstärkt – medial eingesetzt werden. Es wurde so zum Instrument sowohl innen- wie außenpolitischer Propaganda, und das heißt: ihr integraler Teil. Darüber hinaus entwickelte es sich zum diplomatischen Argument gegenüber den betroffenen Staaten, zunehmend auch gegenüber den europäischen Westmächten.

Humanitäre Intervention mit dem Ziel der Vereinnahmung in das Deutsche Reich bildete kein konstantes Argument deutscher Außenpolitik in der NS-Zeit. Das Saar-Plebiszit von 1935 war ein Überbleibsel der Versailler Ordnung und entsprach auch traditionellen deutschen nationalen Zielen. Die Südtiroler hingegen, auch sie zu einem großen Teil deutschsprachig, die nach dem Anschluss Österreichs von 1938 in der unmittelbaren Nachbarschaft Großdeutschlands lebten, wurden noch im selben Jahr auf dem Altar der deutsch-italienischen Verständigung geopfert. Während des Zweiten Weltkrieges sollten sie an verschiedene, außerhalb der zentraleuropäischen Großreiche gelegene Orte (u. a. auf die Krim) umgesiedelt werden.[47] Ähnliches trifft für die deutschsprachige Bevölkerung von Elsass und Lothringen zu. Bis 1940 beharrte die nationalsozialistische Politik mit Rücksicht auf Frankreich darauf, die Frage sei nach dem Ersten Weltkrieg geregelt worden; erst nach der Besetzung großer Teile Frankreichs wurden diese Gebiete de facto ins Reich eingegliedert.[48] Selbstbestimmung und Verletzung von Menschenrechten traten so grundsätzlich als Vorwand und taktisches Mittel für die Vorbereitung von Intervention oder Aggression in Erscheinung. Bei den drei hier dargelegten Fällen treten substanzielle Unterschiede zutage. Der Fall Österreich weist eine ansteigende Intervention seit dem Jahr 1934 auf, bis zur fast völligen politischen und wirtschaftlichen Abhängigkeit von Deutschland. Hier kam also die von Ernst von Weizsäcker entwickelte Politik der »chemischen Lösung« zur Anwendung, zunächst ohne dass humanitäre Argumente eine Rolle spielten. Erst in Kombination mit der militärischen Intervention erhielt dieses Argument eine nachrangige Bedeutung, als ein österreichischer Hilfsappell aus dem Reich bestellt wurde. Die Begeisterung vieler Österreicher auf dem Heldenplatz am Tag des Anschlusses und das nachfolgende Plebiszit beeindruckten jedoch auch die Westmächte.

Der Fall der Tschechoslowakei und der Sudetengebiete lag anders. Hier wurde über ein Jahr lang das Argument unerträglicher Unterdrückung der Deutschen, ja auch Verletzung von Menschenrechten und Verweigerung des Selbstbestimmungsrechts je nach Zweckmäßigkeit in Propaganda und Diplomatie angeführt. Dies geschah, obwohl Hitler selbst eine militärische Besetzung der ganzen Tschechoslowakei und die Zerstörung des Staates beabsichtigte. In diesem Fall erlangte die »chemische Lösung« als Mischung aus sudetendeutschen Forderungen und Intervention aus dem Reich zentrale Bedeutung, und hier waren es die sich intensivierenden und medial flankierten Klagen über die Verletzung von Menschenrechten, die auch im Ausland bedeutsam wurden, wie die Runciman-Mission verdeutlichte. Hitler war schließlich in der selbst aufgestellten Falle seiner Versicherung, es gehe »nur« um die humanitäre Intervention, gefangen. Im Münchener Abkommen hatte er, gemessen an seinen weitergehenden Absichten, auf halbem Wege nachgeben müssen: Nur die Sudetendeutschen wurden zu deutschen Bürgern. Der deutsche Diktator lernte daraus und war fortan entschlossen, eine solche Argumentation nicht noch einmal in den Vordergrund zu stellen. Folglich wurden im März 1939 auch aus Berlin primär

47 Macgregor Knox, Common Destiny. Dictatorship, Foreign Policy and War in Fascist Italy and National Socialist Germany, Cambridge 2000.

48 Lothar Kettenacker, Die nationalsozialistische Volkstumspolitik im Elsass während des Zweiten Weltkrieges, Stuttgart 1973.

slowakische Tendenzen zur Autonomie menschenrechtlich begründet vorgetragen, die deutsche Argumentation zum Einmarsch in der westlichen Tschechoslowakei und in Prag lief eher auf einen gescheiterten Staat hinaus. Im Falle Polens konnte die Absicht zur Zerschlagung des Staates daher nicht mit humanitärer Intervention verbrämt werden. Dieses Argument hätte bestenfalls den Korridor und die Freie Stadt Danzig abgedeckt. Aber gerade weil eine internationale Mediation diesmal möglichst vermieden werden sollte, waren die Vorbereitungen zunächst ganz überwiegend militärischer Natur. Erst in den letzten Augustwochen spielte das Leid der Deutschen, primär im Korridor, und nicht das Recht auf Selbstbestimmung eine Rolle für die politisch absichernde Strategie, um einen regional begrenzten Krieg führen zu können, nicht aber den allgemeinen europäischen Krieg führen zu müssen. Der Hitler-Stalin-Pakt vom 23. August 1939 war in dieser Hinsicht jedoch weit wichtiger. Dennoch begann der europäische Krieg nach dem deutschen Überfall am 3. September mit der britischen und französischen Kriegserklärung: Die Herausforderung auch der missbräuchlichen Verwendung menschenrechtlicher Argumente wurde angenommen.

Das nationalsozialistische Beispiel, die Verletzung von Menschenrechten für nackte militärische Macht- und Expansionspolitik zu gebrauchen, ist extrem, aber nicht singulär. Politik bedient sich immer einer bestimmten Sprache und nutzt darin gerade die Berufung auf Werte auch taktisch, auch wenn diese Werte gar nicht den Kernzielen einer solchen Politik entsprechen.[49] Historiker sollten es sich nicht zu einfach machen, wenn sie von vornherein unterscheiden zwischen einem falschen und einem guten oder adäquaten Gebrauch im Sinne des eigenen, westlichen Wertesystems wie etwa im Falle der Menschenrechtskonvention der UNO von 1948 oder des Europarates von 1950. Diese tragen keine absolute Moral in sich, man muss sie historisieren. Es gibt auch seit diesen Konventionen Chancen ebenso wie Grenzen in der Verwendung wertbehafteter Sprache, zumal in Fragen der Verletzung von Menschenrechten. Diese sollten zwar universal gelten, wurden und werden aber in der internationalen Politik immer wieder interessengeleitet ausgelegt und instrumentalisiert.

49 Für den westdeutschen Fall nach 1945: Lora Wildenthal, The Language of Human Rights in West Germany, Philadelphia 2013.

Thomas Pegelow Kaplan (Davidson, NC)

Rethinking Violence against Jews

Linguistic Injuries, the German Language Association and Nazi Dictatorship Building[1]

The analysis of violence, especially against Jews, remains at the center of the study of the Nazi regime and its genocidal policies. The 1990s shift towards examinations of »ordinary« German perpetrators and their European collaborators in the aftermath of the debate over Daniel J. Goldhagen's work further strengthened this focus.[2] More recent studies have explored the mechanisms of the societal anti-Jewish violence of neighbors, acquaintances and co-workers. A growing number of historians such as Christian Gerlach have moved beyond a primary focus on anti-Jewish violence and centered on various victimized populations and the multitude of social groups who participated in mass crimes. Many others like Michael Wildt have maintained a focus on anti-Jewish brutalities and firmly integrated various forms of anti-Semitism into their explanations.[3] Strikingly, neither Gerlach nor Wildt have devoted any space to the dynamics of language and its crucial intersections with the perpetration of physical brutalities. Scholars who, by contrast, explicitly turned to the role of language have stopped short at linking harsh linguistic threats to physical violence. Hannah Ahlheim, for instance, has shown the massive scale with which Nazi activists and their conservative allies remade the language of Germanness and Jewishness as part of anti-Jewish boycott practices. Yet, Ahlheim has still conceptualized boycotts as a mechanism of exclusions below the level of violence despite presenting evidence to the contrary that

1 Research for this essay was made possible by fellowships from the University of North Carolina-Chapel Hill and the Holocaust Educational Foundation, Illinois. I would also like to express my gratitude to Karin M. Eichhoff-Cyrus and Silke Wiechers for their invaluable support.

2 Geoff Eley (ed.), The Goldhagen Effect: History, Memory, Nazism, Ann Arbor 2000.

3 Christian Gerlach, Extremely Violent Societies: Mass Violence in the Twentieth-Century World, Cambridge 2010; Michael Wildt, Gewalt gegen Juden in Deutschland bis 1939, in: *WerkstattGeschichte* 18 (1997), 59-80.

demonstrates the interactive nature of linguistic and physical assaults on Jewish stores.[4]

In responding to theoretical trends, historians hardly differ from their colleagues in the humanities and social sciences. As the »linguistic turn« gave way to new »turns« such as the »transnational« or »visual,« the attention to language subsided and, I would argue, key potentials for a rethinking of Nazism and the Holocaust remained neglected or not fully explored. The 1995 publication of the diaries of Victor Klemperer and the renewed attention to his 1947 work on the »language of the Third Reich« (*Lingua tertii imperii*, LTI) motivated historians to take the impact of Nazi parlance on everyday life and the perpetration of anti-Jewish violence into account,[5] but did not produce a series of theoretically informed empirical monographs.[6] As Peter Burke astutely noted, cultural and linguistic histories of violence have yet to appear.[7]

This essay is thus conceived as another step in the direction of a new linguistic history of Nazi violence, especially against Jews, that adds to the multi-layered works of the regime's large-scale physical brutalities. It is based on the premise that before, during and after the perpetration of mass crimes, the regime and vast numbers of its supporters engaged in violence inflicted via language, which was what made the physical violence against racialized minorities possible in the first place. In order to examine these phenomena effectively, this study has to move beyond narrow readings that incorporate language in a conceptual grid of top-down manipulation or subsume the phenomenon under conventional categories of ideology.[8] To avoid the resulting oversimplification, it is pivotal to rethink language in Nazi Germany in a more complex manner that accounts for its strikingly productive, material and, ultimately, violent impact.

4 Hannah Ahlheim, »Deutsche, kauft nicht bei Juden!« Antisemitismus und politischer Boykott in Deutschland 1924 bis 1935, Göttingen 2011.

5 Victor Klemperer/Walter Nowojski, Ich will Zeugnis ablegen bis zum letzten. Tagebücher 1933-1945, Berlin 1995; Victor Klemperer, LTI: Notizbuch eines Philologen, 16th ed., Leipzig 1996.

6 Early responses produced some articles such as Thomas Childers, The Social Language of Politics in Germany: The Sociology of Political Discourse in the Weimar Republic, in: *American Historical Review* 95 (1990), 331-358; Claudia Koonz, Genocide and Eugenics: The Language of Power, in: Peter Hayes (ed.), The Meaning of the Holocaust in a Changing World, Evanston 1991, 155-177. Recently, some works have begun to encompass revamped semantic analyses. Cf. Dan Michman, The Emergence of Jewish Ghettos during the Holocaust, Cambridge 2011.

7 Peter Burke, What is Cultural History? Cambridge 2004, 108.

8 See, for example, David A. Welch (ed.), Nazi Propaganda: The Power and the Limitations, London 1983.

This essay first offers a brief theoretical sketch for the study of linguistic violence and injuries as part of a broader effort to rethink Nazi violence. It then employs this approach to shed light on semi-official discursive practices during the process of dictatorship building in the prewar Nazi state and their relations to physical brutalities. To ultimately separate assimilated citizens from a »normalized« German community, officials and more ordinary *Volksgenossen* of the emerging Hitler state first needed to alter the language available to the population to think, read and speak about Germans and Jews. Scholars of National Socialism who have touched on these practices mostly highlighted policies of the Reich Ministry for Popular Enlightenment and Propaganda or the Nazi Party's often extensive propaganda apparatus.[9] Yet, projects of language remaking were hardly the exclusive domain of state and party agencies. A cluster of cultural organizations that largely predated the establishment of the Nazi dictatorship participated in these projects. This article examines the work of the German Language Association (*Deutscher Sprachverein*, DSV), one of the respectable bourgeois cultural organizations involved in these efforts, which readily adopted and spoke the language of the »new« Germany and embarked on »de-Judaizing« *(entjuden)* the German language.[10]

A focus on the German Language Association, which was founded in 1885, sheds light on largely ignored practices and dynamics of language change in Nazi Germany. Indeed, with its »purification« projects authorized by state institutions, the DSV functioned as an agency of language control that temporarily engaged in no less effective forms of linguistic violence against the country's Jewish population than Nazi Party organizations. In the early 1930s, with its 37,000 to 50,000 members who almost exclusively belonged to the educated bourgeoisie, the DSV not only confirmed the respectability of the predominantly plebeian Nazi movement but also decisively helped to bring about changes in the ways in which DSV activists and members of their and other social milieus spoke about things

9 Cf. Jürgen Hagemann, Die Presselenkung im Dritten Reich, Bonn 1970; David Welch, The Third Reich. Politics and Propaganda, 2nd ed., London 2002; Ahlheim, Antisemitismus und politischer Boykott (fn. 4), 184-204.

10 On the DSV, see Peter v. Polenz, Sprachpurismus und Nationalsozialismus, in: Eberhard Lämmert (ed.), Germanistik – Eine deutsche Wissenschaft, Frankfurt am Main 1967, 111-165; Helmut Bernsmeier, Der Deutsche Sprachverein im »Dritten Reich,« *Muttersprache* 93 (1983), 35-58; Reinhard Olt, Wider das Fremde? Das Wirken des Allgemeinen Deutschen Sprachvereins in Hessen 1885-1944, Darmstadt 1991; and the albeit unfinished work by Gerd Simon, Muttersprache und Menschenverfolgung. Kollektivkritik zwischen Marginalienkult und Gewaltbereitschaft, online: ‹http://homepages.uni-tuebingen.de/gerd.simon/muttersprache1.htm›.

German and Jewish.[11] The rapid transformation of DSV leaders like Georg Schmidt-Rohr from an alleged »friend of the Jews« and polemicist against the language of race into an »opponent of the Jews« and proponent for their »exclusion« *(Ausschaltung)* reflected the path of many.[12] In this sense, the actions of DSV members also illuminate key phenomena in the *Selbstgleichschaltung* of cultural agencies, i.e. the voluntary self-alignment with key policies of the National Socialists, as part of the dictatorship-building process following the Nazi »seizure of power.«

Finally, the article ends with some observations on the scope and limits of the DSV's impact on the use of everyday language and the ways in which the association's new constructs remained constantly renegotiated and contested in exchanges with Nazi state and party officials, ordinary German Gentiles, and even those men and women whom DSV activists turned into the main targets of their gradually intensifying de-Judaization campaigns. Far from being passive victims of state-organized and culturally enforced violence, many Germans of Jewish ancestry actively responded to the social aggression via racialized categories and contested the imposition of (semi-)official exclusionary categories on their public identities. Even if they ultimately had limited success, these interventions have to be examined carefully to grasp linguistic change that was always inherently interactive. In contrast to Victor Klemperer's firmly stated dictum, not everyone in Nazi Germany »fell for« the LTI, spoke it, and »lived in accordance with« this »language of the victors.«[13]

Language, Violence, Nazism

The study of violence has increasingly come to rely on a wide array of interdisciplinary approaches.[14] Even if there exists a broad consensus that violence victimizes, inflicts injuries and even kills, scholarly definitions of violence, the question of actors, and processes of perpetration remain much contested. This is especially the case in the research on the intersections of language and violence to which scholars from fields such as

11 Alwin Ruprecht, Geschäftsbericht des Deutschen Sprachvereins für die Zeit vom 1. Januar 1932 bis zum 30. Juni 1933, in: *Muttersprache* 48 (1933), 289-310, here 297-298.

12 Gerd Simon, Wissenschaft und Wende 1933, in: *Das Argument* 158 (1986), 527-542.

13 Klemperer, LTI (fn. 5), 246, 256, 259.

14 For an overview of key approaches, see John Hagan/Wilhelm Heitmeyer (ed.), International Handbook of Violence Research, Dordrecht 2003.

philosophy, linguistics and sociology have made crucial contributions.[15] Based on the work of Hannah Arendt, one approach draws sharp distinctions between language and physical violence and portrays them as phenomena of fundamentally different orders. Speaking and language emerge as means of manipulation and as vehicles to establish a will to act which, in liberal-democratic societies, forms a polar opposite to physical violence and even has the potential to prevent these outbursts.[16] Operating on a similar conceptual basis, linguists have advanced a notion of mass murder as »voiceless acts of violence.« Perpetrators, these readings stipulate, who »lust for« murder allegedly do not command a language to legitimate their acts.[17]

A strict separation between »pure« language and »pure« violence, however, is highly problematic. Scholars such as Alfred Hirsch have convincingly argued that no human action unfolds without linguistic and symbolic meanings and contexts.[18] At the height of the twentieth-century debates over the linguistic turn, scholars of violence increasingly moved beyond the language/violence binary. Instead of examining linguistic acts as triggers of physical violence, they conceptualized language and speaking as violence. There is no »neutral« linguistic expression. Discourse analysts, for example, have addressed the violent potential of linguistic utterances. Maximalist versions of this approach to language and violence have even equated the two phenomena. In Jacques Derrida's influential work, »writing« *(écriture)* is at the center of the creation of »difference,« which he presented as a form of violence that extended to the very constitution of the subject.[19] Many historians have criticized this privileging of the textual and abandonment of the historical context. While this initial criticism was largely overdrawn,[20] the collapsing of the difference between violence and language in maximalist versions of Derridean readings of transcendental violence also undermines the approach's usefulness for the study of mass violence. If there are no more conceptual distinctions, what is left to be explained?

15 Peter Imbusch, The Concept of Violence, in: Hagan/Heitmeyer (ed.), Violence Research (fn. 14), 13-14.
16 Hannah Arendt, On Violence, New York 1969, 45f., 65f.
17 Franz Januschek/Klaus Gloy, Sprache und/oder Gewalt, in: *Osnabrücker Beiträge zur Sprachtheorie* 57 (1998), 5-11, here 8.
18 Alfred Hirsch, Sprache und Gewalt. Vorbemerkungen zu einer unmöglichen und notwendigen Differenz, in: Ursula Erzgräber/Alfred Hirsch (ed.), Sprache und Gewalt, Berlin 2001, 11-39, here 12.
19 Jacques Derrida, Writing and Difference, Chicago 1978, 118-133.
20 See, for instance, Gertrude Himmelfarb, On Looking into the Abyss. Untimely Thoughts on Culture and Society, New York 1994.

This essay draws on insights from both models.[21] It does not simply equate linguistic and physical violence and injuries. Instead, my approach continues the assumption of overlapping and intersecting manifestations of language and bodily brutalities, proposing a direct relation between physical and linguistic injuries. The problem of analyzing these intersections is precisely aggravated by the circumstance that, as Judith Butler noted, »there is no language specific to the problem of linguistic injury.« However, the creation of a »metaphorical connection« by drawing on the vocabulary of physical brutalities to grasp linguistic injuries reveals a »somatic dimension« that is crucial to the »understanding of linguistic pain.«[22] Linguistic violence, as understood in this context, denotes the discursive process of isolating and creating victim populations. This process inflicts linguistic injuries by means of removing self-control from individuals and communities and denying them the determination of their own concepts of the self. Emanating from language-control agencies, their staff and projects, Nazi and regime-authorized discourses imposed racialized categories on the population. Although these social categories constructed millions of German citizens as part of the »community of the *Volk*« (*Volksgemeinschaft*), they simultaneously excluded hundreds of thousands of people by reconstituting them as lying outside the boundaries of national life, ending their previous realities of cultural integration as German nationals. In this sense, discourses and their categories were »productive« and cannot simply be equated with notions like spirit or meaning.[23] This linguistic violence created and identified the very targets of Nazi racial policies. It both enabled and guided German officials and perpetrators in their increasingly radical physical onslaughts at the beginning of the dictatorship-building process and throughout the 1930s, culminating in the German genocide of the European Jews during the war.

By singling out the German Language Association, a cultural agency outside the official administrative apparatus, this essay expands the set of actors that conventional approaches in the field of genocide studies have largely limited to state institutions.[24] The power of the modern state, meanwhile, remains of key importance. A mere statement by a language

21 For a more extensive discussion see Thomas Pegelow Kaplan, The Language of Nazi Genocide: Linguistic Violence and the Struggle of Germans of Jewish Ancestry, Cambridge 2009.

22 Judith Butler, Excitable Speech: A Politics of the Performative, New York 1997, 4.

23 Philipp Sarasin, Geschichtswissenschaft und Diskursanalyse, Frankfurt am Main 2003, 37.

24 See, for instance, Robert Gellately/Ben Kiernan (ed.), The Specter of Genocide: Mass Murder in Historical Perspective, Cambridge 2003.

purifier of the German Language Association did not automatically change the ways in which the population talked about things German and Jewish or effectively undermine German Jews' self-control over their public identities. Instead, the power of the DSV's discursive practices constituted a »delegated power of the [association's] speakers« that was inherently tied to time- and space-specific ritualized strategies for dealing with the symbolic conflicts of everyday life. In order to have a lasting impact, the audiences had to recognize that the speakers shared the authority of »places of power« and, thus, »places of legitimate speaking.«[25] While this was often the case in the highly ritualized situations of lectures in university or church halls by DSV members who were university professors or pastors, many other association activists had to rely on other means. In circles of fellow members of the educated bourgeoisie, DSVers, for instance, benefited from the »symbolic capital« inherent to the association's concepts of Germanness and Jewishness and gradually accumulated by the DSV in decades of activism.[26] Yet, even in these circles of men and women sympathetic to the DSV's linguistic projects, language change did not unfold in a linear manner imposed from above but remained subject to renegotiations by German speakers who continually intervened in and shifted DSV discourses.

Moreover, in the course of the 1930s, the association repeatedly clashed with the state and party institutions of the swiftly emerging Nazi dictatorship, which laid claims to constitute the sole »places of power.« Therefore, at both the national and regional levels, DSV leaders stepped up their efforts to enlist the support of ministerial bureaucracies, including the Reich Ministry of the Interior, and even party organizations and officials. Although increasingly ensnarled in conflicts especially with Joseph Goebbels's Propaganda Ministry,[27] the German Language Association rose to become a »place of legitimate speaking« and continued its involvement in the infliction of linguistic injuries in the Nazi state.

Language Purifiers, Dictatorship Building and Anti-Jewish Violence in Prewar Nazi Germany

By the end of the 1920s, the DSV leadership had successfully transformed the association from one of the major patriotic societies of Wilhelmine Germany into a cultural organization that attracted support from various

25 Sarasin, Diskursanalyse (fn. 23), 34.
26 For symbolic capital, see Pierre Bourdieu, Ce que parler veut dire: l'économie des échanges linguistiques, Paris 1982.
27 Olt, Wider das Fremde? (fn. 10), 142-145, 205-221.

Weimar governments and political forces. In 1930, the German Language Association reached its peak with 43,625 activists in 481 chapters and more than 6,000 corporate members. Public school teachers, university professors and civil servants, both active and retired, made up the vast majority of DSV members, especially its national and regional leadership. Still, much of the DSV's increased membership in this period came from the conservative-Protestant socio-denominational milieu with *völkisch*, but rarely Nazi leanings, and, thus, a limited social base.[28]

The DSV was the largest of an array of organizations that laid claim to the traditions of language purification dating back to sixteenth-century language patriotism in the German lands, which spiked in early-nineteenth-century campaigns against »foreign words« (*Fremdwörter*).[29] From its beginning in the 1880s, the Berlin-based main office devised key policies and oversaw the production of the association's main publications, while the individual chapters operated in a semi-independent manner. On the eve of the Weimar Republic's shift to an anti-parliamentarian presidential system, the Language Association's stated dual purpose was the »cultivation of the German language« (*Sprachpflege*), particularly the continued struggle against foreign words, and »service« to »the fatherland.«[30]

In pursuing these goals, the DSV played a key role in mapping and disseminating constructions of Germanness and non-Germanness. The DSV's main strands of Germanness assumed an ethno-cultural form and evolved around the speaking and writing of an imagined »pure« German language. As the »foundation of German life,« this language was the »only thing that was common to all Germans« and »kept them together.«[31]

In the late 1920s, speaking German and being German were interchangeable in DSV utterances. German words, however, were not neutral, but represented the »German ethnic spirit« (*deutschen Volksgeist*) »turned

28 Simon, Wissenschaft und Wende (fn. 12), 540; Helmut Bernsmeier, Der Allgemeine Deutsche Sprachverein in der Zeit von 1912 bis 1932, *Muttersprache* 90 (1980), 117-140, here 118.

29 Peter von Polenz, Deutsche Sprachgeschichte vom Spätmittelalter bis zur Gegenwart, vol. 3, Berlin 1999, 264-267.

30 Bernsmeier, Sprachverein von 1912 bis 1932 (fn. 28), 137; Ruprecht, Geschäftsbericht (fn. 11), 297-300; Deutscher Sprachverein, Was will der DSV? 1932, Archiv der Gesellschaft für deutsche Sprache, Wiesbaden (hereafter AGfdS), ADS: Werbeblätter, Aufrufe.

31 Deutscher Sprachverein, Aufruf des Deutschen Sprachvereins. An die deutschen Volksschullehrer, April 1, 1926, AGfdS, ADS: Werbeblätter, Aufrufe; idem, Aufruf des Deutschen Sprachvereins. An die deutschen Frauen, October 1927, AGfdS, ADS: Werbeblätter, Aufrufe.

into sound and form.«[32] Hence, even before the Nazi period, the DSV's construction of Germanness had explicit *völkisch* overtones and relied on excluded »Others« to imbue it with meaning. The DSV of the late Weimar years repeatedly presented a distorted image of the Jews, thereby inflicting linguistic injuries on members of this minority population. Jews spoke »Jewish German« (*Judendeutsch*), activists in the DSV main periodical *Muttersprache* reiterated, that was inferior to correct German. The Galician names of non-assimilated Jews, meanwhile, were signs of a »low human coarseness.«[33] Nonetheless, the primacy of language also meant that the boundaries between Germanness and non-Germanness, inclusion and exclusion, could still be remarkably fluid. As prominently stated in the bylaws of DSV chapters, Germans clearly displayed »differences in tribe, status, party or religious denomination.« They could join the DSV and be true Germans if they engaged in »work on the German language.« In this vein, in the late 1920s, DSVers called the Austrian-Jewish author Stefan Zweig a »German poet« and the organization reiterated that names freely chosen by acculturated members of the German-Jewish community from the Gentile environment testified to their inner »Germanification.«[34] In the fading pluralism of the final Weimar years, the DSV represented a voice that perpetuated notions of Germanness, ranging from excluding things Jewish to including a much-reduced concept of a religious Jewishness.

In early 1933, the DSV leadership was hardly prepared for Hitler's appointment as chancellor and the processes of Nazi dictatorship building. Like the Nazi leader's allies, including the German National People's Party (*Deutschnationale Volkspartei*, DNVP) of which DSV President Richard Jahnke was a member, most activists lacked a clear understanding of Hitler's movement and its radicalizing murderous policies. The small number of Nazi Party members in the ranks of the DSV at this time were quick to reveal their political affiliation if they had not already done so. Nazi activists like the teacher Ernst Luckow of the Darmstadt chapter eagerly demanded new measures in line with the Hitler government's administrative and language policies directed against »the Jew.«[35] In the April 1933 issue

32 Fremdwort und Sprachreinheit, in: *Muttersprache* 43 (1928), 70; Sprachverein, An die deutschen Frauen (fn. 31); Zeitungsschau: Deutsche Sprache, Wesen, Wortsinn und Machtbereich, in: *Muttersprache* 43 (1928), 20-23, here 20.

33 Zeitungsschau: Namen, in: *Muttersprache* 43 (1928), 97-99, here 97; Zeitungsschau: Deutsche Sprache (fn. 32), 22.

34 Otto Philipps, Mitteilungen, in: *Muttersprache* 47 (1932), 400; Deutscher Sprachverein, Satzungen des Deutschen Sprachvereins (E. V.), Altenburg 1931.

35 Olt, Wider das Fremde? (fn. 10), 137 f.

of the Berlin DSV's *Märkische Sprachblätter*, chapter head Max Wachler, a district court president and DNVP member, responded to the growing pressure by celebrating the »German rebirth« and the »new Germany.« Wachler paid tribute to the »black-white-red banner, the symbol of old German power and glory« and the »Swastika banner« which had become »according to Hindenburg a symbol of German renewal.« It was the role of the DSV, he stressed, to »convince the German freedom movement« of the importance of »uniting our people also linguistically« and thus creating a »new German human being [*neuen deutschen Menschen*].«[36]

Unlike other cultural organizations such as student groups who readily joined the National Socialist German Students' Association in the early months of the regime,[37] the DSV adopted its own interpretation of the new Nazi policies of *Gleichschaltung*. First, DSV activists, particularly the association's Nazi Party members, stepped up their efforts to remap the organization's place in the »new Germany.« They declared that the much-used slogan of *Gleichschaltung* or – as, for instance, Ernst Luckow preferred – »changeover« *(Umschaltung)* was not fully applicable to their organization. An organization that fought »for the purity [...] of the German language during a time of contemplation on Germanness« *(Besinnung aufs Deutschtum)* did »not have to engage in a changeover.« Instead, it could »hope« to »encounter fertile soil for its seeds« for the first time since its foundation.[38]

Second, the conservative DSV leadership council successfully placated Nazi state and party leaders by appointing Rudolf Buttmann as DSV president in June 1933 following Richard Jahnke's unexpected death. Addressing the membership, Buttmann, who had been the Nazi Party whip in the Bavarian state parliament and was now the new head of the Reich Interior Ministry's cultural department, reiterated his authority »as an old National Socialist« and announced his intention to »integrate« the DSV in the »right place within the battle lines« for »a renewal of the idea of Germanness.«[39] Buttmann's presidency did not only prevent the DSV's incorporation into Alfred Rosenberg's Fighting League for German Culture *(Kampfbund für*

36 Max Wachler, Deutsche Männer, deutsche Frauen, deutsche Jugend! In: *Märkische Sprachblätter* 9/2 (April 1933); Richard Jahnke, Deutschland, erwache! In: *Muttersprache* 48 (1933), 97-98.

37 See, for example, Uwe Dietrich Adam, Hochschule und Nationalsozialismus, Tübingen 1977, 102.

38 Ernst Luckow, Vom Deutschen Sprachverein, 1933, AGfdS, Akten des Zweigvereins Darmstadt, Berichtsheft Tätigkeit des Darmstädter Sprachvereins seit Scheiding 1926-Scheiding 1937.

39 Rudolf Buttmann, An die Mitglieder des Deutschen Sprachvereins, in: *Muttersprache* 48 (1933), 289-290.

Deutsche Kultur), as Reinhard Olt has shown.[40] It also secured the Interior Ministry's protection, translated into new initiatives that triggered an unprecedented number of ministerial decrees in support of the DSV's work, and even led to an array of joint events held by Nazi Party agencies and DSV chapters. For example, in his decree of September 30, 1933, Reich Interior Minister Wilhelm Frick urged the other ministries to write »laws« and »press releases« in an »exemplary good German language,« while referring extensively to DSV publications. In mid-1933, Nazi Party district leader Jakob Sprenger provided the Hessian DSV with a boost by formally joining the association. For the time being, these developments secured the DSV's »place of legitimate speaking« and increased its impact on language use in the Reich.[41]

Third and most important, even if the DSV continued to encounter severe criticism – the Reich Leadership of the Nazi Party, for instance, declared as late as August 1934 that the DSV »could not be regarded as *gleichgeschaltet*« – it played a key role in integrating conservative members of the educated bourgeoisie, who were still alienated by Nazism's plebeianism, into the new state and helping them speak its new parlance.[42] It endowed a fascist movement with strong anti-intellectual leanings with some scholarly patina. All the while, the DSV assumed what Jean Pierre Faye has aptly described as the position of »guest« for the Nazi movement among the wider circles of the Weimar-era nationalist movements. After 1933, the DSV became more and more established in this position among Nazi state and party organizations whose languages the DSV activists increasingly evaluated, started to speak, and blended with their own. Consequently, by early 1934, DSV activists started to refer to their organization as the »SA of our mother tongue.«[43]

At that point, Nazism had become the »sole narrator« whose protagonists vehemently turned against former allies and real and imagined enemies, including the allegedly all-powerful German Jews and »world Jewry.« In the coming years, the DSV radicalized its previous anti-Jewish con-

40 Olt, Wider das Fremde (fn. 10), 138. See also Susanne Wanninger, Dr. Rudolf Buttmann – Parteimitglied Nr. 4 und Generaldirektor der Münchner Staatsbibliothek, in: Marita Krauss (ed.), Rechte Karrieren in München. Von der Weimarer Zeit bis in die Nachkriegsjahre, Munich 2010, 80-94.

41 Olt, Wider das Fremde (fn. 10), 149; Deutscher Sprachverein (ed.), Sprachpflege im Dritten Reich, Altenburg 1935, 1.

42 Reich Leadership of the Nazi Party to Reich Ministry of Science, Education, and Public Instruction, August 24, 1934, Bundesarchiv Berlin (hereafter BAB), R 1501/127174.

43 Jean Pierre Faye, Langages totalitaires, Paris 1972, 634 f.; Franz Miebach, Mehr Kampfgeist! in: *Muttersprache* 49 (1934), 145-148, here 146.

structs and engaged in what it called »the struggle for the de-Judaization« (*Entjudungskampf*) of the German language, which was an integral part of the Hitler regime's broad-scale removal of the Jewish population from the country's socio-economic, cultural and political life.[44]

German linguists such as Peter von Polenz have argued that the DSV only reached its anti-Semitic stage in 1936.[45] Sections of the association, however, stepped up their anti-Jewish language initiative immediately after Hitler became chancellor. On March 27, 1933, for example, the Darmstadt chapter organized a reading of Nikolaus Schwarzkopf's play »Judas Ischariot.« As a DSV member reiterated in the local press, »Judas« »betrayed the Lord« due to his »love for his *Volk*« which he wanted to see »powerful and strong.« While the construct reiterated traditional Christian anti-Judaism in the image of the Jews as Christ killers, it also evoked the notion of Jewish *völkisch* difference more in line with the new regime's policies. As many DSVers were probably aware, their organization's new president Buttmann had repeatedly expressed similar imagery in Nazi publications. »It only require[d] one beggar Jew [*Betteljude*] to ridicule a God on the cross,« Buttmann wrote in the 1927 issue of the *National Socialist Yearbook*.[46]

Nonetheless, the language purifiers' practices of »de-Judaization« remained incomplete and riddled with contradictions. As late as March 1934, the DSV listed Eduard Engel among the organization's honorary members – an honor it had bestowed on the European literature historian and language purifier in 1931. Yet, Engel, the author of widely acclaimed »books for translating foreign expressions into German« *(Verdeutschungsbücher)* such as »*Sprich Deutsch!*«, was the son of a German-Jewish family in Stolp and the target of anti-Semitic Nazi campaigns and linguistic violence.[47] Furthermore, whereas chapters of the German and Austrian Alpine Club *(Deutscher und Österreichischer Alpenverein)*, for instance, had long included early versions of »Aryan paragraphs« in their membership statutes in Wilhelmine and Weimar Germany, more »moderate« DSV chapters such as the one in Berlin renewed their bylaws with more inclusive catego-

44 Deutsches Sprachpflegeamt, February 1939, in: *Muttersprache* 54 (1939), 70.

45 Polenz, Sprachpurismus und Nationalsozialismus (fn. 10), 127.

46 Ernst Luckow, Pflege der Muttersprache eine völkische Tat. Vortragsabend des Deutschen Sprachvereins, 1933, Berichtsheft Darmstädter Sprachverein 1926-1937 (fn. 38); Rudolf Buttmann, Unsere Weltanschauung, in: *Nationalsozialistisches Jahrbuch 1927*, ed. Hauptparteileitung der NSDAP, Munich 1927, 90-93.

47 Cf. *Muttersprache* 49, no. 3 (1934); Eduard Engel, Sprich Deutsch! Ein Buch zur Entwelschung, Leipzig 1917; Anke Sauter and Eduard Engel, Literaturhistoriker, Stillehrer, Sprachreiniger, Bamberg 2000, 133, 292f.

ries such as »Germans without any distinction of [...] religious denomination« during the early weeks of Hitler's chancellorship.[48]

The DSV constructions of Jewishness were therefore far from consistent. Nonetheless, they circulated and validated exclusionary anti-Jewish imagery and inflicted linguistic injuries by imposing them on the public identities of Germans with Jewish ancestry. The association's frequently repeated categories, statements and images – duplicated in its journals, speeches, *Verdeutschungsbücher*, posters and flyers – formed »discursive guidelines« or »systems of constraints« that helped narrow what could be legitimately said and written about things Jewish in Nazi Germany.[49] Often in line with the broader tendencies of the directives of Nazi state agencies such as the Propaganda Ministry, these guidelines increasingly ruled out categories that could suggest ways in which Jews shared any sense of Germanness. Expressions such as »the Jews« as a »sub-group of the German *Volk*,« as reiterated, for example, in the 1932 work *Die Sprache als Bildnerin der Völker* by Frankfurt/Oder DSV leader Georg Schmidt-Rohr, were ignored or disappeared. New DSV guidelines increasingly replaced them with constructs like »German-speaking Jews« or »Jews in Germany« who were »hostile to the *Volk*.« Tellingly, these exclusionary phrases also appeared in the second edition of Schmidt-Rohr's book in May 1933. Germans, by contrast, were described as members of the »Aryan race.« These concepts expressed a clear separation between things German and Jewish and inflicted linguistic injuries on German Jews and other Germans of Jewish ancestry by denying them public identities that had evolved around a shared sense of (cultural) Germanness.[50] In fact, by 1937-38, DSV guidelines had become increasingly more consistent and explicit in negating constructions that rooted Germanness in the mere speaking of German. To do so damaged the interest of the DSV and the »unity of race and language.«[51]

DSV guidelines increasingly presented images of how Jews allegedly acted and spoke. According to DSV authors, Jews sought to »disguise their

48 DSV Berlin, Satzung, February 10, 1933, Landesarchiv Berlin, B Rep. 42, Acc. 2147, Nr. 26351. On the Alpine association see, for instance, Helmuth Zebhauser, *Alpinismus im Hitlerstaat*, Munich 1998.

49 Peter Schöttler, Historians and Discourse Analysis, in: *History Workshop Journal* 27 (1989), 37-65, here 54 f.

50 B. Rehtmeyer, Fremdwort, Deutschheit und Schrifttumsgeschichte, in: *Muttersprache* 52 (1937), 141-143; Georg Schmidt-Rohr, Die Sprache als Bildnerin der Völker, Jena 1932, 301-303; idem, Mutter Sprache. Vom Amt der Sprache bei der Volkwerdung, Jena 1933, vii-viii.

51 Ewald Geissler, Sprache als Rassenpflicht, Flugschriften des Deutschen Sprachvereins 1, Berlin 1937, 3.

Jewish characteristics« and pretended to be German. Until recently, they had often »disguised their businesses« with the help of »German management.«[52] Directly in line with the organization's language purification policies, DSV directives placed the use of foreign words at the center of the distinction between Germanness and Jewishness. Jews frequently employed foreign words, authors of DSV publications like Ewald Geissler reiterated, and directed this practice as a »hostile linguistic act« *(feindliche Sprachhandhabung)* against »Germans.« In a classic case of victim-perpetrator reversal, the guidelines portrayed Germans as forced to breathe in these »poisonous seeds« and speak a »German« that really constituted a »secret Jewish language« *(geheimes Jüdisch)*. However, DSV activists, who shared the authority of »places of power« in the Nazi state, were hardly susceptible to linguistic injuries from these imagined acts by German Jews. Instead, the DSVers' constant portrayal of Jews as non-German aggressors considerably increased the linguistic and physical vulnerability of the targeted Jewish population, including the association's former Jewish members.[53]

The German Language Association's Perpetration of Linguistic Violence: Impact and Contestation

In the course of the 1930s, DSV activists disseminated their association's evolving discursive guidelines on Germanness and Jewishness throughout the Reich. Yet, even by the time the Hitler state had completed its process of dictatorship building by removing conservative military leaders and high-ranking diplomats in early 1938, Nazi state and party institutions and *gleichgeschaltet* bourgeois cultural associations like the DSV never fully controlled the complex meanings and multifaceted languages of Germanness and Jewishness. In a meeting in the Reich Writers Chamber *(Reichsschrifttumskammer)* in June 1935, DSV President Buttmann conceded that »the mistrust of the German *Volk*« in the institutionalized language control spearheaded by the DSV »was not yet dispelled.«[54] After the war, former DSVers and some scholars downplayed the association's impact on and role in the perpetration of linguistic violence by stressing the Nazi state's gradual weakening of the DSV from 1937-38 and during the war, ranging from Hitler's early 1941 directive to end the »forced Germaniza-

52 Deutsches Sprachpflegeamt (fn. 44), 70.

53 Geisler, Sprache als Rassenpflicht (fn. 51), 20 f., 3; Heinz Mitlacher, Jüdisches im deutschen Schrifttum, in: *Muttersprache* 53 (1938), 372-375, here 374.

54 Niederschrift, Sitzung des Deutschen Sprachpflegeamtes, 3 June 1935, BAB, R 56 V/191.

tion« of foreign words to the Propaganda Ministry's shutting down of DSV publications in April 1943. Claiming leadership in language control policies, Joseph Goebbels and other high-ranking Propaganda Ministry officials spearheaded continual attacks against the association, which was outside their direct control and under the protection of other institutions such as the Interior Ministry. In May 1937, Goebbels's biting criticism of »small-minded attempts by bourgeois busybodies« and »folksy language acrobats« to »improve the German language in an artificial way« not only opened another round of anti-DSV attacks.[55] It also associated the DSV with the allegedly superficial practices of »Jewish« language purifiers like Eduard Engel, thus, questioning DSV activists' Germanness.

The partially apologetic postwar portrayal of the DSV as largely inconsequential ignores, however, the substantial influence it enjoyed during most of the 1930s, especially at the local and regional levels. Moreover, as linguists such as Christopher M. Hutton have demonstrated, »apolitical« rather than »ideological« scholars with strong long-standing Nazi ties were often able to prosper by garnering the patronage of one Nazi state institution and thereby temporarily neutralizing the attacks by another.[56] Instead of portraying the DSV as marginalized, it is much more productive to analyze its repeated clashes with Nazi propagandists, scholars, and local party activists in connection with their efforts to reshape both the DSV's language projects and discourses and the linguistic practices of Nazi activists in the party's local and regional branches.

During the early period of the DSV's *Selbstgleichschaltung*, ardent critics closely affiliated with the Nazi Party such as German-language scholar Dr. Theodor Steche from the Reich Leadership of the Fighting League for German Culture repeatedly cited expressions by prominent DSV activists that privileged language over the »belief in race.« In a November 1933 letter to the Reich Interior and Propaganda Ministries, Steche fervently criticized Georg Schmidt-Rohr's 1932 readings of »Jews« as a »peculiar sub-group of the German *Volk*« as a »fierce attack on the National Socialist position on Jews.«[57] DSV publications that had discussed Schmidt-Rohr's work and helped integrate it into the association's guidelines subsequently reiterated that a mere command of the German language did not enable »the Jews« to be included in the *Volk*. Without relinquishing language as a suitable

55 Cited in Olt (fn. 10), 140. See also ibid., 141-145; Max Wachler, Max Wachler. Sein Leben, Lüneburg 1961, 59-62.

56 Christopher M. Hutton, Race and the Third Reich: Linguistics, Racial Anthropology and Genetics in the Dialectic of Volk, Cambridge 2005, 2, 170.

57 Theodor Steche to Reich Ministry of the Interior et al., November 1, 1933, BAB, R 1501/127173.

marker of *völkisch* belonging, Schmidt-Rohr, too, intervened in the DSV's discursive guidelines and helped to bring them into line with the new party directives. »German blood,« Schmidt-Rohr stressed by the late 1930s, was as crucial as the »German language« in determining Germanness, thus excluding all things Jewish.[58]

Meanwhile, a considerable number of local Nazi Party members and leaders without DSV affiliation began to adapt their language and political parlance to the DSV's mid-1930s guidelines. In a February 1934 letter to Interior Minister Frick, Walther Kießling, the mayor of Gera and one of the party's »old fighters« *(alte Kämpfer)* attacked the growing use of foreign words in the administrative language of the new Germany. Kießling, a lawyer and judge by training, singled out neologisms and »unintelligible abbreviations.« In identifying »the Jew« as the »inventor of these linguistic monsters,« the local Nazi dignitary endorsed key DSV projects and further strengthened the association's discourses.[59]

The impact of DSV practices and guidelines was particularly salient in the schools of prewar Nazi Germany. From the outset, the Language Association and its activists had targeted language instruction in public schools. Many DSV activists were teachers and thus perfectly positioned to carry the DSV's projects and materials into the nation's classrooms.[60] Some chapters were exceptionally successful. In Darmstadt, local DSVers could claim the corporate membership of dozens of schools. Teachers and school administrators encouraged pupils to join the association, giving them access to a *Muttersprache* subscription. In April 1935, the Office of the Reichsstatthalter in Hesse sent a circular to all secondary schools urging them to bring the DSV's traveling exhibition »Language and Writing« to their campuses.[61] In other parts of the country, DSV activists could report similar exploits. In May 1935, the Bavarian State Ministry of Education and Cultural Affairs praised the DSV and its work against the »addiction to foreign words.« Its officials instructed the state's teachers to subscribe to *Muttersprache*, join an existing chapter or help establish a new one. Instructors were also encouraged to use articles from the DSV peri-

58 Richard Jahnke, Die Sprache als Bildnerin der Völker, in: *Muttersprache* 48 (1933), 42 f.; Georg Schmidt-Rohr, Rasse und Sprache, in: *Rasse* 6 (1939), 161-168, here 166; Hutton, Race and Third Reich (fn. 56), 140-143.

59 Walther Kießling to Reich Minister of the Interior, February 16, 1934, BAB, R 1501/127173.

60 Otto Steuernagel, Die Einwirkungen des Deutschen Sprachvereins auf die deutsche Sprache, Berlin 1926, 44-48.

61 Reichsstatthalter in Hessen to the Direktionen der höheren Schulen, April 30, 1935, Berichtsheft Darmstädter Sprachverein 1926-1937 (fn. 38); Olt, Wider das Fremde (fn. 10), 150 f.

odical in their lessons and to order a subscription for their pupils. These measures did make a difference. Between 1934 and 1937, the DSV's student membership doubled, crossing the 10,000 mark.[62] Compared to Nazi mass organizations, these numbers were still small, but many of these student members acted as opinion-formers and carried the DSV constructs into larger organizations like the Hitler Youth and the National Socialist Student League *(Nationalsozialistischer Deutscher Studentenbund)*. Even if there is nothing more than anecdotal evidence to discern the reception of specific DSV constructions by teachers and students, DSV guidelines of the mid-1930s were quite prominent in many public schools. Looking back in a 1940 talk in Darmstadt, DSV member and teacher Luckow praised the past accomplishments of Hessian schools in bringing about the »wise use of words.«[63]

While the influence of even the largest DSV periodical *Muttersprache* was limited, with an April 1933 print run of 45,000, the association often reached much broader audiences with the help of the regional and national press. During the early years of the Nazi state, the DSV leadership repeatedly launched press campaigns with the declared goal of »winning over the entire press.« In December 1933, Rudolf Buttmann urged DSV chapter heads to personally contact all newspapers in their area to secure the press's cooperation.[64] DSV activists pursued a dual agenda: ending the use of »liberalist-Judaized newspaper German« *(liberalistisch-verjudetes Zeitungsdeutsch)* and employing the press to disseminate DSV constructs of Germanness and Jewishness.

Indeed, hundreds of German newspapers repeatedly and often positively reported on DSV events and encouraged editors to refer to the association's publications for speaking and writing proper German.[65] In the summer of 1935, the *Hannoverscher Kurier*, for example, pointed out that the DSV may »have occasionally gone too far,« but »today, nobody smiled benignly about [its] struggle against foreign words.«[66] Even the *Völkischer Beobachter*, the Nazi Party's flagship periodical and self-styled »mouthpiece of the government of Adolf Hitler,« persistently endorsed the work

62 Deutscher Sprachverein (ed.), Sprachpflege (fn. 41); idem, Verzeichnis der Zweigvereine und der dem Deutschen Sprachverein angeschlossenen Sprachvereine im Ausland, Altenburg 1934 and 1937.
63 Wandel im Wortfeld, 1940, AGfdS, Akten des Zweigvereins Darmstadt, Berichtsheft Tätigkeit des Darmstädter Sprachvereins seit Ende Gilharts 1937 bis 1944.
64 Rudolf Buttmann to Vorstandsmitglieder der Zweigvereine, Julmond 1933, Hauptstaatsarchiv Wiesbaden, Abt. 2044, Nr. 426.
65 Deutscher Sprachverein, Sprachpflege (fn. 41), 13.
66 Johannes Rönnberg, Sprachpflegeamt und Sprachverein, in: *Hannoverscher Kurier*, July 11, 1935.

of the DSV. Its editors, however, cited those parts of DSV guidelines that overlapped closely with their paper's racist and anti-Semitic language. The issue of December 18, 1934, for example, underscored DSV leader Buttmann's use of the Hitler dictum that mastery of the German language did not turn »a Negro« into »a German.«[67] The quote reiterated the racial components of DSV guidelines rather than their emphasis on the mother tongue as a marker of Germanness. Finally, a large number of individual editors corresponded with the DSV inquiry office about the proper use of German and offered copies of their newspapers in exchange for DSV publications such as *Muttersprache*. Despite or perhaps because of the language purifiers' increasing de-Judaization campaigns, the *CV-Zeitung*, the weekly periodical of the Central Organization of German Citizens of the Jewish Faith *(Centralverein deutscher Staatsbürger jüdischen Glaubens, CV)*, the main Weimar-era German-Jewish association that combated anti-Semitism, also continued to consult with the DSV.[68]

Most Germans of Jewish ancestry inside and outside the CV were painfully aware of the violence of the new regime's exclusionary language that sought to »render them voiceless.«[69] Many of them, including former DSV members, sought to defy the imposition of racial categories that were part of the guidelines issued by official or semi-official language control agencies by engaging in acts of discursive contestation. They intervened in the discourses of these agencies, for example by pointing to semantic contradictions in racial terminology such as the early DSV insistence on the primacy of language as opposed to the primacy of race ascribed by Nazi Party institutions. The »subversive repetitions« of these contradictory terms aimed at bringing about a »rupture« in the broader discourses and provided a space for »inscribing« or »reinscribing« more inclusive terms and connotations.[70] In this process, most of these men and women attempted to undermine the imposition of a racialized concept of Jewishness and secure a place for Jewish life in the increasingly hostile environment of Nazi Germany.

Time and again, German Jews rejected racialized statements by the German Language Association and confronted the linguistic injuries sus-

67 Sprachpflege im Dritten Reich, in: *Völkischer Beobachter*, December 18, 1934.
68 Heinrich Broemse, Notiz, n.d., AGfdS, Auskünfte, Zeitungsausschnitte, Hinweise zu Sprachthemen, Auskunftstelle des Deutschen Sprachvereins Berlin, 1934-1942.
69 Angelika Corbineau-Hoffmann/Pascal Nicklas (ed.), Gewalt der Sprache – Sprache der Gewalt, Hildesheim 2000, 3.
70 Philipp Sarasin, Autobiographische Ver-Sprecher. Diskursanalyse und Psychoanalyse in alltagsgeschichtlicher Perspektive, in: *WerkstattGeschichte* 7 (1994), 31-41, here 36, 38.

tained in the DSV's practices, which often predated the establishment of the Nazi dictatorship. Writing in the *CV-Zeitung* in August 1928, the emerging young CV leader Alfred Hirschberg criticized the DSV for its exclusionary »German-*völkisch* thoughts.« He reminded his readers of an announcement by the Language Association's leadership, giving assurances that the DSV was not engaging in party politics and, if it had to, would merely form a party for the »love« and protection of the German »mother tongue.« Hirschberg, thus, intervened in the discourse and tried to bring about a (re-)inscription of DSV concepts that promoted a broad and pluralistic sense of Germanness, including German Jewishness.[71] In his contribution to a discussion with Protestant and Catholic religious leaders published in the regional DSV-periodical *Märkische Sprachblätter* in January 1932, Rabbi Leo Baeck proceeded in a similar way, while even supporting the Language Association's struggle against foreign words. Baeck, one of the most prominent German-Jewish leaders and a member of the CV executive committee, stressed that these borrowed words could not be relied upon when »something genuine« *(etwas Echtes)* was required. Baeck's remarks, which had previously been cited in the *CV-Zeitung*, were intended to mitigate the linguistic violence of more recent exclusionary DSV verbiage by strengthening the language purifiers' notion that the »love for the fatherland« was rooted in a »love for its language.« This shared love and belonging could, Baeck implied, bring together Germans of different religions.[72]

Few, however, went as far as Eduard Engel. In *»Sprich Deutsch!«*, republished as late as 1941, the language purifier decried the »trashing *(Verluderung)* of the German language« as a »grave danger for Germandom« and called on all Germans to speak genuine German. Engel even attacked the DSV for downplaying the crises by limiting its focus to foreign words. Instead, a whole-scale »linguistic de-Germanizing« *(sprachliche Entvolkung)* was taking place. In his writings and subsequent linguistic practices in Nazi Germany, Engel cited esteemed German authors, documented their use of foreign words and the »fake German spiritual life« that was not derived from »German blood.«[73] By pointing to these contradictions,

71 Alfred Hirschberg, Deutscher Sprachverein und Parteipolitik, in: *CV-Zeitung*, August 17, 1928, 456; Avraham Barkai, »Wehr dich!« Der Centralverein deutscher Staatsbürger jüdischen Glaubens (C.V.) 1893-1938, Munich 2002, 164.

72 H. W. Beyer/Eschweiler/(Leo) Baeck, Die Sprache der Gottesgelehrten, in: *Märkische Sprachblätter* 8 (January 1932), 12-15; Leonard Baker, Days of Sorrow and Pain: Leo Baeck and the Berlin Jews, New York 1980, 105; Otto Friedmann, Eduard Engel, in: *CV-Zeitung*, November 13, 1931, 529.

73 Engel, Sprich Deutsch! (fn. 47), 90, 6, 12; idem, Menschen und Dinge, Leipzig 1929, 194, 163.

Engel grounded his own Germanness in a »proper« use of the German language. Engel's claim to a more German Germanness was an extreme case among assimilated German Jews, converts and their children, but the tendency to connect the German language with Germanness – as seen in Leo Baeck's writings – was common among Germans of Jewish ancestry during the Weimar Republic. Many continued to do so in the early years of the Hitler state, appealing to nineteenth-century concepts of the German *Kulturnation* once cherished by many Gentile Germans – also in the ranks of the Language Association.[74]

The fact that Germans of Jewish ancestry continued to contend with the linguistic assaults by DSV activists and their constructs provides further evidence of the language purifiers' impact and significance. As Walter Tausk, a member of the Breslau Jewish community, astutely noted in November of 1938, these categories were »not only words.« Reiterated in »speeches by Göring« or practices of the Breslau DSV chapter, these constructs turned German Jews into »German[s] of foreign descent.«[75] While Germans of Jewish ancestry continued to contest this violence inflicted via categories, their prospects were rapidly deteriorating. What had appealed to DSV leaders of the Weimar years, who had offered the once widely read Eduard Engel honorary membership for his language purification work, soon drastically backfired in the radicalized Nazi state. By the mid-1930s, the very attack on »German« authors' alleged use of foreign words had emerged as a key marker of Jewishness in the discourses of Nazi and DSV activists. Authors like the Nazi literary critic Gerhard Baumann expressed outrage over Engel's criticism of Hanns Johst's employment of foreign words and, thus, his questioning of the Nazi poet laureate's Germanness. »This Engelian struggle,« Baumann insisted, was »a genuinely Jewish one.« DSV activists eventually followed suit and attacked Engel in their publications and speeches.[76]

Concluding Remarks

For all its aspiration to constitute the country's highest authority on language, the DSV and the development of its guidelines on de-Judaizing Germanness do not fit in a conceptual grid of top-down manipulation. The association's discourses were constantly renegotiated in exchanges

74 Cf., for example, Otto Dann, Nation und Nationalismus in Deutschland 1770-1990, 3rd ed., Munich 1996, 48 f.

75 Walter Tausk, Breslauer Tagebuch 1933–1940, Berlin 2000, 161, 32.

76 Rehtmeyer, Fremdwort (fn. 50), 142; Gerhard Baumann, Jüdische und völkische Literaturwissenschaft, Munich 1936, 28, 9.

between DSVers, state and party officials, ordinary Gentiles, and even – albeit in a rapidly diminishing manner – the targeted German population of Jewish ancestry. Far from being ineffective, the association used its symbolic capital especially among fellow members of the educated bourgeoisie, not only to alter language use, but also to enhance the respectability of the predominantly plebeian Nazi movement during the early process of Nazi dictatorship building. In conjunction with official racial categories, the DSV's anti-Jewish parlance contributed to transforming the public identity even of those Germans of Jewish ancestry who had once belonged to the association into that of »full Jews.« Linguistically brutalized in this manner, Engel died near Potsdam days after the November 1938 pogroms at the age of 87, while Tausk was deported by the Gestapo to the Kovno ghetto in Lithuania in late 1941, where he soon died.[77]

While recent studies have demonstrated the massive scale of the reshaping of the language of Germanness and Jewishness by Nazi activists and their conservative allies, including those who belonged to respectable bourgeois cultural organizations like the German Language Association, these works have stopped short at linking these harsh linguistic threats to physical brutalities. However, rethinking these practices as forms of linguistic violence, as this essay has demonstrated, broadens our understanding of Nazi anti-Jewish violence and reveals the neglected potential of the twentieth-century linguistic turn. In this sense, the linguistic practices of the German Language Association and its tens of thousands of opinion-formers were, in Tübingen Germanist Gerd Simon's fitting words, indeed »anything but harmless.«[78]

77 Tausk, Breslauer Tagebuch (fn. 75); Sauter, Eduard Engel (fn. 47), 163.
78 Gerd Simon, Wissenschaft und Wende 1933. Zum Verhältnis von Wissenschaft und Politik am Beispiel des Sprachwissenschaftlers Georg Schmidt-Rohr, online: ‹http://homepages.uni-tuebingen.de/gerd.simon/›.

Sven Reichardt (Konstanz)

Faschistische Beteiligungsdiktaturen

Anmerkungen zu einer Debatte

Das Verhältnis zwischen Regierungsapparat und Bevölkerung im Nationalsozialismus wurde in der Forschung der fünfziger und sechziger Jahre als eine Mischung aus repressivem Terrorregime und propagandistischer Manipulation beschrieben. Im Zuge der Alltagsforschungen der siebziger und achtziger Jahre gerieten dann verschiedene Formen der Resistenz und des Dissenses in den Blick, bis in den späten achtziger und neunziger Jahren die Analyse der Kriegszeit und vor allem des Holocaust in den Mittelpunkt rückte. Im Zuge dessen wurde die Unterstützung, die der Holocaust v.a. durch die Zuarbeit der Wehrmacht erhielt, in der Forschung thematisiert. Diese Entwicklung spitzte Daniel Goldhagen zu, als er behauptete, dass ein Großteil der Deutschen einem »eliminatorischen« Antisemitismus verpflichtet gewesen sei. Der Forschungsfokus, so Ian Kershaw, »shifted gradually but inexorably from resistance-opposition-dissent spectrum to that of approval-complicity-consensus«. Ob das NS-Regime tatsächlich die deutsche Bevölkerung in den Holocaust eingebunden hat, wie zuletzt Thomas Kühne behauptet hat, bleibt jedoch umstritten. Den Zusammenhalt innerhalb der deutschen »Volksgemeinschaft« als ein Produkt der rassistischen, antisemitischen Exklusion und Diskriminierung zu deuten scheint der Komplexität der Regimeloyalität kaum gerecht zu werden. Die Gründe für die hohe Zustimmung zum NS-Regime in den Jahren zwischen 1936 und 1941/42 lassen sich nicht nur auf die Gewaltunterstützung oder auf einen eliminatorischen Rassismus zurückführen.[1]

Die italienische Faschismusforschung, die ebenfalls zunächst den Repressionscharakter des Regimes in den Mittelpunkt stellte, hat mit Renzo De Felices drittem Band seiner Mussolini-Biografie bereits 1974 die Regime-

1 Ian Kershaw, Consensus, Coercion and Popular Opinion in the Third Reich: Some Reflections, in: Paul Corner (Hg.), Popular Opinion in Totalitarian Regimes. Fascism, Nazism, Communism, Oxford 2009, 33-46, hier 34; Thomas Kühne, Belonging and Genocide. Hitler's Community, New Haven 2010. Vgl. Frank Bajohr/Dieter Pohl, Der Holocaust als offenes Geheimnis. Die Deutschen, die Führung und die Alliierten, München 2006; Frank Bajohr/Michael Wildt (Hg.), Volksgemeinschaft. Neue Forschungen zur Gesellschaft des Nationalsozialismus, Frankfurt am Main 2009.

phase zwischen 1929 und 1936 als Jahre des Konsenses umschrieben *(gli anni del consenso)*. Die Zwangselemente des Regimes seien keineswegs so umfassend gewesen, die Partizipationschancen dagegen mannigfaltig und der soziale Aufstieg für verschiedene soziale Gruppen aus den unteren Mittelschichten war, so De Felice, in umfassender Form möglich geworden. In der Folgezeit ist diese Deutung scharf attackiert und das Bild vom gesellschaftlichen Rückhalt des Regimes durch Untersuchungen über die Propaganda und Kontrollelemente des Regimes vielfach differenziert worden. Zuletzt wurden vor allem die massiven Repressionselemente eines durchdringenden kolonialen Rassismus und Antisemitismus in den besetzten Gebieten wie auf der italienischen Halbinsel hervorgehoben. Nur zögerlich werden dagegen Formen der freiwilligen Zuträgerschaft und der Partizipation von unten erforscht.[2]

In den nachfolgenden Überlegungen zum gesellschaftlichen Rückhalt der Regime in Italien und Deutschland soll der Doppelcharakter des Faschismus[3] aus Mobilisierung und Gewalt beleuchtet werden. Schon in ihren Aufstiegsphasen hatten sich die faschistischen Bewegungen in Italien und Deutschland als populistische Massenbewegungen etabliert. Vor der Regimebildung war die PNF die größte Partei Italiens und die NSDAP die zweitgrößte Partei Deutschlands.[4] Diese jugendlichen Massenbewegungen waren durch ihre gewaltbestimmte Performanz geprägt: Sie symbolisierten Vitalität, Intransigenz, Militarismus, Kameradschaft, Disziplin und Virilität. Gewalttätige Aktionen waren der eigentliche Sinn und das Ziel der durch ihre Kampfbünde geprägten faschistischen Bewegungen. In der Aufstiegszeit gehörte in Italien jeder dritte Faschist den *squadre d'azione* und in Deutschland etwa jeder zweite Nationalsozialist der

2 Renzo De Felice, Mussolini il duce. Gli anni del consenso, 1929-1936, Turin 1974; Roberta Pergher/Giulia Albanse, Introduction. Historians, Fascism, and Italian Society: Mapping the Limits of Consent, in: dies. (Hg.), In the Society of Fascists. Acclamation, Acquiescence, and Agency in Mussolini's Italy, New York 2012, 1-28.

3 Vgl. zu meinem Faschismusbegriff: Sven Reichardt, Was mit dem Faschismus passiert ist. Ein Literaturbericht zur internationalen Faschismusforschung, in: *Neue Politische Literatur* 49 (2004), 385-406; ders., Triumph der Tat, in: *ZEIT-Geschichte* 3 (2013), 14-19; ders., Faschistische Tatgemeinschaften. Anmerkungen zu einer praxeologischen Analyse, in: Hans Woller/Thomas Schlemmer (Hg.), Faschismus, erscheint München 2014.

4 Emilio Gentile, Storia del partito fascista 1919-1922. Movimento e milizia, Rom/Bari 1989; Loreto Di Nucci, Lo Stato-partito del fascismo. Genesi, evoluzione e crisi 1919-1943, Bologna 2009; Carl-Wilhelm Reibel, Das Fundament der Diktatur. Die NSDAP-Ortsgruppen 1932-1945, Paderborn u.a. 2002; Wolfgang Benz (Hg.), Wie wurde man Parteigenosse? Die NSDAP und ihre Mitglieder, Frankfurt am Main 2009.

Sturmabteilung (SA) an. Der wesentlichste Zweck beider Kampfbünde bestand in antisozialistischen und antisemitisch-rassistischen Gewaltaktionen. Die Faschisten gaben den bürgerlichen Schichten durch eben diese Gewalt paradoxerweise vor, Ruhe und Ordnung erzielen zu können. Es war die Gewalt, die den faschistischen Bewegungen ihr unverwechselbares Gepräge verlieh: inhaltlich in den politischen Haltungen, symbolisch im Propagandastil und der Parteiästhetik, organisatorisch in den paramilitärischen Kampfbünden, physisch bei den Parteiveranstaltungen und der alltäglichen »Parteiarbeit« auf der Straße. Die Gewalt diente zur Gruppenbindung nach innen und zur propagandistischen Verwertung nach außen: Die »Machtpropaganda« sollte den Faschisten das Prestige verschaffen, keine »leeren Schwätzer« zu sein. Der beschworene Kult der Gewalt und der Aktion, der sich auch in der Erzeugung und Verabsolutierung von Hass und Feindschaft ausdrückte, demonstrierte Intransigenz und verhöhnte jedwede Aussicht auf Kompromissfähigkeit oder gar Wege rationaler Rechtsfindung. Der Faschismus war nicht zuletzt dadurch gekennzeichnet, dass er unfähig war, politische Konflikte geregelt zu lösen.[5]

Die »Gruppenstrategie« der Faschisten, ihre Mitglieder umfassend in gewaltaffine Organisationen einzubinden, war ein bezeichnender Zug der faschistischen Tatgemeinschaften.[6] Es war daher kein Zufall, dass der Faschismus im Krieg zu sich selbst fand, denn hier realisierten sich Ultranationalismus, Rassismus, Militarismus und Sozialdarwinismus. Die faschistischen Kriege wurden als Kampf um Lebensraum bzw. *spazio vitale* einer selbst ernannten Kriegerrasse ausgegeben. Sie enthielten das Versprechen auf eine spätere Beglückung im völkischen Rassestaat, die notwendigerweise über Ausmerze, Vernichtung und Gewalt führte. Weil sich die Todesmacht als Komplement einer positiven »Lebensmacht« darstellte, die das Leben der Bevölkerung vorgeblich zu erhöhen vermochte, so Michel Foucault, konnte sie einen Anspruch auf totale Kontrolle und Regulation formulieren. Krieg war aus dieser Perspektive wesentlicher Bestandteil einer Biopolitik der ethnischen Säuberung bzw. *bonifica etnica*, in der gemäß der faschistischen Vorstellung die biologische Existenz der »eige-

5 Vgl. Sven Reichardt, Faschistische Kampfbünde. Gewalt und Gemeinschaft im italienischen Squadrismus und in der deutschen SA, 2. Aufl. Köln/Weimar/Wien 2009.

6 Karl Mannheim, Diagnose unserer Zeit, Frankfurt am Main 1952, 150-156; Hermann Heller, Europa und der Faschismus [1929], in: ders., Gesammelte Schriften, Bd. 2, Leiden 1971, 463-609, hier 500; Franz Neumann, Behemoth. Struktur und Praxis des Nationalsozialismus 1933-1944 [1944], Frankfurt am Main 1988, 467; Barrington Moore, Soziale Ursprünge von Diktatur und Demokratie. Die Rolle der Grundbesitzer und Bauern bei der Entstehung der modernen Welt [1966], 2. Aufl. Frankfurt am Main 1987, 513.

nen« Bevölkerung auf dem Spiel stand. Das hat Sigmund Neumann in seinem Buch »Permanent Revolution« bereits 1942 als Erster erkannt. Die Nationalsozialisten, so schrieb er, hatten ihren Ursprung im Krieg, zielten auf einen neuen Krieg und blühten im Krieg regelrecht auf. Der rassistische Krieg legitimierte sich permanent neu, war Mittel und Zweck in einem. Vor allem während des Krieges hatten sich die faschistischen Neuaufbau- und Vernichtungsfantasien konkretisiert. Die Vorstellung, Ordnung durch Gewalt und Ausmerze zu stiften, wurde durch die neuen, sich im Kriegsverlauf bietenden Möglichkeiten angereizt, wenngleich die Mobilisierung und Vergesellschaftung des Krieges vor den eigentlichen Kriegshandlungen eingesetzt hatte.[7]

I. Kollektivistischer Massenappeal

Dylan Riley hat in seiner im Jahr 2010 erschienenen Vergleichsstudie zum Faschismus in Italien, Spanien und Rumänien die unbequeme Einsicht formuliert, dass die Faschismen sich in keiner grundsätzlichen Spannung zur Demokratie befanden: »Fascists tended to reject liberalism but embraced democracy as a political formula [...]. The fundamental problem with liberalism, from the fascist perspective, was not that it was democratic, but precisely the opposite. Elections and parliaments, from the fascist perspective, were intrinsically incapable of representing the interests of the nation. Because of this, the nation must be represented through some other mechanism.«[8] Tatsächlich hatten nicht nur die italienischen Faschisten,

7 Michel Foucault, Der Wille zum Wissen. Sexualität und Wahrheit I, Frankfurt am Main 1983, 132 f.; Sigmund Neumann, Permanent Revolution. The Total State in a World at War, New York/London 1942, 230; Jan-Werner Müller, Contesting Democracy. Political Ideas in Twentieth-Century Europe, New Haven/London 2011, 100 f.; Benjamin Ziemann, »Vergesellschaftung der Gewalt« als Thema der Kriegsgeschichte seit 1914, in: Bruno Thoß/Hans-Erich Volkmann (Hg.), Erster Weltkrieg – Zweiter Weltkrieg. Ein Vergleich. Krieg, Kriegserlebnis und Kriegserfahrung in Deutschland, Paderborn u. a. 2002, 735-758; Oliver Werner (Hg.), Mobilisierung im Nationalsozialismus. Institutionen und Regionen in der Kriegswirtschaft und der Verwaltung des »Dritten Reiches« 1936 bis 1945, Paderborn u. a. 2013. Zur Idee eines »faschistischen Krieges« siehe Asfa-Wossen Asserate/Aram Mattioli (Hg.), Der erste faschistische Vernichtungskrieg. Die italienische Aggression gegen Äthiopien 1935-1941, Köln 2006. Eine Ableitung des Genozids als Konsequenz der eliminatorischen Ideologie des Faschismus bei: Aristotle Kallis, Genocide and Fascism. The Eliminatorist Drive in Fascist Europe, New York/London 2009; Aristotle Kallis, Fascism, ›Licence‹, and Genocide: From the Chimera of Rebirth to the Authorization of Mass Murder, in: António Costa Pinto (Hg.), Rethinking the Nature of Fascism, Houndmills 2011, 227-270.

8 Dylan Riley, The Civic Foundations of Fascism in Europe. Italy, Spain, and Romania, 1870-1945, Baltimore 2010, 4.

sondern auch die Nationalsozialisten, selbst nach ihrer Aufstiegsphase, darauf bestanden, eine neue Form von »totalitärer Demokratie« errichtet zu haben. So hieß es 1937 in Meyers Lexikon, dass der Nationalsozialismus sich, in expliziter Abgrenzung von der parlamentarischen und repräsentativen Demokratie, als eine Form »unmittelbarer Demokratie« verstand: »Die Gegenüberstellung von Demokratie und autoritärem Staat oder Diktatur ist eine liberale Fälschung.« Mit Bezug auf den angeblich germanischen »Führergedanken«, der »das Vertrauensverhältnis zwischen Führung und Gefolgschaft zum Ausdruck« brachte, verstand sich der Nationalsozialismus als »Verwirklichung der germanischen Demokratie«. Der »Wille des Volkes«, so formulierte Hitler am 30. Januar 1937 ausgerechnet in einer Rede im Deutschen Reichstag, »wird repräsentiert durch die NSDAP«. »Germanische Gefolgschaftstreue«, Vertrauen des Volkes und verantwortungsfreudige Führerpersönlichkeiten waren Bestandteile dieses nationalsozialistischen Führerverständnisses.[9] Nicht nur Hitler selbst, auch diverse nationalsozialistische Intellektuelle wie die Staatsrechtler Reinhard Höhn und Ludwig Klages, die Erziehungswissenschaftler und Philosophen Ernst Krieck und Alfred Baeumler, der Eugeniker und Rassenforscher Hans F. K. Günther sowie der politische Philosoph Alfred Rosenberg haben auf diese Zusammenhänge hingewiesen.[10]

Fritz Decker veröffentlichte 1939 in den »Straßburger Monatsheften« einen Aufsatz mit dem Titel »totalitäre Demokratie«, in dem er behauptete, dass »man den heutigen ›totalitären Staat‹ als eine Art Grenzfall der Demokratie« betrachten könne.[11] Mit Stoßrichtung gegen die »Maschinerie der Parteien«, die demokratischen Wahlen, die Kompromissorientierung und die »Anonymität« der modernen Demokratie brachten die Nationalsozialisten das germanische Führerprinzip in Stellung; ihre Bezugsgrößen waren die »Thingverfassung« und die »Würde des Herzogs« in den »germanischen Stämmen«, die angeblich amerikanische Kommerzialisierung

9 Eintrag »Demokratie«, in: Meyers Lexikon, Bd. 2, 8. Aufl. Leipzig 1937, Spalte 907-910. Ich bedanke mich herzlich bei Till van Rahden für den Hinweis auf diesen Eintrag, den er mir dankenswerterweise zur Verfügung stellte.

10 Vgl. etwa Alfred Baeumler, Weltdemokratie und Nationalsozialismus. Die neue Ordnung Europas als geschichtsphilosophisches Problem, Berlin 1943; Reinhard Höhn, Vom Wesen der Gemeinschaft. Vortrag gehalten auf der Landesführerschule II, Lobeda, und der Reichsführerschule des Deutschen Arbeitsdienstes, Berlin 1934. Siehe dazu insgesamt: Stefan Breuer, »Gemeinschaft« in der »deutschen Soziologie«, in: *Zeitschrift für Soziologie* 31 (2002), 354-372.

11 Fritz Decker, Totalitäre Demokratie, in: *Straßburger Monatshefte. Zeitschrift für das deutsche Volkstum am Oberrhein* (Januar 1939), 265-269, hier 268. Den Hinweis auf diesen Text wie auch auf die beiden Aufsätze in der nachfolgenden Fußnote erhielt ich dankenswerterweise von Till van Rahden.

der Demokratie hingegen galt es zu geißeln.[12] Die Volksgemeinschaft als »Selbstreinigungsapparatur«, so der Staatsrechtler Reinhard Höhn, brauche keinen Führer, der »richtunggebend« vorangehe, sondern einen Führer, der »vom Volksgeist« ausgehe: »Der Führer wächst aus einer derartigen Gemeinschaft und führt diese Gemeinschaft weiter.«[13] Vertrauen binde Führer und Volk in der »germanischen Demokratie« aneinander – gewählte Institutionen wie das Parlament erschienen aus dieser Perspektive als künstliche, mechanische und degenerierte Ausprägungen der Demokratie. Die mystische Einheit von Führer und Volk basiere stattdessen auf der spirituellen und emotionalen Bindung des Opferglaubens und der Hingabe an das Kollektiv der Nation. Die faschistische Kampfgemeinschaft als Ehr- und Treuebund sei durch Blut zusammengekittet. Dabei installierten die Faschisten ein moralisches Glaubenssystem, in dem Legalität durch Charisma ersetzt wurde.[14]

Der italienische Erziehungsminister Giuseppe Bottai behauptete sogar, der Faschismus sei demokratischer als die herkömmlichen liberalen Demokratien, denn nur er vermochte den Unterschied zwischen Eliten und Volk einzuebnen. 1929 interpretierte die einflussreiche Tageszeitung *Corriere della Sera* die Ergebnisse des Plebiszits desselben Jahres folgendermaßen: »Das faschistische Regime ist das demokratischste Regime, das es gibt, da es einen totalen Konsens hergestellt hat.«[15] Das hatte zwar keinen realen Bezug zu den tatsächlichen politischen Verhältnissen, aber es ist doch bezeichnend, dass führende Intellektuelle des italienischen Faschismus wie der regimetreue Philosoph und politische Pädagoge Giovanni Gentile seine amerikanischen Leser 1927 in der Zeitschrift *Foreign Affairs* darüber informierte, dass der faschistische »Volksstaat« als »democratic state *par excellence*« zu verstehen sei: »The relationship between State and citizen (not this or that citizen, but all citizens) is accordingly so intimate

12 F. W. Eismann, Demokratie und Führerprinzip, in: *Beamten-Jahrbuch. Wissenschaftliche Monatsschrift für das deutsche Berufsbeamtentum* 21 (1934), 535-542. Vgl. auch G. D. Daskalakis, Demokratie und Demokratien, in: *Geist der Zeit. Wesen und Gestalt der Völker* 17 (1939), 415-425.

13 Reinhard Höhn, Rechtsgemeinschaft und Volksgemeinschaft, Hamburg 1935, 57, 64, 75.

14 Müller, Contesting Democracy, 101f., 116f., 123 (wie Anm. 7).

15 Paul Corner, Plebiscites in Fascist Italy: National Unity and the Importance of the Appearance of Unity, in: Ralph Jessen/Hedwig Richter (Hg.), Voting for Hitler and Stalin. Elections Under 20th Century Dictatorships, Frankfurt am Main/New York 2011, 173-185, hier 176, 179; Ralph Jessen/Hedwig Richter, Non-Competitive Elections in 20th Century Dictatorships: Some Questions and General Considerations, in: Ralph Jessen/Hedwig Richter (Hg.), Voting for Hitler and Stalin. Elections Under 20th Century Dictatorships, Frankfurt am Main/New York 2011, 9-36, hier 21.

that the State exists only as, and in so far as, the citizen causes it to exist.« In seiner Philosophie sind Staat und Individuum eins, sie entsprechen einander und repräsentieren dadurch die wahrhafte Demokratie.[16]

In der historischen Forschung wird die faschistische Fähigkeit zur Massenmobilisierung oftmals recht vereinfachend als Populismus bezeichnet. Verbunden mit der Bezeichnung Populismus ist der Hinweis auf die Manipulationskraft und Propagandaorientierung, in der Sprache der älteren Totalitarismusforschung, das, was man als »Verführung« der Bevölkerung verstanden hat. Was damit verdeckt wird, ist nicht nur die Frage nach der tatsächlichen Akzeptanz und Attraktivität des Faschismus, sondern sein spezifisches Legitimitätsprinzip, sein Souveränitätsanspruch und sein Beteiligungscharakter. Rileys Alternativvorschlag, die faschistischen Regime als »authoritarian democracies« zu bezeichnen, die auf demokratische Legitimation unter autoritären Vorzeichen bedacht waren, veranschaulicht die angedeuteten Zusammenhänge deutlich klarer.[17] In dieser Hinsicht waren die Faschisten typische Zeitgenossen, denn die Forderung nach einer »Führerdemokratie« war in den zwanziger und dreißiger Jahren in Europa weitverbreitet. Dass mit der faschistischen Betonung des rassenbiologisch definierten Volks als dem Souverän etwas fundamental anderes als unser heutiges Demokratieverständnis aufgerufen wurde, hat der Berliner Historiker Michael Wildt vortrefflich analysiert: »Von diesem rassistisch bestimmten *ethnos* sollte alle Gewalt ausgehen, nicht vom *demos*, dem konstitutionellen Staatsvolk, nicht von der Versammlung freier Bürger, gleich welchen Geschlechts, welcher Religion, Hautfarbe oder Abstammung.« Volksgemeinschaftliche Homogenität und Vernichtung des völkisch Heterogenen gehörten für die Faschisten zusammen.[18]

Das »Führerprinzip« war mit den labilen organisatorischen Strukturen der faschistischen Bewegungen verbunden. Im Gegensatz zum Typus des Real- und Kompromisspolitikers eignete sich der charismatische Führer in hervorragender Weise dazu, den Zukunftsglauben der Bewegung zu personifizieren. Die Emotionalisierung und Ästhetisierung von Politik gehörte zum Kernbestand faschistischer Bewegungen und blieb nicht auf den Führerkult beschränkt. Ihr Politikstil betonte ästhetische Formen bei den Veranstaltungen, die auf Ornamentarisierung und Geschlossenheit der Massen abzielten, oft einhergehend mit einer sakralisierten Verherrlichung und Ästhetisierung von Gewalt, wie etwa im mystifizierten Totenkult um

16 Giovanni Gentile, The Philosophic Basis of Fascism, in: *Foreign Affairs* 6 (1927/28), 290-304, hier 302 f.
17 Riley, Civic Foundations, 3 (wie Anm. 8).
18 Michael Wildt, Volksgemeinschaft als Selbstermächtigung. Gewalt gegen Juden in der deutschen Provinz 1919 bis 1939, Hamburg 2007, 358 f.

die »Märtyrer« der Bewegung. Faschistische Bewegungen nahmen in vielerlei Hinsicht den Charakter und die Form einer sakralisierten Politik an. Der fortwährende Gebrauch religiös aufgeladener Sprachfiguren, wie die des »Opferns«, des »Glaubens«, der »Auferstehung« oder des »Geistes«, war gegen die angeblich moralisch zersetzend wirkende, von den Faschisten als hedonistisch, mechanisch, abwägend-zweifelnd und rationalistisch bezeichnete liberale Gesellschaft gerichtet. Die Sakralisierung der faschistischen Politik hingegen war einerseits von einer mystifizierten Heils- und Siegesgewissheit geprägt, betonte aber andererseits immer wieder die Notwendigkeit des Kämpfens. Diese Erwartung der Erlösung durch unbarmherzigen Kampfeinsatz, wie die Proklamation der Unsterblichkeit und der schicksalhaft bevorstehenden ewigen Herrschaft, waren zwei Seiten ein und derselben sakralisierten und auf die Zukunft ausgerichteten Politikform.[19]

In vielen älteren Totalitarismusmodellen, welche die Gesellschaft statisch, vornehmlich vom Staat her dachten und als Herrschaftsausübung von oben begriffen, wurde die Akzeptanz innerhalb der Bevölkerung zu wenig untersucht, seine Entstehung als *grass-root*-Bewegung unterschätzt. Entsprechend wurde die totalitäre Propaganda als eine primär von Intellektuellen und Funktionären getragene Kommunikation interpretiert. Das Bild einer von oben durchgesetzten Propagandastrategie vernachlässigte jedoch die permanenten Rückkopplungen – zwischen Propagandaangebot und Rezeption –, die innerhalb des kommunikativen Systems einen Verhandlungsprozess in Gang setzten. Doch die faschistische Propaganda lässt sich nicht als bloßes »permanentes Trommelfeuer vermeintlich suggestiver Propaganda« deuten.[20]

Inwieweit der Faschismus auf Zustimmung und Komplizenschaft angewiesen war, zeigt bereits sein Aufstieg. In Italien wie Deutschland war es den Faschisten gelungen, Sammelbewegungen aufzubauen, die sich aus allen Schichten der Bevölkerung rekrutierten. Während die PNF im Mai 1922 mit über 250.000 Mitgliedern die größte Partei Italiens war (noch vor der sozialistischen und der katholischen Partei), gehörten der NSDAP zu Jahresbeginn 1933 rund 850.000 Mitglieder an, damit war sie nach der SPD die zweitgrößte deutsche Partei.[21] Dieser Massenzustrom – zu einem

19 Vgl. zu diesem zunehmend breiten Forschungsfeld nur: Emilio Gentile, Il culto del littorio. La sacralizzazione della politica nell'Italia fascista, Rom 1996.

20 Thymian Bussemer, Propaganda und Populärkultur. Konstruierte Erlebniswelten im Nationalsozialismus, Wiesbaden 2000, 139; ders., Propaganda. Konzepte und Theorien, Wiesbaden 2005; Rainer Gries/Wolfgang Schmale (Hg.), Kultur der Propaganda. Überlegungen zu einer Propagandageschichte als Kulturgeschichte, Bochum 2005.

21 Reichardt, Faschistische Kampfbünde, 254 f. (wie Anm. 5).

Zeitpunkt, als der Beitritt freiwillig und die politischen und sozialen Prämien für eine Beteiligung äußerst fragwürdig waren – zu den faschistischen Bewegungen belegt die Popularität des Faschismus eindrücklich. Tatsächlich hatten sowohl in Italien als auch in Deutschland die antisozialistischen und nationalistischen Mittelschichtsvereine massiv zum Aufstieg des Faschismus beigetragen und waren von den faschistischen Bewegungen nach und nach in die Partei integriert worden. Das gilt im Hinblick auf Italien für die nationalistischen Veteranenverbände wie die »Associazione Nazionale dei Combattenti«, die insgesamt etwa 500.000 Mitglieder auf sich vereinigte und etliche Querverbindungen zur faschistischen Bewegung aufwies. Auch bei dem im Jahr 1910 gegründeten nationalistischen Wehrverband der »Associazione Nazionalista Italiana« (ANI) lassen sich viele Doppelmitgliedschaften in der faschistischen Partei und bei den *squadre* nachweisen. Alpinistenvereine fanden in Italien und Deutschland früh Anschluss an die faschistischen Bewegungen, viele der Studenten, die mit über zehn Prozent in der faschistischen Bewegung deutlich überrepräsentiert waren, waren im Netzwerk der bürgerlich-liberalen Organisationen eingebunden.[22]

In ihrer Aufstiegsphase verstand es die NSDAP als Massenbewegung, bestehende partizipatorische Angebote geschickt für sich zu nutzen. So profitierte sie vor allem in den protestantischen Gegenden vom lokalen bürgerlichen Vereinswesen: Ihre vielfältigen Querverbindungen zu paramilitärischen Organisationen und Schützenvereinen, zu Sportbünden und Turnvereinen, zu Sängerclubs und Touristikassoziationen versorgte sie mit neuen Mitgliedern. Nicht zuletzt verhalf die Unterwanderung des Millionen Mitglieder zählenden Reichslandbundes der NSDAP in den Status einer Massen- und Sammlungsbewegung. Das reiche Assoziationsleben der Weimarer Republik lieferte daher, wie Sheri Berman 1997 feststellte, »a critical training ground« für die NS-Bewegung. Da die NSDAP darüber hinaus ihre Mitglieder auch aus den Vorfeldorganisationen von DVP, DDP und DNVP speisen konnte, so argumentiert Berman, war die hoch organisierte Zivilgesellschaft ein ideales *setting* für den schnellen Aufstieg des Nationalsozialismus, der sich dieser reichen Assoziations-

22 Zur Forschungslage mit weiterführender Literatur siehe Sven Reichardt, Selbstorganisation und Zivilgesellschaft. Soziale Assoziationen und politische Mobilisierung in der deutschen und italienischen Zwischenkriegszeit, in: Ralph Jessen/Sven Reichardt/Ansgar Klein (Hg.), Zivilgesellschaft als Geschichte. Studien zum 19. und 20. Jahrhundert, Wiesbaden 2004, 219-238. Vgl. auch Adrian Lyttelton, Liberalism and Civil Society in Italy: From hegemony to Mediation, in: Nany Gina Bermeo/Philip Nord (Hg.), Civil Society Before Democracy. Lessons from Nineteenth-Century Europe, Lanham u.a. 2000; 61-82.

landschaft bediente, um seine Botschaften zu verbreiten: »Civil society activists formed the backbone of the Nazis' grassroots propaganda machine.«[23]

Es war die »bürgerliche Infrastruktur« (Heilbronner), die als Trittleiter für die nationalsozialistische Bewegung fungierte. Der Historiker Rudy Koshar konnte beispielsweise bei 200 Marburger NSDAP-Mitgliedern, die vor 1933 in die Partei eintraten, 275 weitere Mitgliedschaften in über 50 verschiedenen Organisationen nachweisen, die von Berufsverbänden über Sportclubs, bürgerliche Vereine und Studentenverbindungen bis hin zu Touristikverbänden reichten. Koshar folgerte daraus: »Nonparty electoral coalitions, fraternities, occupational and sports associations – these shaped the background of Nazi joiners […]. Marburg Nazi joiners were rooted in the milieux of *Stammtisch* and *Verein*.«[24] Die nationalsozialistischen Mitglieder waren keine einsamen Wölfe, sie waren keineswegs ausgestoßene und isolierte Individuen in einer vermeintlich atomisierten Massengesellschaft. Gerade ihre Vernetzung mit dem bürgerlichen Vereinswesen machte die Attraktivität der NS-Partei aus: »The party was attractive in part because of its positive image in conversations in the marketplace, local stores, university classrooms, fraternity houses, meeting halls, soccer fields, and homes […]. The NSDAP gained moral authority over organizations.«[25] Weitere Lokalstudien, angefangen bei William Sheridan Allens Studie über das südniedersächsische Northeim aus dem Jahr 1965 bis zu den jüngeren Arbeiten von Peter Fritzsche, Oded Heilbronner oder Helge Matthiesen, haben diesen Befund immer wieder bestätigt.[26] Die Selbstdarstellung als »Volksverein« mit klassenübergreifender Partizipation – die Überwindung enger partikularistischer Interessenpolitik, das populistische Plädoyer gegen die Honoratiorenpolitik – verhalfen den faschistischen Bewegungen ebenso zu ihrer Zugkraft, wie der gewaltsame Antikommunismus, die nationalistische Unbedingtheit, das jugendliche Profil und seine Symbole und Rituale.

23 Sheri Berman, Civil Society and the Collapse of the Weimar Republic, in: *World Politics* 49,3 (1997), 401-429, hier 402, 419 f.

24 Rudy Koshar, From Stammtisch to Party: Nazi Joiners and the Contradicions of Grass Roots Fascism in Weimar Germany, in: *JMH* 59 (1987), 1-24, hier 14; Oded Heilbronner, Die NSDAP – ein bürgerlicher Verein?, in: *Tel Aviver Jahrbuch für deutsche Geschichte* 23 (1994), 65-78; Oded Heilbronner, Der verlassene Stammtisch. Vom Verfall der bürgerlichen Infrastruktur und dem Aufstieg der NSDAP am Beispiel der Region Schwarzwald, in: *GG* 19 (1993), 178-201.

25 Rudy Koshar, Social Life, Local Politics, and Nazism, Marburg, 1880-1935, Chapel Hill 1986, 202, 204.

26 Vgl. für die Forschung die Fußnotenbelege in: Reichardt, Selbstorganisation (wie Anm. 22).

II. Beteiligung und Gewalt

Der Faschismus bot Partizipationsangebote und Möglichkeiten der freiwilligen Zuarbeit. Er schmückte sich hierbei, auch wenn uns das nicht gefällt, mit dem Begriff der Demokratie und inszenierte Wahlen und Abstimmungen, um seine Legitimation zu stärken.[27] Will man den Faschismus verstehen, so gilt es zunächst einmal diese Selbstdeutungen und plebiszitären Zeremonien ernst zu nehmen, statt sie mit normativer Geste als Fehlwahrnehmungen beiseitezuschieben. Dass in diesem Zusammenhang Formen der Teilhabe wie die »Gewaltpartizipation«[28] in den faschistischen Kampfbünden als soziale Öffnungen deklariert wurden, zeigt, wie weit dieses Verständnis von Demokratie von unseren heutigen Vorstellungen entfernt ist.

Beteiligung meinte bei den Faschisten kein freiheitliches Element. Das Ausnutzen von Eifersucht, Neid, Rachsucht, Gewinnstreben oder Profilierungsgehabe in der Bevölkerung für die Herrschaft zeigt eine Technik an, die die faschistischen Regime über Denunziationsmechanismen, also einer perfiden Form der Regimebeteiligung, zu nutzen wussten. Der US-amerikanische Historiker Robert Gellately hat bereits zu Beginn der neunziger Jahre im Rahmen seiner Forschungen zur Gestapo auf die grassierende Denunziationsbereitschaft der deutschen Bevölkerung hingewiesen. 60 bis 80 Prozent der Fahndungserfolge der Gestapo gingen auf Anzeigen aus der Bevölkerung zurück, sodass Gellately den Nationalsozialismus als eine »sich selbst überwachende Gesellschaft« beschrieb. Nach seiner Deutung genoss sogar der Terrorapparat, da er sich selektiv gegen einzelne Minderheiten richtete, gesellschaftliche Unterstützung. Während Gellately noch auf nur fragmentiert überlieferte Dokumente aus Würzburg und Unterfranken zurückgreifen musste, haben spätere, umfassende empirische Forschungen von Historikern wie Gerhard Paul und Klaus-Michael Mallmann über das Saarland oder Eric Johnson und Thomas Roth über Köln den Befund bestätigt, dass es freiwillige Denunzianten und nicht nur staatsnahe Bürger und Parteimitglieder waren, die die unterbesetzten und schlecht ausgebildeten Gestapobeamten unterstützten. Aus oft niederen, egoistischen oder persönlichen Motiven wurde Anzeige erstattet. Nicht selten erfolgte die Denunziation von unten nach oben und fungierte als soziales Ventil: Schüler zeigten ihre Lehrer an, Lehrlinge ihre Meister, Kinder ihre Eltern. So »verdankte« ein prominenter Wiener Balletttänzer

27 Ralph Jessen/Hedwig Richter (Hg.), Voting for Hitler and Stalin. Elections Under 20th Century Dictatorships, Frankfurt am Main/New York 2011.

28 Jan Philipp Reemtsma, Vertrauen und Gewalt. Versuch über eine besondere Konstellation der Moderne, Hamburg 2009, 181.

seiner halbwüchsigen Tochter eine Freiheitsstrafe von drei Jahren, weil er im Krieg Feindsender abhörte. Das Regime steuerte diese sozialen Mechanismen lediglich partiell, etwa wenn HJ-Führer unter den Oberschülern und Lehrlingen Fragebogen verbreiteten, auf denen anzugeben war, ob Eltern, Lehrer oder Arbeitgeber bei der Erfüllung ihrer HJ-Pflichten irgendwelche Hindernisse in den Weg legten. Machtausgleich, persönliche Bereicherung, das Ausschalten von Konkurrenten, Rache oder Neid waren wesentliche Motive bei der Denunziation von regimekritischen Äußerungen, verbotenem Umgang mit Kriegsgefangenen und Zwangsarbeitern, Hören von Feindsendern oder auch nur der schlichten Verweigerung des Hitlergrußes. Die Bereinigung privater Konflikte und der Versuch der persönlichen Vorteilsnahme waren von nationalsozialistischer Gesinnung nicht immer scharf zu unterscheiden. So zeigte beispielsweise in Königsweg eine Kassiererin, die ihren Chef liebte, dessen Ehefrau an, weil diese einer notleidenden jüdischen Bekannten heimlich ein paar Scheiben Wurst zugesteckt hatte.[29]

Auch in Italien basierte die Arbeit der Geheimpolizei *Organizzazione di Vigilanza e Repressione dell'Antifascismo* (OVRA), der *Polizia Politica* und der gewöhnlichen *Guardia Regia*, wie die Historiker Mimmo Franzinelli,

29 Der Beispielfall findet sich bei Richard Grunberger, Das zwölfjährige Reich. Der deutsche Alltag unter Hitler, Wien/München/Zürich 1972, 116-123. Zur Forschung: Robert Gellately, Die Gestapo und die deutsche Gesellschaft. Die Durchsetzung der Rassenpolitik 1933-1945, 2., unveränd. Aufl., Paderborn 1993; Gisela Diewald-Kerkmann, Politische Denunziation im NS-Regime oder Die kleine Macht der »Volksgenossen«, Bonn 1995; Gerhard Paul/Klaus-Michael Mallmann (Hg.), Die Gestapo. Mythos und Realität, Darmstadt 1995; Rudolf Schlögl/Michael Schwartz/Hans-Ulrich Thamer, Konsens, Konflikt und Repression. Zur Sozialgeschichte des politischen Verhaltens in der NS-Zeit, in: Rudolf Schlögl/Hans-Ulrich Thamer (Hg.), Zwischen Loyalität und Resistenz. Soziale Konflikte und politische Repression während der NS-Herrschaft in Westfalen, Münster 1996, 9-30; Robert Gellately, Die Gestapo und die deutsche Gesellschaft. Zur Entstehungsgeschichte einer selbstüberwachenden Gesellschaft, in: Detlef Schmiechen-Ackermann (Hg.), Anpassung, Verweigerung, Widerstand. Soziale Milieus, Politische Kultur und der Widerstand gegen den Nationalsozialismus in Deutschland im regionalen Vergleich, Berlin 1997, 109-121; Eric A. Johnson, Nazi Terror: The Gestapo, Jews and Ordinary Germans, New York 1999; Gerhard Paul/Klaus-Michael Mallmann (Hg.), Die Gestapo im Zweiten Weltkrieg. Heimatfront und besetztes Europa, Darmstadt 2000; Friso Ross/Achim Landwehr (Hg.), Denunziation und Justiz. Historische Dimensionen eines sozialen Phänomens, Tübingen 2000; Robert Gellately, Hingeschaut und weggesehen. Hitler und sein Volk, Stuttgart 2002; Thomas Roth, »Verbrechensbekämpfung« und soziale Ausgrenzung im nationalsozialistischen Köln. Kriminalpolizei, Strafjustiz und abweichendes Verhalten zwischen Machtübernahme und Kriegsende, Köln 2010, 398-441; Karol Sauerland, Dreißig Silberlinge. Das Phänomen Denunziation, Frankfurt am Main u.a. 2012.

Mauro Canali, Amedeo Osti Guerrazzi und Michael Ebner nachweisen konnten, zu einem Großteil auf der Basis von Denunziationen.[30] Auch hier verließen sich die staatlichen Zwangsapparate bei der Implementierung von Terror und Repression auf die Zuarbeit aus der Bevölkerung. In ihren Beziehungen zu Fremden, Nachbarn, Mitarbeitern und zur eigenen Familie übernahmen viele Italiener, sowohl innerhalb wie außerhalb der Zwangsinstitutionen, die Strategien faschistischer Herrschaft. Auch hier waren es alltägliche Konflikte, die die Verbindung zu den repressiven Apparaten auslösten. Die Denunziationen gingen zu rund 60 Prozent von Italienern aus, die weder in der Partei noch in der faschistischen *Milizia Volontaria per la Sicurezza Nazionale* (MVSN) tätig waren.[31] Hinterhöfe, Hausflure und Wohnblocks entwickelten sich ebenso zu Überwachungsarenen wie Fabriken, Tavernen, die *Piazza* oder öffentliche Verkehrsmittel, in denen vermeintlich Arbeitsscheue, Deserteure, »unmoralische Frauen« oder politische Regimegegner Gefahr liefen, denunziert zu werden. Oftmals wurden politisch und sozial Schwache zu Opfern einer Denunziation. Es wäre verkürzt, sämtliche Denunziationen schlicht als Ausdruck von Regimeunterstützung zu werten, denn diese unterliegen einer differenzierten Motivlage bei den Akteuren. Doch kann konstatiert werden, dass sie in ihren Konsequenzen eine regimestabilisierende Wirkung nach sich zogen. Wie der Düsseldorfer Soziologe Karl-Heinz Reuband überzeugend nachgewiesen hat, spielen Denunziationen aber keineswegs nur in Diktaturen, sondern auch in demokratischen Gesellschaften eine zentrale Rolle für die Fahndungserfolge der Polizei.[32]

30 Mimmo Franzinelli, Delatori. Spie e confidenti anonimi. L'arma segreta del regime fascista, Mailand 2002; Mauro Canali, Le Spie del Regime, Bologna 2004; Amedeo Osti Guerrazzi, Caino a Roma. I complici romani della Shoah, Rom 2005; Amedeo Osti Guerrazzi, Die ideologischen Ursprünge der Judenverfolgung in Italien. Die Propaganda und ihre Wirkung am Beispiel Roms, in: Lutz Klinkhammer/Amedeo Osti Guerrazzi/Thomas Schlemmer (Hg.), Die »Achse« im Krieg. Politik, Ideologie und Kriegführung 1939-1945, Paderborn u.a. 2010, 434-455; Frauke Wildvang, Der Feind von nebenan. Judenverfolgung im faschistischen Italien 1936-1944, Köln 2008; Frauke Wildvang, Kein »Tee mit Mussolini«, in: Petra Terhoeven (Hg.), Italien, Blicke. Neue Perspektiven der italienischen Geschichte des 19. und 20. Jahrhunderts, Göttingen 2010, 61-85; Michael Ebner, Ordinary Violence in Mussolini's Italy, Cambridge 2011, bes. 239-258.

31 Ebner, Ordinary Violence, 207 (wie Anm. 24).

32 Karl-Heinz Reuband, Denunziation im Dritten Reich. Die Bedeutung von Systemunterstützung und Gelegenheitsstrukturen, in: *Historical Social Research* 26, 2/3 (2001), 219-234; Eric Johnson/Karl-Heinz Reuband, What We Knew. Terror, Mass Murder and Everyday Life in Nazi Germany. An Oral History, New York 2005; Karl-Heinz Reuband, Das NS-Regime zwischen Akzeptanz und Ablehnung. Eine retrospektive Analyse von Bevölkerungseinstellungen im Dritten

Gleichwohl waren die Konsequenzen der Kooperation mit einer diktatorischen Geheimpolizei ungleich andere. Rechtsstaatliche Einspruchsmöglichkeiten konnten von politisch Verfolgten des jeweiligen Regimes nur sehr begrenzt in Anspruch genommen werden, und das galt insbesondere in Deutschland für rechtlose Juden, »Fremdvölkische« und »Gemeinschaftsfremde«. Doch auch in Italien zeigt die weitverbreitete Unterstützung der antijüdischen Gesetzgebung und die Denunziation von jüdischen Geschäftsleuten, wie tief der Rassismus gesellschaftlich verwurzelt war.[33] Die Denunziationen aus den Reihen der »Volksgenossen« zogen in beiden Ländern gravierende Folgen nach sich und man bekräftigte durch die Denunziation seinen Status als politischer »Volksgenosse«. Im Faschismus wurde die Denunziation letztlich zu einer »vertrauensstabilisierenden Praxis«[34] zwischen terroristischer Staatsführung und konformistischer Volksgemeinschaft.

III. Volksgemeinschaft

Das Verhältnis von politischer Gewalt und gesellschaftlichem Konsens kann nicht allein anhand der Denunziationspraxis beurteilt werden, da hierfür die konkreten Fallzahlen im Hinblick auf die Gesamtbevölkerung einfach zu marginal sind. In den jüngeren Debatten ist in diesem Zusammenhang daher der Begriff der »Volksgemeinschaft« mehrfach bemüht worden.[35] Unter diesem Stichwort wurden drei unterschiedliche Problem-

Reich auf der Basis von Umfragedaten, in: *Geschichte und Gesellschaft* 31 (2006), 315-343.

33 Amedeo Osti Guerrazzi, Die ideologischen Ursprünge der Judenverfolgung in Italien. Die Propaganda und ihre Wirkung am Beispiel Roms, in: Lutz Klinkhammer/Amedeo Osti Guerrazzi/Thomas Schlemmer (Hg.), Die »Achse« im Krieg. Politik, Ideologie und Kriegführung 1939-1945, Paderborn u.a. 2010, 434-455; Valeria Galimi, The »New Racist Man«. Italian Society and the Fascist Anti-Jewish Laws, in: Albanse/Pergher (Hg.), In the Society of Fascists (wie Anm. 2), 149-168.

34 Reemtsma, Vertrauen und Gewalt, 180 (wie Anm. 28).

35 Siehe etwa: Frank Bajohr/Michael Wildt (Hg.), Volksgemeinschaft. Neue Forschungen zur Gesellschaft des Nationalsozialismus, Frankfurt am Main 2009; Ian Kershaw, ›Volksgemeinschaft‹. Potenzial und Grenzen eines neuen Forschungskonzeptes, in: *VfZ* 59 (2011), 1-17; Michael Wildt, ›Volksgemeinschaft‹. Eine Antwort auf Ian Kershaw, in: *Zeithistorische Forschungen* 8 (2011), 102-109; Ulrich Herbert, Treue, Rache, Triumph, in: *Die Zeit* (31.3.2011); Detlef Schmiechen-Ackermann (Hg.), ›Volksgemeinschaft‹: Mythos, wirkungsmächtige soziale Verheißung oder soziale Realität im ›Dritten Reich‹? Zwischenbilanz einer kontroversen Debatte, Paderborn u.a. 2012; Dietmar von Reeken/Malte Thießen (Hg.), »Volksgemeinschaft« als soziale Praxis. Neue Forschungen zur NS-Gesellschaft vor Ort, Paderborn u.a. 2013; Bernhard Gotto/Martina Steber (Hg.),

stellungen verhandelt: Erstens die simulierte Volksgemeinschaft als Mythos der nationalsozialistischen Propaganda, zweitens die soziale Volksgemeinschaft im Sinne einer gesellschaftlichen Egalisierung und drittens die Volksgemeinschaft als eine »soziale Verheißung«.[36] Während die erste Dimension unstrittig ist und »Volksgemeinschaft« als eine seit dem Ersten Weltkrieg in unterschiedlichen politischen Lagern eingesetzte propagandistische Formel untersucht worden ist,[37] ist die zweite Dimension bereits im Zusammenhang mit der Diskussion um die gesellschaftliche Modernisierung während der NS-Zeit behandelt worden. Die Debatte, die in der ersten Hälfte der neunziger Jahre besonders intensiv und polemisch geführt wurde, kreiste um die von Rainer Zitelmann und anderen Historikern verwendeten (normativ aufgeladenen) Begriffe der sozialen »Chancengleichheit«, des ökonomischen »Wirtschaftswunders«, der »Frauenemanzipation« und der Charakterisierung der NSDAP als »Volkspartei«. Der Nationalsozialismus wurde mit Begriffen, die bis dahin der Bundesrepublik der fünfziger Jahre vorbehalten waren, in eine Erfolgsgeschichte der Moderne eingeschrieben: Klassengegensätze seien abgeschliffen und die Arbeiterschaft aufgewertet worden, während die vorherrschende Stellung der alten Eliten entsprechend aufgeweicht wurde. In das Bild von einer neu entstandenen »Chancengleichheit« unter den »Volksgenossen« fügte sich die Behauptung, es seien erste Erfolge in der »Emanzipation« von Frauen in den

A Nazi *Volksgemeinschaft*? German Society in the Third Reich, erscheint Oxford 2013.

36 Detlef Schmiechen-Ackermann, ›Volksgemeinschaft‹: Mythos der NS-Propaganda, wirkmächtige soziale Verheißung oder soziale Realität im ›Dritten Reich‹? – Einführung, in: ders. (Hg.), ›Volksgemeinschaft‹: Mythos, wirkungsmächtige soziale Verheißung oder soziale Realität im ›Dritten Reich‹? Zwischenbilanz einer kontroversen Debatte, Paderborn u.a. 2012, 13-53 (dort die hier übernommene Dreiteilung und die weiterführende Literatur).

37 Bernd Stöver, Volksgemeinschaft im Dritten Reich. Die Konsensbereitschaft der Deutschen im Spiegel sozialistischer Berichte, Düsseldorf 1993; Gunther Mai, »Verteidigungskrieg« und »Volksgemeinschaft«. Staatliche Selbstbehauptung, nationale Solidarität und soziale Befreiung in Deutschland in der Zeit des Ersten Weltkrieges, in: Wolfgang Michalka (Hg.), Der Erste Weltkrieg. Wirkung, Wahrnehmung, Analyse, München/Zürich 1994, 583-602; Norbert Götz, Ungleiche Geschwister. Die Konstruktion von nationalsozialistischer Volksgemeinschaft und schwedischem Volksheim, Baden-Baden 2001; Steffen Bruendel, Volksgemeinschaft oder Volksstaat, Die »Ideen von 1914« und die Neuordnung Deutschlands nach dem Ersten Weltkrieg, Berlin 2003; Norbert Frei, »Volksgemeinschaft«. Erfahrungsgeschichte und Lebenswirklichkeit der Hitler-Zeit, in: ders., 1945 und wir. Das Dritte Reich im Bewußtsein der Deutschen, München 2005, 107-128; Michael Wildt, Die Ungleichheit des Volkes. »Volksgemeinschaft« in der politischen Kommunikation der Weimarer Republik, in: Frank Bajohr/Michael Wildt (Hg.), Volksgemeinschaft. Neue Forschungen zur Gesellschaft des Nationalsozialismus, Frankfurt am Main 2009, 24-40.

Bereichen Bildung und Beruf erzielt worden. Die Trennung der Konfessionen sei überwunden worden, die Urbanisierung sowie der soziale Wohnungsbau seien vorangekommen. Schließlich habe das Programm der Volksmotorisierung begonnen, eine ausgesprochene Konsumorientierung ging mit deutlichen Individualisierungstendenzen Hand in Hand.[38] Wenngleich einzelne Befunde sicher bedenkenswert sind, wurden diese Thesen im Endeffekt aus einem zentralen Grund zurückgewiesen: Die NS-Sozialpolitik war in der Interpretation des neurechten Historikers Zitelmann in unzulässiger Weise von der rassistischen Politik abgekoppelt worden. Insgesamt ist aber von einem »rassistischen Sozialvertrag« (Michael Geyer) der Nationalsozialisten auszugehen. Die rassistische Volksgemeinschaft war eine normierende Leistungsgemeinschaft, die Juden und andere »Fremdvölkische« ebenso ausschloss wie »Unverbesserliche«, »Asoziale«, »Arbeitsbummler« und »Leistungsuntüchtige«. Soziale Wohlfahrt, Eroberungspolitik und rassistische Ausmerze waren unmittelbar miteinander verwoben und lediglich verschiedene Aspekte ein und derselben Politik.[39]

38 Vgl. nur Michael Prinz/Rainer Zitelmann (Hg.), Nationalsozialismus und Modernisierung [1991]. 2., durch ein Nachwort ergänzte Aufl., Darmstadt 1994; Rainer Zitelmann, Hitler. Selbstverständnis eines Revolutionärs. 2., überarbeitete und ergänzte Aufl., Stuttgart 1989; Uwe Backes/Eckhard Jesse/Rainer Zitelmann, Was heißt »Historisierung« des Nationalsozialismus, in: dies., Die Schatten der Vergangenheit. Impulse zur Historisierung des Nationalsozialismus, Berlin/Frankfurt am Main 1990, 25-57; Rainer Zitelmann, Position und Begriff. Über eine neue demokratische Rechte, in: Heimo Schwilk/Ulrich Schacht (Hg.), Die selbstbewusste Nation. »Anschwellender Bocksgesang« und weitere Beiträge zu einer deutschen Debatte, Frankfurt am Main/Berlin 1994, 163-181.

39 Michael Geyer, The Nazi State Reconsidered, in: Richard Bessel (Hg.), Life in the Third Reich, Oxford 1987, 57-67, hier 66 f. Wichtige Debattenbeiträge in chronologischer Abfolge: Jens Alber, Nationalsozialismus und Modernisierung, in: *KZSS* 41 (1989), 346-365; Hans Mommsen, Nationalsozialismus als vorgetäuschte Modernisierung, in: ders., Der Nationalsozialismus und die deutsche Gesellschaft. Ausgewählte Aufsätze, Reinbek 1991, 405-427; Frank Bajohr, Nationalsozialismus und Modernisierung. Kritische Anmerkungen zu einer Forschungsdebatte, in: *Geschichtswerkstatt* 24 (1991), 56-61; Christof Dipper, Modernisierung und Nationalsozialismus, in: *NPL* 36 (1991), 450-456; Karl-Heinz Roth, Verklärung des Abgrunds. Zur nachträglichen »Revolutionierung« der NS-Diktatur durch die Gruppe um Rainer Zitelmann, in: *1999. Zeitschrift für Sozialgeschichte des 20. und 21. Jahrhunderts* 7,1 (1992), 7-11; Sven Reichardt, Zur Stellung Rainer Zitelmanns in der Forschung zum Nationalsozialismus, in: Projekt für interdisziplinäre Faschismusforschung (Hg.), Ändert die Zukunft Deutschlands Vergangenheit? Eine Kritik an Ernst Nolte, Rainer Zitelmann und Arnulf Baring, Berlin 1992, 11-18; Manfred Grieger, Die Zitelmänner oder Vom Verschwinden der nationalsozialistischen Verbrechen, in: *Z. Zeitschrift marxistische Erneuerung* 4,15 (1993), 154-164; Norbert Frei, Wie modern war der Nationalsozialismus?, in: *GG* 19 (1993), 367-387; Harald Welzer (Hg.), Nationalsozialismus und Moderne, Tübingen 1993; Günter Könke, »Modernisierungsschub« oder relative Stagna-

Götz Alys Interpretation vom nationalsozialistischen »Volksstaat« griff diesen zentralen Einwand auf, indem er auf die rassistische Plünderungs- und Ausbeutungspraxis als Voraussetzung für die sozialpolitischen Geschenke an die deutschen »Volksgemeinschaftsgenossen« hinwies. Im Ergebnis zeigte sich in der überspitzten These von der »Gefälligkeitsdiktatur«, dass es zwar zu zahlreichen Traditionsbrüchen und rassistischen Umverteilungsmaßnahmen im Nationalsozialismus kam, nicht aber von einer durch massive materielle Besserstellung erzielten »Wohlfühldiktatur« gesprochen werden kann. Rechtliche, soziale und ökonomische Ungleichheiten kennzeichnete auch das Innenleben der »Volksgemeinschaft«. Klassen- und Geschlechterunterschiede bestanden in der rassistischen Leistungsgemeinschaft fort, neue sozioökonomische Disparitäten wie die Lohnschere zwischen Arbeitern in der Rüstungs- und denen in der Konsumgüterindustrie kamen gar hinzu.[40]

Somit bleibt im Grunde nur die dritte Bedeutungsebene von der Volksgemeinschaft als einer »sozialen Verheißung« übrig, die von einer erfolgreichen Mobilisierung von »Gemeinschaftssehnsüchten« (Bajohr/Wildt) ausgeht,[41] und die als eine soziale Praxis der Beteiligung, die über eine

tion? Einige Anmerkungen zum Verhältnis von Nationalsozialismus und Moderne, in: *GG* 20 (1994), 585-608; Axel Schildt, NS-Regime, Modernisierung und Moderne. Anmerkungen zur Hochkonjunktur einer andauernden Diskussion, in: *Tel Aviver Jahrbuch für deutsche Geschichte* 23 (1994), 3-22; Karl-Heinz Roth, Revisionist Tendencies in Historical Research into German Fascism, in: *International Review of Social History* 39 (1994), 429-455; Bernd Weisbrod, Der Schein der Modernität. Zur Historisierung der »Volksgemeinschaft«, in: Karsten Rudolph/Christl Wickert (Hg.), Geschichte als Möglichkeit. Über die Chancen von Demokratie, Essen 1995, 224-242; Hans Mommsen, Noch einmal: Nationalsozialismus und Modernisierung, in: *GG* 21 (1995), 391-402; Riccardo Bavaj, Die Ambivalenz der Moderne im Nationalsozialismus. Eine Bilanz der Forschung, München 2003 (mit weiterführender Literatur).

40 Götz Aly, Hitlers Volksstaat. Raub, Rassenkrieg und nationaler Sozialismus, Frankfurt am Main 2005. Zur Kritik an Aly siehe etwa: Michael Ruck, »Kracher« oder Knallfrosch? Irriges zum deutschen Sozialstaat aus dem Arsenal eines tabubrechenden »Streit-Historikers«, in: *NPL* 50 (2005), 211-216; Adam Tooze, Stramme junge Männer in braunen Uniformen. Götz Alys führen in die Irre, in: *Die Zeit* (28.4.2005), 51; Barbarei aus Gefälligkeit? Götz Aly im Streitgespräch mit Hans-Ulrich Wehler, Hans Mommsen und Micha Brumlik, in: *Blätter für deutsche und internationale Politik* 50,7 (2005), 796-810; Diskussionsform Historische Faschismusanalyse: »Hitlers Volksstaat«?, in: *Sozial.Geschichte* 20,3 (2005), 29-97 (mit Beiträgen von Angelika Ebbinghaus, Rüdiger Hachtmann, Christoph Buchheim, Thomas Kuczynski, Jane Caplan und Michael Wildt).

41 Zitate: Kershaw, Volksgemeinschaft, 3 f. (wie Anm. 28); Frank Bajohr/Michael Wildt, Einleitung, in: dies. (Hg.), Volksgemeinschaft. Neue Forschungen zur Gesellschaft des Nationalsozialismus, Frankfurt am Main 2009, 7.

bloße Mobilisierung von oben hinausgeht, zu verstehen ist.[42] In den Massenorganisationen der nationalsozialistischen und faschistischen Gesellschaft manifestierte sich, dass die Politisierung von Arbeitern, Frauen und Jugendlichen, die vormals eben nicht derart umfangreich und sichtbar in das öffentliche Staatsleben einbezogen worden waren, auch eine subjektive Dimension der »Selbstermächtigung« (Wildt) bewirkte.

Durch die Partei und ihre Nebenorganisationen boten sich zunächst einmal enorme Möglichkeiten zur Beteiligung an der »Volksgemeinschaft«. Für Kinder und Jugendliche aller Altersstufen, für Frauen, für zahlreiche Berufsgruppen, im Bereich der Freizeitgestaltung, der militärischen Erziehung bis hin zu den Kriegsinvaliden gab es in Italien diverse politische Organisationen. In der PNF und seinen sämtlichen Nebenorganisationen waren im Oktober 1939 20,4 Millionen von 43,7 Millionen Italienern eingeschrieben; 7,8 Millionen allein in den Jugendorganisationen der »Gioventù italiana del littorio« und 3,8 Millionen in der Freizeitorganisation »Opera Nazionale Dopolavoro«. Das galt selbstverständlich auch für den Nationalsozialismus. Nach einer Berechnung des Historikers Armin Nolzen waren zwei Drittel der deutschen Bevölkerung zu Beginn des Zweiten Weltkrieges in der NSDAP, ihren Gliederungen sowie den angeschlossenen und betreuten Verbänden. Im Mai 1943 gehörten mehr als 7,6 Millionen Personen der NSDAP an, während die Hitler-Jugend zur Jahreswende 1939/40 mit ihren neun Millionen Mitgliedern mehr als 90 Prozent der männlichen und weiblichen Jugendlichen im Alter von 10 bis 18 Jahren umfasste. Neben der Deutschen Arbeitsfront mit ihren 22 Millionen Mitgliedern (1939) verzeichnete die Nationalsozialistische Volkswohlfahrt zu Jahresbeginn 1940 mehr als 14 Millionen Personen. Hinzu kamen diverse berufsständische Verbände, die SA sowie verschiedene Frauenorganisationen wie der BDM oder die Nationalsozialistische Frauenschaft (NSF).[43]

42 Dietmar von Reeken/Malte Thießen, »Volksgemeinschaft« als soziale Praxis? Perspektiven und Potenziale neuer Forschungen vor Ort, in: dies. (Hg.), »Volksgemeinschaft« als soziale Praxis. Neue Forschungen zur NS-Gesellschaft vor Ort, Paderborn u.a. 2013, 11-36.

43 Di Nucci, Lo stato-partito, 488 (wie Anm. 4); Patrizia Dogliani, Il fascismo degli italiani. Una storia sociale, Turin 2008, 62; Armin Nolzen, Die NSDAP, der Krieg und die deutsche Gesellschaft, in: Jörg Echternkamp (Hg.), Das Deutsche Reich und der Zweite Weltkrieg; Bd. 9: Die deutsche Kriegsgesellschaft 1939 bis 1945, Teilband 1: Politisierung, Vernichtung, Überleben, München 2004, 99-193, bes. 103; Armin Nolzen, Inklusion und Exklusion im »Dritten Reich«. Das Beispiel der NSDAP, in: Frank Bajohr/Michael Wildt (Hg.), Volksgemeinschaft. Neue Forschungen zur Gesellschaft des Nationalsozialismus, Frankfurt am Main 2009, 60-77, hier 63, 65, 71-75.

Die individuellen Beteiligungschancen waren abhängig von der Position in der Hierarchie, dem Beitrittszeitpunkt, dem jeweiligen Verband, der räumlichen Wirkungsstätte und dem Grad der Regimeentwicklung. Sie waren daher durchaus verschieden. Auch wurden die Chancen unterschiedlich gedeutet und genutzt. Durch die gleichzeitige Ausgrenzung der »Gemeinschaftsfremden« enthielt diese Beteiligung in den Parteien jedoch eine Exklusivität, die überzeugte Faschisten als Aufwertung deuten konnten und die insofern die Zustimmungsbereitschaft nochmals verstärkt haben mochte. Die Zugehörigkeit zur Volksgemeinschaft, in den NS-Monatsheften im September 1938 mit der »Ehrenbezeichnung« Volksgenosse bezeichnet,[44] wurde vermutlich von vielen nicht als unmoralisch empfunden, sondern im Gegenteil mit den eingangs skizzierten Werten wie Ehre, Treue, Nationalstolz oder Kameradschaft assoziiert.

Die Zugehörigkeit wurde nicht vorbehaltlos von den politischen Organisationen zugestanden, sondern musste sich in der sozialen Praxis immer wieder bewähren und aufs Neue bekräftigt werden. Es geht also nicht nur um die »Ermöglichungsstrukturen von Teilhabe«, die durch Partei und Regime gewährt wurden, wie Armin Nolzen schreibt. Es sind die aktiven Formen der Beteilung, die subjektiv bewertet wurden und nur im Wechselspiel aus Fremd- und Selbstkontrolle, aus Repressionserfahrung und Repressionsausübung verstanden werden können.

Blickt man in die entsprechenden erfahrungsgeschichtlichen Dokumente, von Tagebüchern und Briefen über die geheimen Stimmungsberichte der Regime bis zu den Meldungen von sozialistischen Beobachtern oder den Berichten von Diplomaten und ausländischen Besuchern, kann man feststellen, dass die deutsche Diktatur zwischen 1936 und 1941/42 und das faschistische Regime in Italien zwischen 1926 und 1935/36 ihren jeweils höchsten Zustimmungsgrad gefunden hatten. Die Gesellschaften waren durch die Partei formiert worden, der Nimbus des entrückten und zugleich volksnahen Führers bzw. Duce hatte seinen Höhepunkt erreicht, die politische Festkultur war zu einer ubiquitären Ritualpraxis geworden, in der sich die Masse selbst erlebte. Neben der drastischen Reduktion der Arbeitslosigkeit in den ersten Jahren des NS-Regimes verfehlte die symbolische Aufwertung von Arbeitern, Jugendlichen und Frauen in beiden Faschismen ihre Wirkung nicht. Dazu kam die emotionale Mobilmachung und Inszenierung geschlossener nationaler Solidarität durch das Winterhilfswerk und die Suppenküchen ebenso wie die Spendenkampagne »Oro alla Patria« von 1935. Obgleich Drohungen und Kontrollmechanismen nicht fehlten,

44 Zitiert nach Sybille Steinbacher (Hg.), Volksgenossinnen. Frauen in der NS-Volksgemeinschaft, Göttingen 2007, 13.

war die Spendenbereitschaft außergewöhnlich hoch. Während die Größe der Nation auf Festen, bei Reden und in Publikationen in stets sakralisierter Formensprache beschworen und erlebt wurde, dürfte die Zustimmung speziell im Anschluss an die erfolgreichen Waffengänge der Italiener im Abessinienkrieg 1935/36 und der Deutschen nach dem erfolgreichen Westfeldzug gegen Frankreich im Juni 1940 am größten gewesen sein. In Deutschland steigerten zudem wichtige außenpolitische Coups wie die Saarabstimmung (Januar 1935), der Einmarsch in das entmilitarisierte Rheinland (März 1936) und der »Anschluss« Österreichs (März 1938) die Zustimmung.[45]

Die Todesanzeigen in den deutschen Zeitungen zeigen jedoch, dass bereits 1941 der »Führer« deutlich seltener genannt wird und die Kriegszuversicht stetig zurückging. Auch die Vornamen Adolf, Horst oder Hermann wurden in den vierziger Jahren deutlich weniger vergeben.[46] In Italien beschwerte sich die Bevölkerung schon Ende der dreißiger Jahre nachhaltig über Inkompetenz, Korruption und Vetternwirtschaft unter den lokalen Parteifunktionären – eine Kritik, die auch an den nationalsozialistischen »Parteifasanen« und Parvenüs geübt wurde. Spione von Partei und

45 Zum faschistischen Italien: Philip Cannistraro, La fabbrica del consenso. Fascismo e mass media, Rom/Bari 1975; Alberto Aquarone, Violenza e consenso nel fascismo italiano, in: *Storia contemporanea* 1 (1979), 145-155; Mabel Berezin, Making the Fascist Self. The Political Culture of Interwar Italy, Ithaca/London 1997; Simone Colarizi, L'opinione degli italiani sotto il regime 1929-43, Rom/Bari 2000; Ruth Ben Ghiat, Fascist Modernities. Italy 1922-1945, Berkeley/Los Angeles 2001; Paul Corner, Italian Fascism. Whatever Happened to Dictatorship?, in: *JMH* 74 (2002), 325-351; Petra Terhoeven, Liebespfand fürs Vaterland. Krieg, Geschlecht und faschistische Nation in der italienischen Gold- und Eheringsammlung, Tübingen 2003; Paul Corner, Italian fascism. Organization, enthusiasm, opinion, in: *Journal of Modern Italian Studies* 15,3 (2010), 378-389; Amedeo Osti Guerrazzi, Noi non sappiamo odiare. L'esercito italiano tra fascismo e democrazia, Turin 2010; Albanese/Pergher (Hg.), In the Society of Fascists (wie Anm. 2); Paul Corner, The Fascist Party and Popular Opinion in Mussolini's Italy, Oxford 2012, bes. 192-201. Zum NS-Regime: Detlev Peukert, Volksgenossen und Gemeinschaftsfremde. Anpassung, Ausmerze und Aufbegehren unter dem Nationalsozialismus, Köln 1982; Ian Kershaw, Popular Opinion and Political Dissent in the Third Reich. Bavaria 1933-1945 [1983], Oxford 2002; Robert Gellately, Hingeschaut und weggesehen. Hitler und sein Volk, Stuttgart/München 2002; Reuband, Das NS-Regime zwischen Akzeptanz und Ablehnung, 315-343 (wie Anm. 32); Peter Fritzsche, Life and Death in the Third Reich, Cambridge, MA/London 2008; Raphael Groß, Anständig geblieben. Nationalsozialistische Moral, Frankfurt am Main 2010; Sönke Neitzel/Harald Welzer, Soldaten. Protokolle vom Kämpfen, Töten und Sterben. Frankfurt am Main 2011; Moritz Föllmer, Individuality and Modernity in Berlin. Self and Society from Weimar to the Wall, Cambridge 2013, 105-184.

46 Ian Kershaw, Der Hitler-Mythos. Führerkult und Volksmeinung, Stuttgart 1999, 230 f.; Götz Aly (Hg.), Volkes Stimme. Skepsis und Führervertrauen im Nationalsozialismus, Frankfurt am Main 2006, 22-37, 96-115.

Polizei aus Italien berichteten in den sogenannten »Stimmungsberichten«, dass die Einstellungen in der Bevölkerung infolge von hohen Miet- und Lebensmittelpreisen, Versorgungsengpässen und Schwarzmarkthandel, Steuererhöhungen und der Angst vor einem neuen Krieg auf den Nullpunkt gesunken war. Zwar kam es angesichts von Überwachung und Terror kaum zu Protesten, aber eben zu einer weitverbreiteten Apathie und Gleichgültigkeit. Vor allem Arbeiter, Handwerker und kleine Angestellte waren der ewig gleichen Feste und ermüdenden Propagandarhetorik offenbar überdrüssig geworden.[47]

In gewissem Sinne war das Ansehen der »Führer«, die offenbar in beiden Regimen stärker mit staatlichen Leistungen – von den Wohlfahrtsunterstützungen bis zu den Freizeitangeboten – identifiziert wurden, von dieser Entwicklung ausgenommen. Von den Missständen, so die Einschätzung innerhalb beider Bevölkerungen, konnten weder der »Führer« noch der »Duce« etwas gewusst haben. Retrospektiv kurz nach Kriegsende durchgeführte Umfragen zeigen, wenn sie auch zeitlich wenig differenziert sind, dass die Mehrheit der Deutschen – vor allem aus der jungen Generation, aus den besser gebildeten Schichten und aus den protestantischen Regionen – der Person Adolf Hitlers mit Sympathie gegenübergestanden haben muss. Dieser Befund belegt, wie nachhaltig die Jahre bis 1941 im Gedächtnis der »volksdeutschen« Bevölkerung als »gute Jahre« verankert geblieben waren.[48] Gleichwohl verengte sich im Verlauf des Kriegs, angesichts von Entbehrungen und Kriegsschäden, die Zustimmung zum Regime zunehmend auf die Anhänger in Partei, Armee und Bürokratie.

Es entstand insgesamt ein zunehmend »gespaltenes Bewußtsein« der Zeitgenossen, die »Idylle und Schauer« des Faschismus auseinanderdividierten,[49] obwohl beide doch unmittelbar zusammenhingen. Der Traum

47 Colarizi, L'opinione degli italiani (wie Anm. 37); Paul Corner, Fascist Italy in the 1930s: Popular Opinion in the Provinces, in: ders. (Hg.), Popular Opinion, 122-146, hier 129-139, 141; Corner, The Fascist Party, S. 201-288 (wie Anm. 37). Für die Korruption im NS-Regime: Frank Bajohr, Parvenüs und Profiteure. Korruption in der NS-Zeit, Frankfurt am Main 2001.

48 Corner, Fascist Italy, 139f. (wie Anm. 39); Luisa Passerini, Mussolini immaginario. Storia di una biografia 1915-1939, Rom/Bari 1991; Kershaw, Consensus, S. 43f. (wie Anm. 1); Hans-Ulrich Thamer/Simone Erpel (Hg.), Hitler und die Deutschen. Volksgemeinschaft und Verbrechen, Dresden 2010; Reuband, Das NS-Regime zwischen Akzeptanz und Ablehnung, 324-343 (wie Anm. 32). Eher am Rand zum Thema: Harald Welzer/Sönke Neitzel/Christian Gudehus (Hg.), »Der Führer war wieder viel zu human, viel zu gefühlvoll«. Der Zweite Weltkrieg aus der Sicht deutscher und italienischer Soldaten, Frankfurt am Main 2011.

49 Hans-Dieter Schäfer, Das gespaltene Bewußtsein. Vom Dritten Reich bis zu den langen fünfziger Jahren, Erweiterte Neuausgabe Göttingen 2009 (Erstausgabe 1981); Gudrun Brockhaus, Schauer und Idylle. Faschismus als Erlebnisangebot, München 1997.

vom völkischen Neuaufbau in den besetzten Gebieten des Ostens bzw. Nordafrikas war offensichtlich ohne Zerstörung und Vernichtung nicht zu haben. Die emotionalisierte Kameradschaftlichkeit in den faschistischen Tatgemeinschaften korrespondierte mit den männlich konnotierten Werten der Härte, Gewaltbereitschaft und Intransigenz.

IV. Politisierung des Alltags

Aus den öffentlichen und privaten Räumen war das Politische nicht wegzudenken, beginnend mit der Allgegenwart der Fahnen und Parteisymbole sowie dem ubiquitären Mussolini- bzw. Hitlerbild. Auch die alltäglichen Interaktionsformen politisierten sich. Der 1923 auf Schulfesten und 1925 in der Administration eingeführte Parteigruß des »saluto romano« ersetzte in den dreißiger Jahren tatsächlich nach und nach die ritualisierte bürgerliche Form des Händeschüttelns. Er galt als dynamischer und effizienter Ausdruck der Ehrerbietung und als aufrichtige Geste faschistischer Entschiedenheit. Zum Leidwesen der faschistischen Parteiführung wurde er jedoch zu selten und oft zu nachlässig ausgeführt bzw. nur knapp angedeutet. Nach 1938 verschwand das Händeschütteln auf der Filmleinwand und auf Pressefotos gänzlich, da man sich vom korrekten Ausführen des faschistischen Grußes eine erzieherische Wirkung und nachhaltige Charakterbildung versprach. In Deutschland war die sprachlich-physische Grußformel »Heil Hitler« in der deutschen Administration bereits im Juli 1933 eingeführt worden. Lehrer und Schüler begrüßten einander so in der Klasse, Bahnschaffner in den Fernzügen ihre Reisegäste und die Postbeamten an den Schaltern ihre Kunden. Der angeblich »Deutsche Gruß« signalisierte die Zugehörigkeit zur politischen Volksgemeinschaft, verstärkte die nationale Einheit, die Verehrung für Hitler, den Glauben an den NS-Staat und an eine bessere Zukunft. Es ist schon erstaunlich, wie prominent diese Geste im Sommer 1933 in den Ego-Dokumenten beschrieben wurde. Schilder, die zum »Deutschen Gruß« aufforderten, tauchten vor Restaurants, Hotels und Warenhäusern auf. Der Konformitätsdruck mag an öffentlich frequentierten Orten, ausgenommen gewisse Arbeiterbezirke und katholische Regionen, sehr hoch gewesen sein. Manche behalfen sich wohl mit einem genuschelten »Heil Hitler« oder einem kläglichen Anheben des Arms. Im Verlauf des Krieges, besonders nach dem Kriegsbeginn gegen die Sowjetunion, kehrten dann aber die alten, bürgerlichen Grußformeln offenbar vermehrt zurück.[50]

50 Simonetta Falasca-Zamponi, Fascist Spectacle. The Aestetics of Power in Mussolini's Italy, Berkeley/Los Angeles/London 1997, 110-113; Fritzsche, Life and Death, 19-25 (wie Anm. 45); Tilman Allert, Der deutsche Gruß. Geschichte einer unheilvollen Geste, Frankfurt am Main 2005.

Selbst an diesen scheinbar harmlosen Grußformeln offenbart sich die enge Verbindung von Beteiligung und Gewalt, denn immer wieder ist in den Polizeiberichten von Schlägereien zu lesen, die dadurch entstanden waren, dass Zuschauer den in Straßenumzügen vorbeiziehenden Parteiformationen die Ehrbezeugung verweigerten.[51]

V. Schluss

Die neuere Debatte um den gesellschaftlichen Konsens im faschistischen Italien und die volksgemeinschaftliche »Zustimmungsdiktatur« (Bajohr) thematisiert sehr unterschiedliche Formen der Beteiligung an den Diktaturen, deren Gemeinsamkeit jedoch darin besteht, Partizipation und Gewalt auf unterschiedlichste Art und Weise miteinander zu verknüpfen.[52] Verschiedene Formen des Mitmachens müssen dabei sorgfältig unterschieden werden, je nach Zeitpunkt und Dauer der Beteiligung. Denn gerade die Dauerhaftigkeit einer rassistischen Ausgrenzungspraxis sollte ein wichtiges Kriterium sein. Das Einrichten der Bevölkerungsmehrheit innerhalb der Regime beruhte nicht zuletzt auf einer Gewaltgewöhnung, die dazu führte, dass man das als normal erachtete, was tagtäglich geschah.

Die unterschiedlichen Formen und Grade der Beteiligung sollten, ähnlich wie dies in der Resistenzforschung geschehen ist,[53] in eine abgestufte Skala verschiedener Verhaltensrepertoires eingepasst werden. Von Konsens über Einverständnis, Zustimmung und Konformität bis hin zum Gewährenlassen und Dulden sind die Einstellungen und Verhaltensweisen zum Regime klar voneinander abzugrenzen und zu unterscheiden. Alberto Moravia hatte bereits 1947 in seinem Roman »Il conformista« den Wunsch, »normal« zu sein, als ein verständliches Anliegen beschrieben, welches von dem Regime politisiert werden konnte. Gerade der Wunsch, eine »würdige und gleichgültige Haltung« einzunehmen, »bescheidene Ambitionen« und das Erstreben eines »mäßigen Postens« seien es gewesen, die in Radikalisierung und Politisierung gemündet hätten. »Gemetzel und

51 Reichardt, Faschistische Kampfbünde (wie Anm. 5), 100-140.

52 Albanese/Pergher (Hg.), In the Society of Fascists (wie Anm. 2); Frank Bajohr, Die Zustimmungsdiktatur. Grundzüge nationalsozialistischer Herrschaft in Hamburg, in: Josef Schmid (Hg.), Hamburg im »Dritten Reich«, Göttingen 2005, 69-131.

53 Martin Broszat, Resistenz und Widerstand. Eine Zwischenbilanz des Forschungsprojekts »Widerstand und Verfolgung in Bayern 1933-45«, in: ders., Nach Hitler. Der schwierige Umgang mit unserer Geschichte, München 1988, 136-161, hier bes. 156, 160 f.

Schwermut«, so heißt es, bestimmten am Ende das Interaktionsverhältnis von Regime und Bevölkerung.[54]

Selbstverständlich ist bei einer solchen Differenzierung dieses komplexen Interaktionsverhältnisses auch das Ziel, das mit der Beteiligung verfolgt wurde, zu berücksichtigen. Denn das Mitmachen beim Hitlerjubel in der Masse oder eine Teilnahme an Judenpogromen waren selbstverständlich sehr unterschiedliche Formen der Komplizenschaft. Das Gewährenlassen, die Billigung oder Duldung der alltäglichen Demütigungen und gewaltsamen Ausgrenzungen der Juden in der Provinz, die Michael Wildt analysiert hat, verdeutlichen, wie durchlässig die Grenze zwischen Täter und Zuschauer sein konnte. Die Motivlagen reichten dabei allgemein von Habgier und Neid bis zur expliziten Judenfeindschaft.[55] Entscheidend war, dass *bystander* und Täter beide Teil des Geschehens waren, und die duldende Apathie und Gleichgültigkeit der Zuschauer auf die Praxis der Täter zurückwirken konnte. Der Begriff des Täters muss insofern situativ differenziert und mit der jeweiligen Machtstellung im Regime in Beziehung gebracht werden.

Schließlich sollte die modische Rede von der Regimeloyalität der »Ordinary Germans«[56] nicht die eingeführten Erkenntnisse nach sozial gebundenen Handlungsressourcen verwässern, denen sich je nach Zugehörigkeit zu unterschiedlichen politischen Trägergruppen, Generationen, Klassen, Regionen, zu Geschlecht, Konfession oder rassistisch entworfenen Gruppierungen gänzlich ungleiche Handlungschancen und -motive eröffneten. Nicht zuletzt stellt sich die Frage nach dem Raum, also dem Schauplatz des politischen Geschehens (neben den klassischen Fragen nach politischer, sozialer, rassistischer und kultureller Ungleichheit). Die Bedingungen in einem gewaltarmen Landstädtchen und jene in den *bloodlands* der besetzten Gebiete Osteuropas waren jedenfalls ungleich und grundsätzlich andere.[57]

54 Alberto Moravia, Der Konformist, Berlin 2009, bes. 138, 141, 284. Jetzt auch Antonio Pennacchi, Canale Mussolini, Mailand 2010.

55 Wildt, Volksgemeinschaft als Selbstermächtigung (wie Anm. 18).

56 Andrew Bergerson, Ordinary Germans in Extraordinary Times. The Nazi Revolution in Hildesheim, Bloomington 2004.

57 Timothy Snyder, Bloodlands. Europe between Hitler and Stalin, New York 2010; ders., Holocaust. The Ignored Reality, in: *The New York Review of Books*, 16. Juli 2009; Jürgen Zarusky, Timothy Snyders »Bloodlands«. Kritische Anmerkungen zur Konstruktion einer Geschichtslandschaft, in: *VfZ* 60, Heft 1, 2012, 1-31; Timothy Snyder, Das Bild ist größer, als man denkt. Eine Antwort auf manche Kritiker an Bloodlands, in: *JMEH* 11, 2013, 6-18; Jörg Baberowski, Einleitung. Ermöglichungsräume exzessiver Macht, in: ders./Gabriele Metzler (Hg.), Gewalträume. Soziale Ordnungen und Ausnahmezustand, Frankfurt am Main 2012, 7-27.

Die faschistischen Gesellschaften erwiesen sich letztlich als mobilisierende Repressionsagenturen, die Konsens und Gewalt als zwei Seiten derselben Medaille verstanden. »Volksgemeinschaft« war insofern sowohl Produkt als auch Erzeugungsmodus von rassistischer Gewalt gegenüber den »Gemeinschaftsfremden«. Die faschistischen Regime verschränkten plebiszitären Populismus mit gewaltsamer Intransigenz gegenüber den Gemeinschaftsfremden, sie verbanden den rassistischen Vernichtungskrieg mit völkischem Neuaufbau, innenpolitische Mobilisierung mit Repression, kurz: Es ging um eine durch Destruktion hergestellte Ordnung, um eine durch Beteiligungspraxen begründete Gewaltordnung. Dabei wurden selbst die Teile der Bevölkerung, die versuchten diesen Zumutungen der »partizipatorischen Gewalt«[58] zu entgehen, in das Regimegeschehen einbezogen. Das Fatale an der faschistischen »Volksgemeinschaft« war, um es mit Moravias Worten zu sagen, dass eine gleichgültige Haltung unter diesen Bedingungen nicht »würdig« sein konnte.

58 Raul Hilberg, Täter, Opfer, Zuschauer. Die Vernichtung der Juden 1933-1945, Frankfurt am Main 1992, 11; Christian Gerlach, Extrem gewalttätige Gesellschaften. Massengewalt im 20. Jahrhundert, München 2011, ebenfalls 11.

BRD/DDR

Tobias Ebbrecht-Hartmann (Potsdam)

Kampfplatz Kino

Filme als Gegenstand politischer Gewalt in der Bundesrepublik

In der bundesdeutschen Nachkriegsfilmgeschichte finden sich einige Beispiele dafür, wie sich der Kampfplatz der politischen Auseinandersetzung von der Leinwand und der Filmpublizistik auf den Kinosaal selbst verlagert. Was sich dabei zeigt, ist das Verschwinden der Grenze zwischen dem Medium Film, als Medium politischer Meinungsbildung, Propaganda oder Agitation, und dem Ort seiner Aufführung, der nun ganz praktisch zum Streitort wird. Die hier vorgestellten Beispiele nehmen dabei explizit oder implizit Bezug auf das Erbe des Nationalsozialismus und den Umgang mit der nationalsozialistischen Vergangenheit in der Bundesrepublik. Sie können somit auch als Ausdruck geschichtspolitischer Auseinandersetzungen gesehen werden, die sich an politischen und gesellschaftlichen Kontroversen der Nachkriegsgeschichte entzündeten und oft Selbstverständigungsdebatten über Demokratie und Meinungsfreiheit nach sich zogen.

Im Folgenden werden mehrere Gewaltszenen aus dem ›Kampfplatz Kino‹ nachgezeichnet, wobei hauptsächlich auf die publizistischen Auseinandersetzungen, die die Störaktionen begleiteten bzw. ihnen folgten, Bezug genommen wird. Wo sinnvoll, werden auch die zum Anlass der Proteste genommenen Filme mit in die Analyse einbezogen, vor allem, wenn sie Aufschluss über die zum Ausdruck kommenden politischen Positionen geben. Allerdings wird hier explizit ein Ansatz gewählt, der die Aufführung und ihren Ort als Medien der politischen Auseinandersetzung ins Zentrum rückt und weniger die politische Ästhetik der Filme.

Eine vollständige Übersicht aller Kinoproteste ist in diesem Rahmen nicht möglich. Eine systematische Betrachtung steht noch aus.[1] Im Fol-

1 Eine wichtige Grundlage bildet dafür das Dissertationsprojekt von Kai Nowak »Projektionen der Moral« zu Filmskandalen in der klassischen Moderne. Vgl. auch Kai Nowak, Kinemaklasmus. Protestartikulation im Kino, in: Frank Bösch und Patrick Schmidt (Hg.), Medialisierte Ereignisse. Performanz, Inszenierung und Medien seit dem 18. Jahrhundert, Frankfurt am Main 2010, 179-197. Der Autor nimmt insbesondere das Weimarer Kino in den Blick, wobei er die Formen der Kinoproteste auf Publikumsausschreitungen in Theatern und Opernhäusern im 18. und 19. Jahrhundert zurückführt (vgl. ebd., 180). Er kommt schließlich zu

genden werden einzelne Fälle herausgegriffen und genauer vorgestellt. Ausgewählt wurden die sich an diesen Filmen entzündenden Filmproteste insbesondere deshalb, weil sich an diesen Beispielen die geschichtspolitische Aufladung des Kampfplatzes Kino besonders deutlich zeigt. Die Fallstudie beginnt 1951 mit dem Streit um den heute wenig bekannten antikommunistischen Dokumentarfilm *Kreuzweg der Freiheit*[2], mit dem der Regisseur Johannes Häußler zum einen an seine Filmarbeiten aus dem Dritten Reich anknüpfte, andererseits aber eine neue, die antikommunistischen Gefühle der 1950er Jahre in der Bundesrepublik ansprechende Variante des politischen Dokumentarfilms begründete.[3]

Eine Fortsetzung dieses vergangenheitspolitisch motivierten Kino-Streits fanden die Aktionen gegen *Kreuzweg der Freiheit* nur wenige Monate später, im Frühjahr 1952, in den gewaltsamen Auseinandersetzungen vor und in jenen Kinos, die Filme von Veit Harlan, dem Regisseur des antisemitischen Hetzfilms *Jud Süß*[4], ins Programm genommen hatten. An diesem Konflikt entzündete sich »eine in Nachkriegsdeutschland bis dahin unbekannte Protestbewegung«, die sich aus Gewerkschaftsmitgliedern, Sozialdemokraten und Studenten zusammensetzte, lange bevor Ende der 1960er Jahre die Studentenbewegung das politische Parkett der Bundesrepublik betrat.[5]

Deren radikalisierte Überreste, genauer: Mitglieder der sogenannten *Revolutionären Zellen*, platzierten Anfang 1977 Brandsätze in Kinos, die den Spielfilm *Victory at Entebbe*[6] zeigten. Die geschichtspolitische Dimension spielt in diesem Fall vermittelt durch den Nahostkonflikt in den Streit hinein. Die Dramatisierung der Flugzeugentführung durch ein palästinensisches Kommando mit zwei deutschen Mitgliedern thematisierte die Selektion jüdischer Passagiere und stellte explizit Bezüge zur Ikonografie des Holocaust her. Dies wiederum konfrontierte die bundesdeutsche Gesellschaft und ihre linke Strömung auch mit der Problematik eines neuen lin-

dem Schluss, dass »spätestens in den 60er Jahren die große Zeit der Protestaktionen im Kino vorbei zu sein« scheint (ebd., 195). Der vorliegende Aufsatz behandelt auch Kinoproteste der 1970er Jahre und der Gegenwart.

2 Bundesrepublik Deutschland, 1951.

3 Vgl. Tobias Ebbrecht, »Wir hatten eine Heimat, und die Heimat starb.« Johannes Häußler und die Kontinuitäten im politischen Dokumentarfilm vor und nach 1945«, in: *Filmblatt* 34, Sommer 2007, 6-26.

4 Deutsches Reich, 1940.

5 Torben Fischer und Matthias N. Lorenz, Lexikon der Vergangenheitsbewältigung in Deutschland. Debatten- und Diskursgeschichte des Nationalsozialismus nach 1945, Bielefeld 2007, 98.

6 Deutscher Verleihtitel: *Unternehmen Entebbe*, USA 1976.

ken Antizionismus und seinem Verhältnis zum (nationalsozialistischen) Antisemitismus.

Auch in der Zeit zwischen diesen exemplarischen Streitfällen der 1950er Jahre und den versuchten Anschlägen in den 1970er Jahren wurden Kinos in der Bundesrepublik immer wieder zu Austragungsorten politischer Auseinandersetzungen. 1951 gab es beispielsweise auch »Stinkbomben gegen den Film ›Die Sünderin‹ mit Hildegard Knef«.[7] Der Film von Regisseur Willi Frost gilt als der »erste große Filmskandal der jungen Bundesrepublik«.[8] Insbesondere die Kirchen protestierten gegen das Melodrama und dessen Darstellung einer Prostituierten, die ihrem Geliebten, einem schwer kranken Künstler, Sterbehilfe leistet. Neben Prostitution und Selbstmord führte insbesondere das die NS-Vergangenheit tangierende Tabuthema Euthanasie »zu Kinoblockaden und Tumulten, Studentendemonstrationen und Protestmärschen kirchlicher Frauenverbände«, ja sogar zu Morddrohungen gegen Kinobetreiber.[9]

Auch im Kontext der Kulturpolitik des Kalten Krieges kam es zu Auseinandersetzungen in Kinosälen, meist im Rahmen von Filmfestivals. Ein prominentes Beispiel sind die Proteste gegen den propagandistischen Dokumentarfilm *o.k.* des DDR-Filmemachers Walter Heynowski 1965 in Oberhausen. Der Film behauptete, den Alltag in der Bundesrepublik zu dokumentieren und präsentierte das Schicksal einer jungen Frau, die nach ihrer Flucht aus der DDR in der Bundesrepublik Prostituierte wurde. »Das Publikum reagierte tumultartig mit lauten Buhrufen und pfiff den Film minutenlang aus.«[10] Dass auch in diese Auseinandersetzung um einen expliziten Gegenwartsfilm der Bezug zur nationalsozialistischen Vergangenheit hineinspielte, zeigte die auf die Kinoproteste folgende publizistische Auseinandersetzung. Besonders scharf wurde kritisiert, dass Heynowski in seinem Film die sexuellen Beziehungen zwischen amerikanischen Soldaten und deutschen Barfrauen anprangerte und dabei vor allem schwarze GIs in den Vordergrund stellte.[11] Bei einer auf die Vorführung folgenden Pressekonferenz wurde der Film daher als »Machwerk in Stürmer-Manier« von einem bundesrepublikanischen Journalisten tituliert, was Heynowski wiederum dazu verleitete, »westdeutsche Politiker

7 Entebbe-Film unter Polizeischutz, in: *Die Welt*, 7.1.1977.
8 Jürgen Trimborn, Hildegard Knef. Die Biographie, München 2007, 177.
9 Ebd., 183 f.
10 Andreas Kötzing: Kultur- und Filmpolitik im Kalten Krieg. Die Filmfestivals von Leipzig und Oberhausen in gesamtdeutscher Perspektive 1954-1972, Göttingen 2013, 276.
11 Vgl. ebd., 275.

als ›Judenmörder‹« zu bezeichnen.[12] Vonseiten der DDR wurden die Proteste gegen den Film schließlich als »gelenkte Protestaktion« abgetan.[13] Dabei bediente man sich dort ein Jahr später selbst genau dieses Mittels, um einen unerwünschten Film aus dem Kino zu drängen. Im Dezember 1965 war auf dem 11. Plenum des Zentralkomitees der SED eine gesamte Jahresproduktion von Spielfilmen verboten worden. Viele dieser Filme richteten ihren Blick auf die Jugend und zeigten u.a., dass dieser das antifaschistische Erbe der DDR kaum noch bewusst war.[14]

Bereits fertiggestellt war zu diesem Zeitpunkt Frank Beyers Film *Spur der Steine*, der am 30. Juni 1966 seine Berliner Premiere erleben sollte. Beyer erinnerte sich später an diese Vorführung: »Es stellt sich heraus, unter den 600 Zuschauern sind 80 bis 100 Leute, die den Film schon kennen und in die Premiere geschickt wurden, um ›Stimme des Volkes‹ zu spielen. Sie sollen den Film niederschreien.«[15] Das gelang auch. Mehrere Vorstellungen wurden gestört, manche gar abgebrochen. Schließlich wurde der Film abgesetzt. Erst Jahrzehnte später wird die Aktenlage die Lenkung des Kinoprotests belegen. In einem Telegramm des Politbüros an SED-Bezirkssekretäre heißt es: »Während des kurzfristigen Einsatzes des Films ›Spur der Steine‹, der bestimmt vom Publikum nicht unkritisch aufgenommen wird, werden in den Bezirksstädten einige publikumswirksame Filme wie ›Spartakus‹, ›Gestern, heute und morgen‹ u.a. eingesetzt.«[16] Die Absetzung des Films war also bereits vor dem Start beschlossen. Entsprechend waren auch die Störungen von der Staatsführung ›vorhersehbar‹. Rückblickend drängte sich Beyer selbst der Vergleich mit politisch doch scheinbar ganz anders motivierten Filmprotesten auf: »So etwas hatte es in der Filmgeschichte der DDR noch nicht gegeben. Dass die Nazis Anfang der dreißiger Jahre den amerikanischen pazifistischen Film *Im Westen nichts Neues* [...] niedergeschrien hatten, wusste ich. Unfassbar war für mich, dass die SED, deren Mitglied ich war, eine solche gelenkte ›Provokation‹ organisiert hatte.«[17] Am 5. Dezember 1930 hatten Nationalsozialisten in einem Kino am Berliner Nollendorfplatz die Vorführung von

12 Ebd., 277.
13 Ebd., 276.
14 Beispiele für verbotene Filme, die diesen Vergangenheitsbezug explizit oder implizit aufgriffen sind *Denk bloß nicht ich heule* von Frank Vogel, *Karla* von Herrmann Zschoche und *Jahrgang 45* von Jürgen Böttcher.
15 Frank Beyer, Wenn der Wind sich dreht. Meine Filme, mein Leben, München 2001, 146.
16 Zit. n. ebd., 146.
17 Ebd., 149.

Erich Maria Remarques Antikriegsfilm durch Zwischenrufe gestört. Es wurden Stinkbomben geworfen und weiße Mäuse freigelassen.[18]

1966 wurden im Westteil Berlins abermals weiße Mäuse in einem Kino ausgesetzt.[19] Grund dafür war eine Vorführung des italienischen Dokumentarfilms *Africa addio*, auf den »massive Störungen« durch protestierende Studenten folgten.[20] Der Film zeigte die Erschießung von Schwarzen vor laufender Kamera, »die Schwarzen erscheinen in drohenden, harten Großaufnahmen«, die Weißen werden »auch wenn sie wahllos Neger töten zumeist als Edelmenschen präsentiert«, berichtete *Der Spiegel*.[21] Gegen die Vorführungen im Berliner Kino Astor am Kurfürstendamm regten sich Proteste. Fünfzig Studierende stürmten die Bühne, unter ihnen auch Kommilitonen aus Nigeria und anderen afrikanischen Ländern. Auf dem Kurfürstendamm demonstrierten 800 Menschen gegen den Film. Nach neun gestörten Vorführungen wurde der Film schließlich abgesetzt.[22] Studentenverbände kritisierten »Rassenhass«, der *Tagesspiegel* erkannte in dem Streifen die »brutale Fratze des Rassismus«.[23] Auch dieser Filmprotest stand somit im Spannungsfeld der nationalsozialistischen Vergangenheit, auch wenn das Landgericht Berlin ein Ermittlungsverfahren gegen den Film einstellte, weil es eine »Aufstachelung zum Rassenhass« nicht erkennen konnte.[24]

Diese Beispiele zeigen, dass das Kino in der Nachkriegszeit durchaus als Ort öffentlicher Auseinandersetzungen fungierte, die sich auch in Form politischer Gewalt und Gegengewalt äußerten. Insbesondere im hier betrachteten bundesrepublikanischen Kontext standen die Kinoproteste aber auch immer wieder im Spannungsfeld der politischen und juristischen Auseinandersetzungen um Demokratie und Meinungsfreiheit. Das kulturelle Feld war dabei nicht nur Austragungsort einer symbolischen Politik, sondern ein umkämpfter Raum, in dem durch gewalttätige Aktionen Deutungsmacht entweder infrage gestellt oder erzeugt werden sollte. Die Beispiele zeigen aber auch, dass bei aller Unterschiedlichkeit der politischen Themen, die hier zum Disput standen, die besondere geschichtspolitische Konstellation der deutschen Nachkriegsgesellschaft(en) zumindest implizit in die Auseinandersetzungen hineinreichte. Dies soll im Folgenden an den drei anfangs skizzierten Fallbeispielen genauer untersucht werden.

18 Vgl. Nowak, Kinemaklasmus (wie Anm. 1), 179.
19 Ebd., 195.
20 Vgl. Entebbe-Film unter Polizeischutz (wie Anm. 7).
21 Africa addio. Starker Spürsinn, in: *Der Spiegel*, Nr. 34/1966, 86-89, hier 89.
22 Ebd., 86.
23 Ebd., 89.
24 Ebd.

Eine »scharfe, aber dem Frieden dienende Waffe«[25] – Streit um *Kreuzweg der Freiheit*

»Skandal in der Filmbühne Wien«, titelte am 26. November 1951 die Berliner Zeitung *Montagsecho*. Im Kino am Kurfürstendamm hatte einen Tag zuvor der Film *Kreuzweg der Freiheit* seine Erstaufführung erlebt. Diese wurde »durch empörende Zwischenfälle getrübt«, denn als »die Vorführung im Gange war, wurden im Parkett und auf dem Rang Stinkbomben geworfen und besonders für diese Vorstellung gedruckte kommunistische Flugzettel verstreut«.[26] Anlass war ein Film, der bereits im Vorfeld als »disziplinierte Anklage gegen Hitler, den Verderber des Vaterlandes, aber auch gegen Jalta und Potsdam und gegen die Gleichgültigen und Schwächlichen in unseren Reihen« gefeiert worden war.[27] Allerdings konnte der Film am Totensonntag 1951 nur mit einer Ausnahmegenehmigung gezeigt werden, denn die Freiwillige Selbstkontrolle (FSK) hatte entschieden, eine Freigabe nur unter Vorbehalt von Änderungsauflagen zu erteilen. Diese bezogen sich einerseits auf die revanchistische Tendenz des Films, der im ersten Teil ausgiebig das Schicksal der Flüchtlinge aus den ehemaligen deutschen Ostgebieten zum Gegenstand hat, dabei aber die Verbrechen des Nationalsozialismus ausspart, weshalb auch die FSK die »durch den gesprochenen Begleittext zum Ausdruck kommende geschichtliche Verfälschung der Ursachen des deutschen Zusammenbruchs« kritisierte.[28] Stattdessen rückte der Film in antikommunistischer Absicht die Abriegelung der innerdeutschen Grenzen, Flucht aus der SBZ sowie das Verhalten der russischen Besatzungsbehörden und der Roten Armee in den Fokus. Mit zum Teil nachinszenierten Szenen von einer Vergewaltigung durch einen russischen Soldaten, einer gescheiterten Flucht über die Zonengrenze und der dämonisierenden Inszenierung einer »Geschäftsstelle der SED« als Sinnbild einer kommunistischen Verschwörung bediente der Film das Repertoire antikommunistischer Einstellungen.

Sowohl die Thematik als auch Auswahl und Anordnung des Materials ließen die politische Stoßrichtung des Films klar erkennen. Entsprechend beschrieb ihn der Berliner FDP-Politiker Carl-Hubert Schwennicke, der auch auf der Premierenfeier öffentlich als Fürsprecher auftrat, »als eine scharfe, aber dem Frieden dienende Waffe im Kampfe um Freiheit und

25 Carl-Hubert Schwennicke, Kreuzweg der Freiheit, in: *Montagsecho*, 26.11.1951.
26 Skandal in der Filmbühne Wien. Empörende Szenen bei der Premiere von »Kreuzweg der Freiheit«, in: *Montagsecho*, 26.11.1951.
27 Kreuzweg der Freiheit, in: *Der Tagesspiegel*, 20.10.1951.
28 Politische Fragen um Kreuzweg der Freiheit, in: *Filmwoche*, Nr. 49, 8.12.1951.

Recht«.[29] Vor Beginn der Vorführung erklärte er kämpferisch, der Film werde »mit oder ohne Kontrolle« auch weiterhin gezeigt und spielte damit auf das vorläufige Verbot des Films durch die FSK an, der er im Übrigen unterstellte, von der DDR unterwandert zu sein.[30] Zuvor hatte Schwennicke Protestschreiben an mehrere Politiker geschickt, in denen er sich über die FSK empörte, obwohl diese den Film für die einmalige Vorstellung ohne Schnittauflagen freigegeben hatte. Der Berliner Bürgermeister Ernst Reuter kritisierte anschließend das »Verbot als unverständlich«.[31] Auf diese Weise war der Film durch die Entscheidung der FSK und die Kampagne Schwennickes bereits im Vorfeld zum Politikum geworden. Die »Premiere mit Zwischenfällen« kam daher kaum überraschend.[32]

Ungefähr eine halbe Stunde nach Beginn der Vorstellung flimmerten die nachgestellten Vergewaltigungsszenen über die Leinwand, an die sich ein Rezensent folgendermaßen erinnerte: »In einer glutzerfressenen Stadt schleicht der Asiat durch Trümmer im Angriff auf seine wehrlose Beute.«[33] Die Szene stellt unmissverständlich das angsterfüllte Gesicht einer Frau dem eines Rotarmisten gegenüber, der an einer Tür rüttelt und diese schließlich eintritt. Durch den Spalt erkennt der Zuschauer das Gesicht des Soldaten. Der Gegenschnitt zeigt in Nahaufnahme ein Kindergesicht. Dann ist, die Leinwand füllend, wieder das Gesicht des Soldaten zu sehen, dessen Schatten über die Frau und ihre Kinder fällt, bevor der Film, in der später geschnittenen Version, auf suggestive Weise zum sowjetischen Ehrenmal in Berlin-Treptow überschneidet. Während der Premierenvorstellung landeten an dieser Stelle des Films kleine Stinkbomben im Parkett, die vom Rang heruntergeworfen worden waren.[34] »Knoblauch- und Käsedämpfe« verteilten sich im Raum,[35] doch nur wenige Besucher verließen das Kino. Die Mehrheit sah sich den Film, teilweise »mit vorgehaltenen

29 Schwennicke, Kreuzweg der Freiheit (wie Anm. 24).

30 »Sollten die Fäden des Ostens auch in die Filmselbstkontrolle reichen?«, fragte der Landesvorsitzende der FDP auf einer offiziellen Versammlung seiner Partei im November und »riet den Mitgliedern der Filmselbstkontrolle, einmal freiwillig in die Sowjetzone zu gehen«. (Eine skandalöse Entscheidung. Selbstkontrolle verbietet »Kreuzweg der Freiheit«, in: *Der Tagesspiegel*, 23.11.1951.) Die DDR-Presse nahm offensichtlich den Ball auf und unterstellte Schwennicke eine Mitgliedschaft in der Gestapo (vgl. Skandal am Ku-Damm, in: *Berliner Zeitung*, 27.11.1951).

31 Filmverbot löst politischen Streit aus, in: *Neue-Ruhr-Zeitung*, 24.11.1951.

32 Premiere mit Zwischenfällen, in: *Die Neue Zeitung*, 27.11.1951.

33 Mario Passarge, Fanfare gegen die Müdigkeit. Eindrücke von der Erstaufführung des Films »Kreuzweg der Freiheit«, in: *Montagsecho*, 26.11.1951.

34 Stinkbomben störte [sic!] Dokumentarfilm, in: *Hamburger Freie Presse*, 26.11.1951.

35 … heißt jetzt Kaliningrad, in: *Der Kurier*, 26.11.1951.

Taschentüchern«, bis zum Ende an.[36] Folgt man der Berichterstattung, dann drückte sich in diesem Sitzenbleiben nicht nur aktiver Widerstand gegen die Störungen, sondern auch ungeteilte Zustimmung zum Film und seinem Gegenstand aus. »Wenn sie denken, sie können uns stören – nun gerade nicht«, sei im Publikum geflüstert worden, nachdem noch zwei weitere Stinkbomben geworfen wurden.[37] Als die Zuschauer nach der Vorführung den Saal verließen, konnte die vor den Ausgängen postierte Polizei die Störer nicht identifizieren. Allerdings wurden auf der Treppe Flugblätter gefunden. Neben der Forderung »Setzt den Film ab, wir wollen nicht ins Massengrab«[38] war auf diesen zu lesen: »Solcher Film am Totensonntag ist Leichenschändung. So hetzte auch Hitler 7 Millionen Deutsche in den Tod.«[39] Für die Befürworter des Films war schnell klar, wer für diese Störungen verantwortlich war. Schon im Kino wurde gerufen: »Das war kommunistischer Gestank«,[40] und schnell waren als Urheber »offensichtlich bestellte kommunistische Störtrupps« identifiziert.[41]

Die Proteste gegen den Film wurden auf diese Weise in ein klares politisches Schema eingeordnet, welches der Film selbst vorgegeben hatte. Die Etikettierung als eine aus der DDR gelenkte Störaktion entzog ihnen gleichzeitig die vergangenheitsorientierte Legitimation. Was offensichtlich als Dissens über die Wahrnehmung der nationalsozialistischen Vergangenheit begann, wurde Bestandteil der Systemauseinandersetzung im Kalten Krieg. Aber auch die ursprüngliche Intention des Kinoprotests, die revisionistische Tendenz des Films anzuprangern, entsprang nicht der Absicht, die deutschen Verbrechen und den Holocaust zum Gegenstand der Auseinandersetzung zu machen. Eingelassen in die geschichtspolitischen Diskurse jener Zeit, ging es auch den Störern in erster Linie um eine Selbstverständigung über die ›deutsche‹ Kriegserfahrung und die Folgen des Zusammenbruchs. Die Befürworter des Films und seiner Stoßrichtung versuchten diese Dimension hingegen auszublenden und bemühten, wie Schwennicke, die Rhetorik demokratischer Gesinnung, die sich allerdings fast ausschließlich aus der Position »gegen die östlichen Machthaber« speiste. »Es ist uns unfaßlich«, erklärte Schwennicke in einer Stellungnahme nach der Premiere, »daß es Deutsche geben soll, die dieses Film-

36 Stinkbomben störte Dokumentarfilm (wie Anm. 33).

37 »Kreuzweg« – ein voller Erfolg. Premiere in der Filmbühne – Kommunistische Stinkbomben, in: *Der Tag*, 27.11.1951.

38 Stinkbomben (wie Anm. 33).

39 Skandal am Kurfürstendamm, in: *Nachtexpress*, 26.11.1951. Die Lokalzeitung erschien im Ostteil von Berlin.

40 »Kreuzweg« – ein voller Erfolg (wie Anm. 36).

41 Stinkbomben gegen »Kreuzweg«. Kommunistische Trupps stören Vorführung des Westberliner Dokumentarfilms, in: *Düsseldorfer Nachrichten*, 26.11.1951.

werk verbieten oder gar als nationalistisch abtun wollen.« Implizit schwingt hier ein Vorwurf gegen ›undeutsches‹ Verhalten mit, genauso wie Schwennickes Bekenntnis für die Demokratie eine implizite Drohung enthält: »Hat uns der Untergang der Weimarer Republik gar nichts gelehrt? Wollen wir wieder eine tiefe Kluft zwischen der demokratischen Staatsidee und dem Empfinden unseres Volkes schaffen?«[42] Diese Stellungnahmen verdeutlichen das in den 1950er Jahren nicht unübliche instrumentelle Verhältnis zur Demokratie ebenso wie die Transformation nationalistischer und antikommunistischer Haltungen in die postnazistische Kultur der jungen Bundesrepublik.

Dennoch zogen die Vorfälle in der Filmbühne Wien in den folgenden Wochen eine zunehmend kritische publizistische Debatte nach sich, in der auch die NS-Vergangenheit von Regisseur Häußler thematisiert wurde.

Häußler hatte kurz vor der Regierungsübernahme der NSDAP einen der ersten NS-Propagandafilme, *Blutendes Deutschland*[43], gedreht, in dem Hitler und die nationalsozialistische Bewegung als Retter aus Arbeitslosigkeit und ›kommunistischer Gefahr‹ inszeniert wurden. Der Film ist mit Zitaten aus Wochenschauen und Propagandafilmen sowie Spielszenen bebildert und orientierte sich an nationalistischen und völkischen Geschichtsmythen.[44] Um diesen letzten noch in der Weimarer Republik produzierten ›politischen Dokumentarfilm‹ gab es bereits zeitgenössische Kontroversen. *Blutendes Deutschland* wurde 1932 zwar zunächst in einer dreißigminütigen Fassung gezeigt, jedoch am 31. Dezember 1932 von der Filmprüfstelle Berlin verboten und nur für geschlossene Vereinsveranstaltungen zugelassen, woraufhin er zumindest auf internen Veranstaltungen der NSDAP gezeigt werden konnte.[45] Nach der Regierungsübernahme im Januar 1933 wurde der Film im März in einer von Häußler erweiterten Version für öffentliche Vorführungen freigegeben[46] und – so Häußler – mit ca. 140 Kopien in mehr als 3000 Kinos vorgeführt.[47]

Bereits in der Weimarer Zeit hatte Häußler seine nationalistische politische Gesinnung mit seinem Interesse am Medium Film verbunden und

42 Schwennicke, Kreuzweg der Freiheit (wie Anm. 24).
43 Deutsches Reich, 1932.
44 Peter Zimmermann, Gebt mir vier Jahre Zeit. Erfolgsbilanzen der NS-Propaganda, in: ders., Kay Hoffmann (Hg.), Geschichte des dokumentarischen Films in Deutschland. Band 3, ›Drittes Reich‹ 1933-1945, Stuttgart 2005, 530-553, hier 532 f.
45 Thomas Hanna-Daoud: Die NSDAP und der Film bis zur Machtergreifung. Köln/Weimar/Wien 1996, 327.
46 Ebd., 336.
47 Häußler an Staatskommissar Hinkel (Propagandaministerium) am 18.6.1936, BArch RK-J0039, 1602.

eine politische Filmpraxis entwickelt, in der der Film ganz unmittelbar zur propagandistischen Waffe in einem ideologischen Krieg wurde. Im Jahr 1925 hatte er mit der »Vereinigung der Freunde des deutschen Films« eine Filmgruppe gegründet, die »die nationalen Elemente, die am deutschen Film interessiert« waren, versammeln sollte, und der es erfolgreich gelang, »mehr als eine Million Flugblätter gegen den jüdisch-bolschewistischen Einfluss herzustellen und zu verbreiten«, obwohl die Gruppe »ständig von der politischen Polizei verfolgt wurde«.[48] Die Aktivitäten schlossen auch Störaktionen gegen Kinos ein, die »die jüdisch-marxistischen Schmutzfilme vorführten«.[49] Solche Aktionen waren keine Seltenheit: »Gerade in der Krise der Weimarer Republik, der ›Demokratie ohne Demokraten‹ [...] wurden brisante Debatten auch im Kino ausgefochten, vis-à-vis mit dem angefeindeten Film.«[50]

Der spätere Streit um *Kreuzweg der Freiheit* wiederholte also gewissermaßen Häußlers eigenes Konzept vom Film als Instrument politischer Agitation in der Nachkriegszeit, nun mit veränderten Vorzeichen. Der in den 1920er Jahren entwickelte Filmaktivismus Häußlers zeigt aber auch, dass der Kampfplatz Kino kein exklusiver Ort linken Protests war, sondern sich auch in den Dienst der nationalsozialistischen Ideologie stellen ließ, die zu dieser Zeit nach kultureller Hegemonie strebte. Entsprechend erinnerte sich Häußler 1934 an seine zehn Jahre zurückliegenden Aktivitäten: »Die wichtigste Propaganda, die seinerzeit von mir im Rahmen dieser Organisation durchgeführt wurde, war die Flugblatt-Propaganda gegen den undeutschen Film, sowie auch gegen diejenigen Firmen, die bolschewistisch verseucht waren.«[51] Der Antikommunismus war neben dem Antisemitismus bereits hier ein zentraler Bestandteil seiner Filmarbeit, was Häußler zu einem der frühesten Pioniere des nationalsozialistischen Films machte.

Häußlers politische Filmarbeit am Vorabend des Dritten Reiches und seine spätere Unterstützung der NS-Propaganda wurden 1951 Gegenstand des publizistischen Nachspiels, das auf die Stinkbomben bei der Premiere von *Kreuzweg der Freiheit* folgte. Insbesondere der Film- und Theaterkritiker Friedrich Luft bezog in der *Neuen Zeitung* gegen den Film Stellung und thematisierte Häußlers Vergangenheit. Dazu veröffentlichte er auch

48 Johannes Häußler, Kurzer Bericht über meine politische Tätigkeit und meine Filmarbeit vom Jahre 1919/1935, BArch RK-J0039, 1666-1674, hier 1666.
49 Ebd.
50 Nowak, Kinemaklasmus (wie Anm. 1), 181.
51 Johannes Häußler, Kurzer Bericht über meine Filmarbeit von 1924/1934, BArch RK-J0039, 1748-1754, hier 1748.

Auszüge aus Akten, die zwischenzeitlich in den Beständen der Reichskulturkammer aufgefunden worden waren.[52]

Lufts Intervention gegen Häußler und dessen Film richtete sich nicht nur auf die unbewältigte Vergangenheit. Der Verweis auf die Kontinuität in Häußlers Filmarbeit verdeutlicht vielmehr einen in der bundesrepublikanischen Gegenwart ansetzenden Streit über ein unterschiedliches Verständnis von Demokratie und Freiheit. Lufts Kritik an der ideologischen Stoßrichtung von *Kreuzweg der Freiheit* wies gerade zur Verteidigung von Demokratie und Freiheit die formalistische Demokratie-Rhetorik der Befürworter des Films explizit zurück. Er kritisierte Antikommunismus und Antisemitismus gerade darum, weil er sie als Relikte der nationalsozialistischen Ideologie wahrnahm, die dieser Freiheit entgegenstünden. In implizitem Rekurs auf die Ausführungen Schwennickes kritisierte Luft mit Häußler jene »falschen Bundesgenossen«, die sich als Verteidiger der Freiheit brüsteten, aber Ressentiments verbreiteten. »Ein Film, der das Thema der Freiheit hat, ist wichtig«, betonte Luft daher in seinen Bemerkungen zur Diskussion um *Kreuzweg der Freiheit*. »Aber geschaffen werden sollte er nur von solchen, die niemals das Prinzip der Freiheit bekämpft haben und unterdrücken halfen, von solchen, deren Integrität sie zu solchem wichtigen Thema legitimiert, Herr Häußler, das ist klar, gehört zu ihnen nicht.«[53]

Kino, Protest und unbewältigte Vergangenheit – Der Fall Harlan

Die *Neue Zeitung* veröffentlichte im August 1951 auch die vom Publizisten Erich Lüth initiierte »Friedensbitte an Israel«, die zu persönlicher und politischer Wiedergutmachung aufrief.[54] Lüth, Direktor der Staatlichen Pressestelle von Hamburg – der Stadt, in der ab 1950 ein Prozess gegen Veit Harlan, den Regisseur des antisemitischen Hetzfilms *Jud Süß*, geführt wurde –, hatte im Rahmen der Eröffnung der ›Woche des deutschen Films‹ bereits im September 1950 dazu aufgerufen, Harlans neuen Film *Unsterbliche Geliebte* (BRD 1951) zu boykottieren, mit dessen Dreh der Regisseur bereits unmittelbar nach seinem Freispruch begonnen hatte.[55] Nachdem Verleih und Produktionsfirma gegen Lüths Aufruf erfolgreich geklagt

52 Friedrich Luft, Die Filmselbstkontrolle hat völlig recht. Im Kampfe für die Freiheit brauchen wir keine falschen Bundesgenossen, in: *Neue Zeitung*, 6.12.1951.

53 Ebd.

54 Vgl. Dietrich Kuhlbrodt, Deutsches Filmwunder. Nazis immer besser, Hamburg 2006, 30.

55 Peter Reichel, Vergangenheitsbewältigung in Deutschland. Die Auseinandersetzung mit der NS-Diktatur von 1945 bis heute, München 2001, 134.

hatten, solidarisierten sich Gewerkschaften, Intellektuelle und Studenten mit Lüths Forderung.[56] Dieser erklärte, Harlans Wiederauftreten müsse »kaum vernarbte Wunden wiederaufreißen und abklingendes Misstrauen zum Schaden des deutschen Wiederaufbaus furchtbar erneuern«. Daher sei es »nicht nur das Recht anständiger Deutscher, sondern sogar ihre Pflicht, sich im Kampf gegen diesen unwürdigen Repräsentanten des deutschen Films über den Protest hinaus auch zum Boykott bereitzuhalten«.[57] Damit gab er den Rahmen vor, in dem sich die darauf folgende »Anti-Harlan-Bewegung« (Wolfgang Kraushaar) bewegte.[58] Erste Störaktionen gegen die Vorführung von *Unsterbliche Geliebte* gab es bei der Uraufführung in Herford am 1. Februar 1951.[59] Mehr als 60 Aktionen gegen Harlan-Filme fanden daraufhin im folgenden Jahr statt, zu aufsehenerregenden Störaktionen vor und in Kinos kam es zu Beginn des Jahres 1952 in Göttingen und Freiburg, als dort Harlans zweiter Nachkriegsfilm *Hanna Amon* (BRD 1952) gezeigt werden sollte.[60]

In Freiburg hatten bereits im März 1951 Vertreter der CDU, SPD und FDP sowie des Deutschen Gewerkschaftsbundes und des Katholischen Deutschen Frauenbundes zusammen mit Studentenvertretern und lokalen Persönlichkeiten demonstriert, um Lüths Anliegen zu unterstützen.[61] Als bekannt wurde, dass Harlans neuer Film in Anwesenheit des Regisseurs in der Stadt gezeigt werden würde, organisierte sich Anfang Februar 1952 erneuter Protest. Zunächst »wurden Flugblätter verteilt und Unterschriften gegen die Aufführung des Films gesammelt. Doch bald bildete sich eine informelle Gruppe von vielleicht 20 bis 25 Studenten, die vereint mit einigen jungen Gewerkschaftern zu direkten Störaktionen übergehen wollten.«[62] Am Tag der Premiere fanden sich rund 25 Kritiker Harlans vor dem Kino Friedrichsbau ein und erwarben regulär Kinokarten.[63] Nach Beginn der Vorstellung, als Harlans Name auf der Leinwand erschien, reagierten sie mit Buhrufen. »Der anwesende Polizeidirektor erinnerte sich daran, daß man nun ja in einer Demokratie lebte, und ließ deshalb das Publikum demokratisch abstimmen, ob der Film gezeigt werden solle oder nicht. Natürlich unterlagen die Veit-Harlan-Gegner und wurden aufgefor-

56 Michael T. Koltan, »Wir haben vor Begeisterung geheult!« Die Demonstrationen gegen Veit Harlans *Hanna Amon* im Jahr 1952, in: *Journal Film* 26/1993, 20-25, hier 20.
57 Zit. n. Reichel, Vergangenheitsbewältigung (wie Anm. 54), 134 f.
58 Zit. n. ebd., 135.
59 Vgl. Kuhlbrodt, Deutsches Filmwunder (wie Anm. 53), 31.
60 DGB-Funktionäre protestieren auf eigene Faust, in: *Filmwoche*, 16.2.1952.
61 Koltan, »Wir haben vor Begeisterung geheult!« (wie Anm. 55), 20.
62 Ebd.
63 Ebd.

dert, das Kino zu verlassen. Dies taten sie auch, jedoch nicht ohne beim Hinausgehen die eine oder andere Stinkbombe fallen zu lassen.«[64] Einen ähnlich instrumentellen Rückgriff auf eine lediglich formal verstandene Demokratie unternahm auch Harlans Filmverleih. Er organisierte eine, kaum repräsentativ zu nennende, Befragung, die eine 84-prozentige Zustimmung zu Harlans Film ergab.[65] Die Proteste in Freiburg gingen indes weiter. Flugblätter wurden verteilt, Plakate vor den Kinos hochgehalten. Die Polizei reagierte mit Festnahmen. Am 16. Januar 1952 fand eine Protestversammlung an der Universität statt. Ein Demonstrationszug von rund hundert Studenten marschierte unter dem Motto »Wer Judenhetzfilme drehte, darf in Deutschland nicht mehr filmen« zum Kino in der Kaiser-Joseph-Straße. Dort stießen sie auf Polizisten und erregte Bürger: »Während sich die Demonstranten [...] auf dem Bürgersteig postierten, sammelte sich in kurzer Zeit auf der gegenüberliegenden Straßenseite eine zwischen Neugier und Aggression schwankende Menschenmenge. Schmährufe wurden laut. Die Demonstranten wurden als ›Schmutzfinken‹, ›Judensöldlinge‹ und ›Judenlümmel‹ beschimpft.«[66] Es kam zu Handgreiflichkeiten und Festnahmen.

Obwohl sich der Kinokrieg weiter radikalisierte, erfuhren die Studenten von Politikern, Journalisten und Hochschullehrern Unterstützung für ihren Protest. Was sich hier abzeichnete, war also gerade keine Rebellion gegen die politische Ordnung der Bundesrepublik, sondern, ganz im Sinne des Aufrufs von Lüth, ein moralisches Bekenntnis: »Es war also nicht so, daß die Aktion von irgendeinem ›linken Lager‹ ausging und sich gegen ›Rechte‹ wandte. Vielmehr demonstrierte eine zukünftige gesellschaftliche Elite, daß sie ein neues, besseres Deutschland repräsentiere.«[67] Ihnen gegenüber stand wiederum eine Bevölkerung, die, so Koltans These, keineswegs *wegen* Harlans nationalsozialistischer Vergangenheit den Film befürwortete, sondern diese Vergangenheit gerade durch solche Filme vergessen wollte: »doch dieses kulturindustriell organisierte Vergessen wurde durch die Demonstranten verhindert, da diese gerade den *Hanna Amon* mit einer Vergangenheit in Verbindung brachten, die man mit solchen Filmen vergessen wollte.«[68] Die Harlan-Proteste markieren somit einen ersten intergenerationellen Konflikt der Nachkriegszeit. Selbst wenn die Zuschauer den Film kaum aufgrund von Harlans NS-Vergangenheit schauen wollten, drückte sich in der den Regisseur unterstützenden Haltung doch

64 Ebd., 21.
65 Vgl. Reichel, Vergangenheitsbewältigung (wie Anm. 54), 136.
66 Koltan, »Wir haben vor Begeisterung geheult!« (wie Anm. 55), 21.
67 Ebd., 23.
68 Ebd., 22.

unter anderem der Wunsch aus, die Vergangenheit, und damit auch die Frage nach persönlicher Schuld, ruhen zu lassen. Gleichzeitig war dieser Zuspruch aber, ähnlich wie beim zeitgleich erfolgreichen Genre der Heimatfilme, bereits Ausdruck einer spezifischen Nostalgie, die allerdings mit einer Transformation der alten NS-Kino-Ästhetik in die bundesrepublikanische Kultur einherging.

Auf die Störung dieses nostalgischen Wunsches durch die Studenten reagierten Teile des Filmpublikums mit einer Aggression, die die alten antisemitischen Ressentiments wieder hervorbrachte. An den Filmen Harlans und am Ort der Zerstreuung, dem Kino, entzündete sich also eine Auseinandersetzung, in deren Zentrum die Aushandlung einer neuen Nachkriegsidentität stand. Auch hier waren es weniger die nationalsozialistischen Verbrechen gegen die Juden, deren Ausblendung den Kern des Anstoßes bildete, sondern der »Wille zur bedingungslosen Identifikation mit einem ›guten‹ Deutschland«.[69] Wie bereits bei den Konfrontationen um *Kreuzweg der Freiheit* stand auch hier nicht etwa die mangelnde Auseinandersetzung mit dem Massenmord an den europäischen Juden im Zentrum, sondern der Wunsch nach moralischer Wiedergutmachung. Dennoch trat auch der Holocaust im Kontext des antisemitischen Charakters von *Jud Süß* und der Verwendung antisemitischer Stereotype gegen die Protestierer stärker in der öffentlichen Wahrnehmung hervor. Im Vordergrund stand jedoch, dass die Proteste vor allem ein aktives Bekenntnis zur Demokratie und einem auch Protest einschließenden Politikverständnis formulierten, das sich vom instrumentellen Demokratieverständnis der Befürworter Harlans absetzte. Zwar war »Demokratie« in der öffentlichen Auseinandersetzung zur bindenden Norm geworden, auf die sich Befürworter wie Gegner Harlans beriefen. Allerdings zeigte sich – ähnlich wie im Fall Häußler – im Versuch, die demokratische Willensbekundung der Studenten zu diskreditieren, ein Ressentiment gegen Formen des Protests als demokratische Streitkultur, wenn den Harlan-Gegnern unterstellt wurde, diese brächten mit ihren Aktionen den Antisemitismus erst hervor.[70] Gegen diese Diskreditierung der Demokratie und Verharmlosung des Antisemitismus verwahrte sich in der anschließenden Debatte der im selben Artikel angegriffene Redakteur des Südwestfunks Klaus Peter Schulz, der erklärte, »daß es für die Demokratie erst zu kämpfen und zu arbeiten gilt, bevor man in aller Gemütsruhe ihre Früchte genießen will. Von der Arbeit und von dem Kampf für die Demokratie sind auch wir Deutsche nicht entbunden, selbst wenn wir sie nicht errungen haben, son-

69 Ebd.
70 Helm ab!, in: *Filmwoche*, 2.2.1952.

dern wenn sie vielen von uns noch immer als unvermeidliches Ergebnis des militärischen Zusammenbruchs erscheinen mag.«[71]

Das Kino wurde in der Nachkriegszeit sporadisch zum Ort dieses Kampfes. Als privater Rückzugsort und gesellschaftlicher Versammlungsraum ist es zwischen kommerziellen Interessen und der Kommunikation und Verhandlung kultureller und moralischer Werte positioniert, produziert einerseits eine passive Zuschauermasse und zielt andererseits auf den aktiven Zuschauer ab. Damit bot es sich als potenzieller Streitort und Kampfplatz geradezu an. Politische Aktionen, die sich im Kino entzündeten, zielten daher nicht ausschließlich auf das Kino, sondern wirkten in die gesellschaftliche Realität hinein. Darauf wies auch Erich Lüth in einem letzten Beitrag zur Harlan-Kinodebatte hin, als er erklärte, die Studenten von Freiburg und Göttingen hätten »für Frieden und Israel demonstriert, wofür ihnen unter antisemitischen Beschimpfungen die Köpfe blutig geschlagen worden sind«.[72]

Wiederkehr des Verdrängten – Sprengbomben auf *Unternehmen Entebbe*

Fünfundzwanzig Jahre nach den Harlan-Protesten, im Januar 1977, diente schließlich der Staat Israel als Folie für einen Kinokrieg in der Bundesrepublik, in dem nun auch die Erinnerung an den Holocaust ganz dezidiert in den Fokus rückte. In zwei Kinos, in Aachen und Düsseldorf, wurden Brandsätze gefunden, die die Vorführungen des US-amerikanischen Spielfilms *Unternehmen Entebbe* verhindern sollten. Damit zeichnete sich – im Vergleich zu den Protesten der 50er und 60er Jahre – auch eine Radikalisierung auf dem Kampfplatz Kino ab. Flugblätter und Stinkbomben wurden von Brand- und Sprengsätzen abgelöst, erheblicher Sachschaden und Verlust von Menschenleben war einkalkuliert.

Nur sechs Monate nach der Befreiung von rund hundert Geiseln durch eine israelische Militäreinheit, die von einem deutsch-palästinensischen Kommando nach Entebbe entführt worden waren, brachte der Produzent David L. Wolper als Erster eine Filmversion der Ereignisse auf die Leinwand.[73] Regisseur des Films war Marvin Chomsky, dessen Fernsehserie *Holocaust*[74] drei Jahre später in der Bundesrepublik eine breite Beschäftigung mit dem Schicksal der Juden im Zweiten Weltkrieg auslösen sollte.

71 Südwestfunk-Kommentar zu »Helm ab«, in: *Filmwoche*, 23.2.1952.
72 Erich Lüth, Wiedergutmachung, in: *Filmwoche*, 1.3.1952.
73 Es folgten noch zwei weitere Filme: *Raid on Entebbe* (*Die keine Gnade kennen*, USA 1977) und *Mivtsa Yonatan* (*Operation Thunderboldt*, Israel 1977).
74 USA 1979.

Auch *Unternehmen Entebbe* enthielt, trotz seines Aktualitätsbezuges, bereits Hinweise auf die nationalsozialistische Vergangenheit: speziell die in Entebbe vorgenommene Selektion jüdischer Passagiere. Maßgeblich beteiligt an dieser Aktion waren die beiden deutschen Mitglieder des Entführungskommandos, Wilfried Böse und Brigitte Kuhlmann. Beide hatten Mitte der 1970er Jahre die *Revolutionären Zellen* (RZ) in Frankfurt mitbegründet.[75] Wie die RAF und die Bewegung 2. Juni gab es auch bei der RZ enge Kontakte zu palästinensischen Gruppen. Böse und Kuhlmann hatten wohl bereits 1972, noch vor der Gründung der RZ, die Vorbereitungen des Olympia-Attentats in München logistisch unterstützt.[76]

Als *Unternehmen Entebbe* kurz vor Weihnachten 1976 in den deutschen Kinos startete, erhielt der Film gemischte Kritiken. »Unternehmen Hollywood – kläglich gescheitert«, titelte die *Badische Zeitung* und kritisierte, der Film zeige »immer das gleiche«, nämlich »die Verherrlichung erfolgreicher militärischer Aktionen und der an ihnen beteiligten Supermänner«.[77] Die *Neue Rhein Zeitung* wusste zumindest zu loben, der Drehbuchautor habe sich »erfreulicherweise nicht zu allzu simpler Schwarzweißmalerei hinreißen lassen«. Hervorgehoben wurde der innere Konflikt der Figur des deutschen Terroristen. Dieser sei »keineswegs nur kalt und gefühllos. Da wird ein Konflikt deutlich, ausgelöst durch einen ehemaligen KZ-Häftling, der in ihm nicht den Freiheitskämpfer sieht, sondern einen Nachfolger nazistischer Antisemiten.«[78] Helmut Schmitz fokussierte in der *Frankfurter Rundschau* fast ausschließlich diese historische Dimension, in der er die überraschende Qualität des Films sah, und »von der wir Deutsche, zusammen mit den Israelis, am stärksten betroffen sind. Wie ein roter Faden ziehen sich durch ›Unternehmen Entebbe‹ stete Hinweise auf das, was Juden vom Nationalsozialismus angetan wurde. […] Die Rampe von Auschwitz, sie wird in Entebbe von Deutschen neu errichtet.«[79] Hinter der kommerziell Erfolg versprechenden Mischung aus Melodram und Actionfilm verbarg sich also »auch ein Auschwitz-Film«, zumindest wurde *Unternehmen Entebbe* zu Beginn des Jahres 1977 so interpretiert.[80] Damit machte der Film auch auf eine Kontinuitätslinie zum Nationalsozialismus auf-

75 Vgl. Gerd Koenen, Das rote Jahrzehnt. Unsere kleine deutsche Kulturrevolution 1967-1977, Frankfurt am Main 2002, 337.

76 Vgl. ebd., 367.

77 Will G. Kruft: Unternehmen Hollywood – kläglich gescheitert, in: *Badische Zeitung*, 25.12.1976.

78 Tatjana Pawlowski: Loblied auf das tapfere Israel, in: *Neue Rhein Zeitung*, 23.12.1976.

79 Helmuth Schmitz: An der Rampe. Mehr als eine Kino-Spekulation: Unternehmen Entebbe, in: *Frankfurter Rundschau*, 4.1.1977.

80 Ebd.

merksam, die einen neuen linken Antizionismus hervorbrachte, der sich vor allem nach dem Sechs-Tage-Krieg Bahn gebrochen hatte. Tatsächlich rekonstruierte Chomsky sehr präzise diese Wiederkehr des Vergangenen in der Inszenierung seines ansonsten sehr frei verfahrenden Films, indem er das Aufeinanderprallen der Handlungen der Terroristen und ihrer Wahrnehmung durch die Entführten mit einer Reihe von Anspielungen illustrierte – beispielsweise die (deutschsprachigen) Rufe der Kuhlmannfigur (»Los, Schnell«), oder der Inszenierung der Selektionsszene, die an Deportationen erinnert.[81]

In diesem Spannungsfeld müssen also auch die versuchten Anschläge verortet werden, die wenige Wochen nach Filmstart in zwei deutschen Kinos verübt wurden. Am Morgen des 5. Januar 1977 entdeckte eine Putzfrau unter einem Logenplatz im Aachener »Gloria-Palast« eine Plastiktüte mit einer Zeitbombe.[82] In Reaktion auf eine Polizeiwarnung kontrollierte auch der Geschäftsführer des Düsseldorfer Residenzkinos vor der Vorführung den Zuschauerraum und fand ein sechs Pfund schweres Bombenpaket. Erst fünf Minuten vor Ablauf des Zeitzünders gelang es, den Brandsatz zu entschärfen. In zahlreichen Kinos der Bundesrepublik wurde der Film daraufhin abgesetzt.[83] Im Berliner City-Kino wurde die Vorführung von Zivilpolizisten überwacht, die gegen Störer einschritt.[84] Auch in Münster und in Mainz lief der Film unter Polizeischutz.[85]

Zu den Anschlägen in Aachen und Düsseldorf bekannten sich die RZ. In einem mit »Kämpfer für ein freies Palästina« unterzeichnetem Schreiben erklärten sie: »Wir haben heute in mehreren westdeutschen Kinos, die den Film ›Unternehmen Entebbe‹ spielen, Feuer gelegt. Dies soll als Warnung verstanden werden von den Filmverleihern und Kinobesitzern, die an der rassistischen Hetze verdienen wollen, aber auch als Warnung an die Zuschauer. Diesmal haben wir durch Art und Umfang unserer Aktion sichergestellt, daß niemandem etwas geschehen kann. Um vermeidbare Risiken für die Zukunft auszuschalten, fordern wir: Die sofortige Absetzung des Hetzfilms ›Unternehmen Entebbe‹! Boykott aller nachfolgenden Entebbe-

81 Vgl. zur Szenerie in Entebbe auch die Erinnerungen des ehemaligen Entführungsopfers Ilan Hartuv: Yossi Melman, Setting the record straight: Entebbe was not Auschwitz, in: *Haaretz*, 8.7.2011.

82 Vgl. Zeitbomben in deutschen Kinos: Entebbe-Film wurde abgesetzt, in: *Hamburger Morgenpost*, 6.1.1977.

83 Vgl. Beate Bröhl, Viele Kinos müssen Angst vor Bombenterror haben, in: *Neue Rhein Zeitung*, 6.1.1977.

84 Vgl. ebd.

85 Vgl. Entebbe-Film unter Polizeischutz (wie Anm. 7).

Filme!«[86] Die verhinderten Anschläge zielten also auf das Kino als einen Ort, an dem Geschichte in ein kulturindustriell tradiertes Bild überführt und somit festgeschrieben wird. Die Bomben dienten als Waffen in einem Deutungskampf, in dem die Gegner des Films das ›Ansehen‹ ihrer Kampfgenossen zu verteidigen versuchten. Ausgespart und ausgeblendet blieb dabei die vergangenheitsbezogene Dimension der Tat von Entebbe. Denn die Art wie diese auf der Leinwand gezeigt wurde, musste das Weltbild der linken Sympathisanten des palästinensischen Befreiungskampfes erschüttern. Indem der Film kurzerhand zur »rassistischen Hetze« erklärt wurde, konnte die unangenehme Erinnerung an den eigenen Antisemitismus ausgeblendet werden.

Nur wenige Tage nach den versuchten Anschlägen erfolgten die ersten Festnahmen. Unter den Festgenommenen war auch Gerhard Albartus. Im September 1977, kurz nach der Entführung von Hanns Martin Schleyer durch ein RAF-Kommando, kam es vor dem Oberlandesgericht Düsseldorf zur Anklage gegen ihn und zwei weitere Angeklagte und zu Albartus' Verurteilung.[87] Nach seiner Haftentlassung 1981 nahm er wieder Kontakt zu den noch lebenden RZ-Gründern Johannes Weinrich und Magdalena Kopp auf. 1983 war er an den Vorbereitungen eines Anschlags auf das französische Kulturzentrum in Berlin beteiligt, obwohl er vordergründig ein unauffälliges Leben führte, und sich als Rundfunkredakteur u.a. mit den Themenfeldern Skinheads, Asylbewerber und den Schicksalen von Holocaust-Überlebenden beschäftigte.[88] Nach wie vor hatte er jedoch zu Israel eine »sehr, sehr rigide Haltung«, wie sich ein Freund erinnert.[89]

Am 6. Dezember 1987, zehn Jahre nach dem versuchten Anschlag auf das Kino in Aachen, flog Albartus nach Damaskus. Dort sollte er Johannes Weinrich treffen. Kurz vor Weihnachten tagte im Libanon ein Femegericht gegen Albartus. Vorgeworfen wurde ihm Verrat, da Albartus mit dem Gedanken spielte, sich endgültig vom Terrorismus loszusagen. Verurteilt wurde er zum Tode. Das Urteil wurde sofort vollstreckt.[90] Aber erst fünf Jahre später wurde der politisch motivierte Mord von Albartus bekannt. Als Reaktion distanzierten sich Mitglieder der RZ 1991 in einer berühmt gewordenen Erklärung erstmals auch von dem geschichtsvergessenen Vor-

86 Zit. n. Brandanschläge auf deutsche Kinos. Erste Festnahmen in Aachen, in: *Frankfurter Allgemeine Zeitung*, 7.1.1977.

87 Anklage gegen Entebbe-Film-Brandstifter, *Frankfurter Allgemeine Zeitung*, 8.9.1977.

88 Vgl. Peter Hillebrand, Freiflug in den Tod. Auf den Spuren von Gerd Albartus, in: SWR2 Feature, 14.9.2011, 15. Online unter: http://www.swr.de/swr2/programm/sendungen/feature/-/id=8433974/property=download/nid=659934/1vips1h/swr2-feature-20110914.pdf [5.7.2013].

89 Ebd., 8.

90 Wilhelm Dietl, Eiskalter Vollstrecker, in: *Focus Magazin* 4/2000.

gehen, das *Unternehmen Entebbe* auf die Leinwand gebracht hatte und gegen dessen Thematisierung Albartus selbst noch mit Brandbomben vorgegangen war: »Die Solidarität mit dem Widerstand der Palästinenser ist umgeschlagen in die Bereitschaft, jüdische Passagiere gleich welcher Staatsangehörigkeit für den Terror und die Grausamkeiten des israelischen Regimes haftbar zu machen und damit sozialrevolutionäre Maßstäbe gegen die der Sippenhaft einzutauschen. Das Ausmaß an historischer Amnesie und moralischer Desintegration, das in dieser Bereitschaft zum Ausdruck kommt, ist die schwerste Hypothek, mit der unsere Geschichte belastet ist.«[91]

Kino als Streitort unbewältigter Vergangenheit

Die Erklärung zum Tod von Gerd Albartus gilt heute als zentrales Dokument einer Auseinandersetzung mit dem Antisemitismus in der deutschen Linken. Entebbe und der Kampf um dessen Deutung im Rahmen eines Kinokriegs waren dafür, genauso wie die Beschäftigung mit der nationalsozialistischen Vergangenheit, wichtige Bezugspunkte. Die Virulenz dieser Vergangenheit, die, anders als noch in den 1950er Jahren, längst in eine offizielle deutsche Erinnerungskultur gebannt worden ist, zeigt sich nach wie vor gerade im schwierigen Verhältnis zu Israel, das trotz oder auch wegen der Geschehnisse in den 1970er Jahren in der deutschen Linken, aber nicht ausschließlich dort, fortbesteht. Wie eine geisterhafte Wiederkehr dieser Auseinandersetzung am Kampfplatz Kino musste daher 2009 der gewaltsame Protest gegen eine Vorführung des Films *Warum Israel*[92] von Claude Lanzmann in Hamburg erscheinen. Mit selbst gebastelten Maschinengewehren waren Israel-Gegner vor dem Kino aufmarschiert und hatten einen ›Checkpoint‹ errichtet, an dem sie ihre Version der Grenzsituation zwischen Israel und den palästinensischen Gebieten inszenierten. Damit blockierten sie die Vorführung, schließlich eskalierte die Lage, und Besucher des Films wurden als »Judenschweine« beschimpft, angepöbelt und geschlagen.[93]

Der Kinoprotest setzte eine politische Gewalt frei, die sich selbst als Gegengewalt gegen eine auf Israel und Claude Lanzmanns Film projizierte Deutungsmacht wahrnahm. Im imaginierten Re-Enactment israelischer Grenzposten konnten die Demonstranten hingegen eigene Machtfantasien ausleben, die schließlich in direkte Gewalt gegen einen politischen Gegner

91 Zit. n. Hillebrand, Freiflug in den Tod (wie Anm. 86).
92 Frankreich, 1973.
93 Vgl. Sebastian Hammelehle, Antisemitismus in Hamburg. Regisseur Lanzmann ›schockiert‹ über Krawalle bei Israel-Film, in: *Spiegel-Online*, 19.11.2009.

umschlug, der nicht nur mit dem Feindbild Israel, sondern gleich mit ›den Juden‹ identifiziert wurde. Obwohl mit der Checkpoint-Szenerie die Erinnerung an Selektionen auf die Israelis projiziert werden sollte, wurde die Kinoblockade doch zur Wiederkehr dieser eigentlich zu verdrängenden Vergangenheit. Darin liegt der zentrale Unterschied zwischen dem Kinokampf um die Filme *Unternehmen Entebbe* und *Warum Israel* auf der einen und den Auseinandersetzungen in den 1950er Jahren auf der anderen Seite. Bei den unmittelbaren Nachkriegsprotesten ging es zwar in erster Linie um die Suche nach einer neuen, positiven Identifikation mit der postnazistischen Bundesrepublik. Sie entwickelten sich aber in ihrer positiven Haltung zu einer eingreifenden Demokratie auch zu einem entschiedenen Akt gegen die Kontinuitäten zum Nationalsozialismus beziehungsweise einen national-chauvinistischen Kinoaktivismus. So wurden sie zum Ausdruck einer politischen Subjektivierung, die das Zerstreuungsangebot des Unterhaltungskinos zugunsten einer Aktivierung der bundesdeutschen Bevölkerung und ihrer Teilhabe an der demokratischen Kultur zu durchbrechen suchte, dabei aber oft genug selbst Abwehr und alte Ressentiments zu spüren bekam. Bei den Kinoanschlägen vom Januar 1977 manifestierte sich aber das Gegenteil. Diese zielten darauf, eine antisemitische Tat unsichtbar zu machen, auf die vollständige Verdrängung einer Aktion, mit der die politische Subjektivität in ihr Gegenteil verkehrt wurde: die durch die Selektion von Entebbe vollzogene Selbstermächtigung, die dabei implizit die Vergangenheit wiederholte. Diese Selbstermächtigung sollte durch einen neuen Akt der Macht über Leben und Tod in Form der Kinobombe als Spreng- und nicht als Stinkbombe zurückerobert werden, die gleichzeitig die Deutungsmacht über die eigene Geschichte mit einschloss. Auf diese Weise wurde das Kino nicht nur zu einem Ort der öffentlichen Auseinandersetzung mit der NS-Vergangenheit, sondern auch zum Kristallisationspunkt politischer Gewalt im Spannungsfeld zwischen politischer Subjektivierung und ideologischem Deutungskampf.

Sarah Colvin (Cambridge)

A Guilty Text?

Violence as Conceived by an Authors' Collective around Ulrike Meinhof in 1968, and the Question (Again) of the Relationship between the '68-ers and the RAF

> »es [gibt] keinen *unschuldigen Text* […]. Alle Texte stehen […] im kontextuellen Dickicht der sich kreuzenden, wenn nicht gar verwickelten Diskurse ihrer Epoche; und jede Wendung stellt eine zu verantwortende Entscheidung innerhalb einer bestimmten diskursiven Lage dar. Kritik, so erinnert Benjamin gerade hinsichtlich des Problems der Gewalt, ist eine scheidende, entscheidende Tätigkeit. Damit wird […] die Entwirrung und Beurteilung von Textknäueln zu einer ebenso schwierigen wie notwendigen Aufgabe.«[1]

Irving Wohlfarth, in a discussion of Walter Benjamin and the Red Army Faction (RAF), thus outlines an ethics of reading that sees critical readers of texts about violence as having particular responsibilities. Referring for support to Derrida[2] as well as Benjamin, he issues three reminders to such readers: first, texts exist in intertextual discursive contexts; second, there is no such thing as an uncontroversial reading; and third, these texts are likely to be complex and require our full attention. Wohlfarth is writing particularly of high-profile texts on violence (»Dies gilt besonders dort, wo man es mit bedeutenden und umstrittenen, mit großen, ›gefährlichen‹ Schriften zu tun hat«).[3] In this essay I shall try to give a contextualized, necessarily controversial, attentive reading of a text about violence that has been largely overlooked even though it was written in a high-profile year (1968) and involved a group of high-profile writers (including Ulrike Meinhof, Rudi Dutschke, Bahman Nirumand, Peter Schneider and Hans

1 Irving Wohlfarth, Entsetzen. Walter Benjamin und die RAF, in: Wolfgang Kraushaar (ed.), Die RAF und der linke Terrorismus, vol. 1, Hamburg 2006, 280-315, here 281 (emphasis in original).

2 Specifically to Derrida's contribution to the debate around Paul de Man: Comme le bruit de la mer au fond d'un coquillage. La guerre de Paul de Man, in: Mémoires pour Paul de Man, Paris 1988.

3 Wohlfarth, Entsetzen (fn. 1), 281.

Magnus Enzensberger, among others). It is a five-page article, published in *konkret* in June 1968, titled, simply, »Gewalt.«[4]

Owned at that time by Klaus Rainer Röhl, the Hamburg-based journal *konkret* was run by Meinhof and Röhl as a husband-and-wife team after their marriage in 1961; when they divorced in 1968, Meinhof moved to Berlin and established a secondary editorial office *(Redaktionsbüro)* there.[5] That office was the hub for an authors' collective *(Redaktionskollektiv)* consisting of Meinhof and a group of left-wing activists and writers. From Röhl's perspective, the high profile of its members made the collective a desirable contributor to his magazine; the condition the collective imposed was that its contributions must be published without any editorial interference from Hamburg.[6] In fact the group only ever made one collective contribution to *konkret* (though its members continued to contribute to the magazine as individuals). That essay, »Gewalt,« opens with a brief explanatory note:

> »In Berlin hat sich, initiiert durch Rudi Dutschke und Bahman Nirumand, ein Redaktionskollektiv gebildet, zu dem außerdem Hans Magnus Enzensberger, Michael Schneider, Peter Schneider, Jürgen Horlemann, Gaston Salvatore und Eckhard Siepmann gehören. Diese Gruppe beabsichtigt, in kollektiver Schreibweise Zusammenhänge zwischen der antiautoritären Rebellion in der Bundesrepublik und in Westberlin und dem globalen antiimperialistischen Kampf zu untersuchen und daraus die Möglichkeiten der zukünftigen Strategie des antiautoritären Lagers zu entwickeln.« (24)

Meinhof, well known as *konkret's* »star« columnist, is not named. Whatever informed that decision, her leading role in the alternative »office« in Berlin means it is reasonable to assume her involvement in the development of this text. I shall assume it in what follows, and take full responsibility for doing so.[7] Dutschke's direct involvement in its preparation is more questionable, even though he is listed: Dutschke was critically ill, having been shot on West Berlin's Kurfürstendamm on April 11, 1968, by Josef Bachmann, a young right-winger who was carrying in his pocket

4 Berliner Redaktionskollektiv, Gewalt, in: *konkret* 6 (1968), 24-28 and 35. Further references will be given within the text.

5 This process is described by Röhl in his autobiography; see Klaus Rainer Röhl, Fünf Finger sind keine Faust. Eine Abrechnung, 3rd ed., Munich 1998 [1974], 241.

6 See ibid.

7 I have outlined its congruence with Meinhof's thinking at the time in Sarah Colvin, Ulrike Meinhof and West German Terrorism: Language, Violence and Identity, Rochester, NY 2009, 36-41.

an article cut from the *Deutsche National-Zeitung* with the title »Stoppt Dutschke jetzt.« The collective's article is a response to the demonstrations and violent protests across West Germany and West Berlin that followed the attack, most of them directed against the publishing house of Axel Springer, whose widely read *Bild-Zeitung* was held responsible for inciting hostility towards Dutschke and the student movement (Bachmann claimed at his trial that he was not a reader of Springer's newspapers).[8] It is a snapshot of thinking about political violence by an influential group at a critical moment in West German history.

Röhl in 1974 sees the essay through the lens of hindsight as preparation for Meinhof's later role as the theorist (if that is what she was)[9] of the Red Army Faction or Baader-Meinhof Group: »Er liest sich, im Juni 1968, wie eine theoretische Vorbereitung der Baader-Meinhof-Gruppe.«[10] That may be an overstatement on Röhl's part – Meinhof was, after all, the only member of the Berlin authors' collective who went on to become part of the RAF. Nonetheless, the RAF is the »big« context in which this analysis of violence is now most likely to be read (and in which I am reading it). My intentions in this essay are to situate the argument of the »Gewalt« article contextually and intertextually; to address Röhl's assertion that it reads as theoretical preparation for the Baader-Meinhof Group; and to conclude with some (I hope pertinent) reflections on language and violence, thereby responding in some measure to Wohlfarth's plea for a »philosophische Philologie« in readings not only of Benjamin on violence.[11]

Context and Intertext

1968 has become synonymous with the student movement not only in German history. In West Germany and West Berlin the ranks of the movement had been swelled and many of its supporters radicalized when, in 1967, policeman Karl-Heinz Kurras shot and killed the young Benno

8 See Wolfgang Kraushaar, Kleinkrieg gegen einen Großverleger. Von der Anti-Springer-Kampagne der APO zu den Brand- und Bombenanschlägen der RAF, in: Kraushaar (ed.), Die RAF (fn. 1), 1075-1116, here 1094.

9 Meinhof was described by RAF member Gudrun Ensslin as the »voice« of the RAF (»jeder weiß, dass du die stimme warst, bist, sein wirst«; letter from Ensslin cited in Pieter Bakker Schut, Stammheim. Der Prozeß gegen die Rote Armee Fraktion. Die notwendige Korrektur der herrschenden Meinung, Bonn 1997, 287); but the collective functioning of the RAF makes it difficult to identify a personal point of origin for the theories Meinhof »voiced«.

10 Röhl, Fünf Finger (fn. 5), 244.

11 Wohlfarth, Entsetzen (fn. 1), 281.

Ohnesorg during a demonstration.[12] The winter semester of 1965/66 had been declared a »Vietnam semester« in West Berlin, and »sit-ins« and »teach-ins« borrowed vocabulary and practices from the movement's American counterpart; two years later, in February 1968, students at Berlin's Technical University hosted an International Vietnam Congress under Dutschke's leadership, which culminated in a mass march through the city. During the Congress a short film made by the student and later RAF member Holger Meins taught viewers how to make a Molotov cocktail at home.[13] Another radicalization of the movement occurred after Bachmann's attempt to murder Dutschke, and successfully home-made Molotov cocktails were part of the violent demonstrations that followed it. Throughout the first half of 1968 there were fierce political debates around West Germany's new emergency laws (passed on May 30, 1968), and a growing sense that Bonn would ignore the massive peaceful protest against the passing of the laws led to further questions about oppositional methods: Meinhof, in a column for *konkret* titled »Notstand – Klassenkampf« (which would open the issue containing the »Gewalt« article, in June 1968), expressed severe doubts about peaceful protest.[14] On April 2, 1968, a small group of anti-Vietnam protesters, including Andreas Baader and Gudrun Ensslin, set fire bombs in two department stores in Frankfurt am Main; in court they would explain that this was a symbolic response to Vietnam, where not just consumer goods but human beings were burning.[15] This, very briefly outlined, is the sociopolitical context in which the »Gewalt« article was written and published. There is also, as ever, a discursive context, which I will try to elucidate with close reference to the text.

When one looks at the printed article in *konkret*, Vietnam is not just a sociopolitical but a paratextual context: between the fourth and final pages of the »Gewalt« essay (which pauses on page 28 and resumes on page 35) are two separate articles on events in Hue and Saigon, each illustrated with images of Vietnamese children with napalm burns. One image has a caption: »Die Wissenschaft im Dienste der Vernichtung«; the indirect refer-

12 That Kurras has since been shown to have been in the employ of the East German secret police (Stasi) cannot for reasons of space and focus be discussed here. It has been addressed by, among others, David Vielhaber, The Stasi-Meinhof Complex? in: *Studies in Conflict and Terrorism* 36 (2013), 533-546.

13 See Jeremy Varon, Bringing the War Home: The Weather Underground, the Red Army Faction, and Revolutionary Violence in the Sixties and Seventies, Berkeley, CA, 2004, 39-40.

14 Ulrike Meinhof, Notstand – Klassenkampf, in: *konkret* 6 (1968); reprinted in Meinhof, Die Würde des Menschen ist antastbar. Aufsätze und Polemiken, Berlin 1980, 142-145.

15 Cited in Stefan Aust, Der Baader-Meinhof-Komplex, Hamburg 1985, 108.

ence to technologies of killing in Nazi Germany will have been self-explanatory to *konkret's* readers in 1968. Paratextually, then, the article is already embedded in the contexts of both contemporary violence in Vietnam and historical violence in Germany. More immediately, the stated context for the Berlin collective's essay is the demonstrations that followed the attempted assassination of Dutschke. These, the authors assert, have revealed a change both in the tactics of the West German protest movement (which are more violent) and its constituency (the students have been joined by workers and others); and that raises new questions about the legitimacy of violence in its different forms.

The constituency of the protests may have changed, but the readership of *konkret* has not, and the Berlin authors (several of them no longer students) clarify their sense of self and readership when the narrative »we« of the piece is finally specified, on the third page of the article: »Können *wir, die Studenten,* überhaupt Gewalt anwenden, bringen wir das fertig? Und welche Formen der Gewalt bringen uns unserem Ziel näher?« (28; my emphasis). The student movement had of course already articulated answers to these questions: it was widely accepted that protesting students could use violence, provided it was against inanimate objects *(Gewalt gegen Sachen)*. The question the collective is implicitly raising is whether violence against other people *(Gewalt gegen Personen)*, hitherto rejected, might now, in a new and changed context, have become justifiable. In the May 1968 issue of *konkret*, two members of the Berlin group had individually touched on the issue: Hans Magnus Enzensberger had announced »eine neue Phase des Kampfes« for the extra-parliamentary opposition (APO),[16] and Meinhof's column »Vom Protest zum Widerstand« praised the shift from peaceful or verbal protest to violent action in the anti-Springer demonstrations, and asserted the need for a discussion of permissible forms of violence:

> »nachdem gezeigt worden ist, daß andere Mittel als nur Demonstrationen, Springer-Hearing, Protestveranstaltungen zur Verfügung stehen, andere als die, die versagt haben, weil sie den Anschlag auf Rudi Dutschke nicht verhindern konnten, nun, da die Fesseln von Sitte & Anstand gesprengt worden sind, kann und muß neu und von vorne über Gewalt und Gegengewalt diskutiert werden.«[17]

16 Hans Magnus Enzensberger, Eine neue Phase des Kampfes, in: *konkret* 5 (1968), 11.

17 Ulrike Meinhof, Vom Protest zum Widerstand, in: *konkret* 5 (1968); reprinted in Meinhof, Die Würde des Menschen (fn. 14), 138-141.

A month later, the authors' collective seeks to begin that discussion. Their opening position is not irenic:

> »Um die Diskussion über Möglichkeit und Notwendigkeit der Anwendung von Gewalt aus dem Dunstkreis von bürgerlichem Humanismus, moralischen Vorurteilen und einem besinnungslosen Pazifismus herauszuholen, müssen wir einige grundsätzliche Differenzierungen im Begriff der Gewalt machen.« (24)

The first part of the essay, titled »Zum Begriff der Gewalt«, aims to make those »basic differentiations« necessary to liberate violence from the constraints of humanism, morality and pacifism.

For the first differentiation, Walter Benjamin is the point of reference. Wohlfarth has traced in detail Benjamin's significance for the RAF, but also, and prior to that, for the '68-ers.[18] The specific textual reference in the Berlin authors' essay is to »verwaltete Gewalt« (26), a phrase used by Benjamin in »Zur Kritik der Gewalt«.[19] For the Berlin authors it describes the first element in their first differentiation, which is between hidden and manifest violence: »zwischen *mittelbarer (latenter) und unmittelbarer (manifester) Gewalt*« (emphasis in original), where the latent or systemic variant (»verwaltete Gewalt«) is the essence of contemporary capitalism: »die Klassengesellschaft des organisierten Kapitalismus ist an sich selbst ein einziger gigantischer Akt der Gewalt« (25). That lays the foundation for a central argument, namely that the violence of the anti-Springer protests must be understood as a manifest defense against systemic aggression. In the terms of this argument the »latent« violence inherent in capitalism constitutes violence against *people*: »unsere leibliche und geistige Totalität [ist] durch dieses System bedroht« (25).

In making their second differentiation the Berlin authors again turn to the Frankfurt School, this time to the younger generation: Herbert Marcuse. This differentiation is between »repressive« and »emancipatory« violence: »unterdrückender (repressiver) und befreiender (emanzipierender) Gewalt« (26; emphasis in original), where the latter is to be understood as the solution to the former: the violently oppressed subject emancipates him- or herself via an act of reciprocal violence. The (again, explicit) reference is to Marcuse's notion of repressive tolerance;[20] the argument the collective

18 Wohlfarth, Entsetzen (fn.1), 282 f.

19 Benjamin, Zur Kritik der Gewalt [1920-21?], in: R. Tiedemann/H. Schweppenhäuser (ed.), Benjamin, Gesammelte Schriften 2.1, Frankfurt am Main 1999, 179-204, here 181.

20 Herbert Marcuse, Repressive Tolerance, in: Robert Paul Wolff, Barrington Moore Jr., and Herbert Marcuse, A Critique of Pure Tolerance, Boston 1969, 95-137.

makes is that absolute non-violence has the same repressive potential as »pure« tolerance: »Mit der gleichen Entschiedenheit, mit der Marcuse jegliche Toleranz gegenüber Bewegungen von rechts verurteilt, lehnen wir auch jede Gewaltanwendung von rechts ab« (26). But the notion of emancipatory violence simultaneously signals the intertextual presence of another key theorist for the '68-ers: Frantz Fanon, the impact of whose book *The Wretched of the Earth* (*Les damnés de la terre*, 1961) was maximized by a foreword by Jean-Paul Sartre. As a psychiatric doctor working with physically and mentally traumatized patients in French-colonized Algeria, Fanon's argument privileges immediacy: in his eyes, the individual human suffering of the colonized is such that violent action is necessary to relieve it quickly. For Fanon the medic, violence is like a medicine: »the native *cures* himself of colonial neurosis by thrusting out the settler through force of arms.«[21] Like a purgative, it is purifying: in his opening chapter, Fanon defines violence in the postcolonial context as »a cleansing force. It frees the native from his inferiority complex and from his despair and inaction; it makes him fearless and restores his self-respect.«[22] There is a clear echo of this in the Berlin authors' envisioning of emancipatory violence as both an intellectual and physical remedy for their oppression and fear: »Wenn wir Gewalt anwenden, so wird nicht nur die objektive Welt verändert, sondern auch unsere subjektive Welt, die immer noch von der Selbstvergewaltigung gezeichnet ist« (26).

The violence it is proposing, the collective tells us, is »enlightening violence« (*aufklärerische Gewalt*, 25). What is enlightenment? The answer would have been on the tip of every German student's tongue: it is, in Kant's famous words, humankind's emergence from a self-induced state of immaturity (»Aufklärung ist der Ausgang des Menschen aus seiner selbstverschuldeten Unmündigkeit«).[23] A key argument in the »Gewalt« essay is that oppression is also *selbstverschuldet*; (fearful) self-oppression, or the learned passivity of the abused child, that can be discarded in favor of agency.[24] Theodor Adorno, a critic of the student movement as well as of

21 Frantz Fanon, The Wretched of the Earth, trans. Constance Farrington, London 1965, 18 (my emphasis). The German edition appeared in 1966 under the title *Die Verdammten dieser Erde*.

22 Ibid., 74.

23 Immanuel Kant, Beantwortung der Frage: Was ist Aufklärung? First published in: *Berlinische Monatsschrift* (December 1784), 481-494.

24 »Conditio sine qua non des ›demokratischen‹ Spätkapitalismus ist die Lethargie der Massen,« Bahman Nirumand had argued as an individual contributor to *konkret* in May 1968. Nirumand, Verhaftet, in: *konkret* 5 (1968), 12 f., here 12.

the German Enlightenment,[25] but also the author of the essay »Erziehung nach Auschwitz,« which profoundly affected the movement's thinking,[26] stands next to Kant here as an intertextual presence. Ironically enough, Adorno – who had criticized the movement for its incipient violence – provides another theoretical foundation stone for the Berlin collective's call to violent agency: »Einer Gesellschaft, die Erziehung so eng mit Gewalt verkoppelt hat, geben wir, in dem wir uns jetzt in der Anwendung von Gegen-Gewalt selbst erziehen, eine Antwort in ihrem eigenen Idiom« (26). The specter of Germany's Nazi history glides past again in these echoes of Adorno's work and when the collective seeks to expose the authoritarian structures that harbor latent violence in contemporary bourgeois society:

> »Die Gewalt, die uns, unsere Generation und unsere Gesellschaft täglich verstümmelt und unterdrückt, äußert sich nur ungern und in Ausnahmefällen mit Knüppel und Pistole. Ihre normale und alltägliche Vergewaltigung veranstaltet sie in »unabhängigen« Zeitungen, »wertfreien« Wissenschaften, einer »humanen« Kultur, in »freundlichen« Betriebsklimata, in Kirche, Mode und Sport.« (25)

Such familiar institutions, Nirumand had argued in *konkret*'s May issue, with slightly more explicit reference to the Nazi past, are in fact »die Instrumente der Verinnerlichung, sie besorgen es, daß die Menschen beten, schießen, gehorchen, theatralisch glotzen, strammstehen, Uniformen tragen.«[27]

At the end of the first section of this essay on violence, a compound word is used: »Gegen-Gewalt« (26). Meinhof had used the word before, in a column of early 1968 (titled »Gegen-Gewalt«), in which she defended

25 »Enlightenment is mythical fear radicalized« (»Aufklarung ist die radikal gewordene, mythische Angst«) was the thesis of Max Horkheimer and Adorno in their *Dialektik der Aufklärung* (Dialectic of Enlightenment), which may well have still been unknown to Meinhof, her Berlin group and most of her readers; it had been published in Amsterdam in 1947, but only appeared in a mainstream edition in Germany when publisher S. Fischer reissued it in 1969.

26 Theodor W. Adorno, Erziehung nach Auschwitz (1966), in: Adorno, Erziehung zur Mündigkeit. Vorträge und Gespräche mit Hellmuth Becker 1959-1969, Frankfurt am Main 1970, 92-109. Adorno was also the co-author of the weighty postwar analysis of fascism, *The Authoritarian Personality*, in which he and his research team in the US sought to demonstrate that the attraction to or need for strong leadership arises out of a certain (authoritarian) style of childrearing. Theodor W. Adorno et al., The Authoritarian Personality, New York: Harper & Brothers, 1950.

27 Nirumand, Verhaftet, (fn. 24), 13.

the students against accusations of terroristic and fascistic behavior;[28] it is ideologically closely related to another important term, »Widerstand« (25), resistance, which in Meinhof's columns for *konkret*, alongside »Gegen-Gewalt«, came to replace the more legalistic notion of self-defense *(Notwehr)* as a justification for violent behavior. »Resistance« was a key term in political usage after 1945, indicating opposition to an illegitimate (unjustified) regime.[29] The notion of counter-violence borrows the justifying impetus but forbids the associations with passivity or non-violence that »Widerstand« permits. Meinhof did not coin the term: Dutschke had spoken of counter-violence as early as 1967.[30] In the second and longer part of the essay, titled »Gewalt in den Metropolen«, the intellectual and ideological presence of a physically absent Dutschke is felt, as the collective moves on to address the question whether »we, the students« may and can find Fanonian emancipation in a violence that implicitly goes beyond *Gewalt gegen Sachen*. Dutschke had already formulated an answer to the question of political violence in the Federal Republic: in a controversial speech delivered to student delegates in September 1967, he had outlined a concept for an urban guerilla *(Stadtguerilla)*.[31] But where Dutschke in 1967 had been prescriptive: »Die ›Propaganda der Schüsse‹ (Ché) in der ›Dritten Welt‹ muß durch die ›Propaganda der Tat‹ in den Metropolen vervollständigt werden,«[32] the Berlin collective adopts an exploratory tone: »Für uns reduziert sich die Frage also darauf, welche Formen der Gegengewalt wir zum gegenwärtigen Zeitpunkt anwenden. [...] Jetzt heißt die Frage: Können wir, die Studenten, überhaupt Gewalt anwenden?« (28).

Instead of seeking to describe or prescribe the future shape of counterviolence, the Berlin authors take a step back, rehearsing reasons why violent action must be seen as necessary and justified. Three are given: (1) *The violence (against persons) inherent in the system invites or requires counter-*

28 Ulrike Meinhof, Gegen-Gewalt, in: *konkret* 2 (1968), reprinted in Meinhof, Deutschland, Deutschland unter anderm, Berlin 1995, 126-129. The accusations had been made by R. W. Leonhardt in *Die Zeit* of December 29, 1967.

29 »[...] ein Hochwertwort des politischen Sprachgebrauchs nach 1945, das die Gegenwehr gegen eine illegitime Herrschaft kennzeichnete.« Andreas Musolff, Krieg gegen die Öffentlichkeit. Terrorismus und politischer Sprachgebrauch, Opladen 1996, 151.

30 Dutschke is cited in Jutta Ditfurth, Rudi und Ulrike. Geschichte einer Freundschaft, Munich 2008, 88.

31 The speech was presented with Hans-Jürgen Krahl to the SDS (Sozialistischer Deutscher Studentenbund) in September 1967. See Wolfgang Kraushaar, Entschlossenheit. Dezisionismus als Denkfigur. Von der antiautoritären Bewegung zum bewaffneten Kampf, in: Kraushaar (ed.), Die RAF (fn. 1), 140-156.

32 Rudi Dutschke and Hans-Jürgen Krahl, Organisationsreferat, reprinted in Dutschke, Geschichte ist machbar, Berlin 1980, 94.

violence; examples of systemic violence include the shooting of Ohnesorg; the newspaper rhetoric that stimulated the attack on Dutschke; the manifest violence of colonialism and the struggles in Vietnam, Latin America and Africa (26); and back at home in West Germany the »latently« violent exploitation of the workers for capital gain, and their pacification with material goods and media rhetoric: »An die Stelle der offenen Gewalt ist die Manipulation getreten, an die Stelle der *Bürgerkriegsarmee* der *Springerkonzern*, an die Stelle der gewaltsamen Unterdrückung die Selbstunterdrückung« (27; emphasis in original). (2) *If (counter-)violence is offered, the system will make its own violent nature manifest*; the mask will fall (27), and the masses will see the system for the violent thing it is: »Erst wenn die manipulative Gewalt der Herrschenden sich in offene Gewalt zurückverwandelt hat, kann die verinnerlichte Gewalt der Lohnabhängigen sich zur proletarischen Gewalt befreien« (35). (3) *(Counter-)violence is necessary to protect the German population from the violence it is suffering now*. In this, again, Fanon is intertextually present: with his experience of working in a critical humanitarian situation in Algeria, Fanon in *The Wretched of the Earth* portrayed violence as an immediate necessity to relieve human beings from violent oppression. Nothing but violence can take effect quickly enough; there is too much suffering to contemplate the slow processes of non-violent political change. The Berlin collective presents West Germans in 1968 in a similarly »critical humanitarian situation«:

> »Wir wollen endgültig verhindern, daß die Menschen hier an Geist und Körper zu Krüppeln geschlagen werden, die nur noch arbeiten, kaufen und hassen können. Wir werden damit nicht warten, bis noch eine Generation und noch eine Generation kaputt geschlagen wird, sondern wir wehren uns jetzt.« (28)

Violence against people is cited to justify counter-violence (perhaps also against people). Fanon's suggestion, powerfully supported in Sartre's preface, is that there is something peculiarly humanizing about the act of violence in a situation of oppression: »in the first days of the revolt,« Sartre summarizes, »you must kill: to shoot down a European is to kill two birds with one stone, to destroy an oppressor and the man he oppresses at the same time: there remain a dead man, and a free man.«[33] That notion echoes through the Berlin collective's retelling of a story from Black America:

> »Ein junger Heckenschütze aus Detroit sagte einem Reporter, wie es ihm ging, als er sich von seinem Dach aus mit dem Gewehr gegen die anrückende Polizei verteidigte: ›Es war unbeschreiblich schön, Baby, du

33 Fanon, The Wretched (fn. 21), 19.

kannst dir gar nicht vorstellen, wie schön es war.‹ [...] Er machte sich in diesem Augenblick zu einem Menschen.« (35)

The anti-Springer demonstrations, they argue, are early indicators that this kind of »Selbstverwirklichung« can be achieved (and is beginning to be achieved) in West Germany: »Wir haben selbst die befreiende Wirkung der Widerstandsgewalt erfahren [...]. Die Steine gegen die Zentren der Manipulation, gegen das Amerikahaus und den Springerkonzern, haben die Verkrustungen über unseren Bedürfnissen aufgebrochen« (35).

Theoretical Preparation for the Baader-Meinhof Group?

In his autobiography as elsewhere, Röhl's primary concern when discussing the terrorist groups is with the role of his former wife, Ulrike Meinhof.[34] We might therefore take with a pinch of salt his assertion that the essay he published in *konkret* – not one of whose named authors became a member of the Red Army Faction – constitutes »theoretical preparation« for the RAF. Nonetheless, this long and dense essay of June 1968 goes some way towards addressing still-open questions. »Die Tatsache, dass es einen Zusammenhang zwischen der 68-er Bewegung und der RAF gibt, ist inzwischen unbestreitbar, wie dieser genauer zu bestimmen ist, dürfte allerdings nicht so einfach zu klären sein,« Kraushaar observed in 2006;[35] in this essay on violence, a group of high-profile '68-ers seems to be preparing the ground for an armed struggle in West Germany, from which all of them except Meinhof would later distance themselves when it emerged in the form of the RAF (as the RAF would distance itself from them).

When presenting its concept of an urban guerilla *(Konzept Stadtguerilla)*, the RAF explicitly recalled its connection with the student movement: »Die Rote Armee Fraktion leugnet im Unterschied zu den proletarischen Organisationen der Neuen Linken ihre Vorgeschichte als Geschichte der Studentenbewegung nicht.«[36] Nonetheless, in its first declaration of purpose, *Die Rote Armee aufbauen* (1970), the RAF distanced itself aggressively from the intellectual Left:

34 See, for example, Klaus Rainer Röhl, Ulrike Meinhof – Gefangene der Baader-Gruppe? in: *konkret* 14 (1972), 17-19; and Röhl's novel, Die Genossin, Vienna 1975.

35 Wolfgang Kraushaar, Rudi Dutschke und der bewaffnete Kampf, in: Kraushaar (ed.), Die RAF (fn. 1), 218-247 (218).

36 Kollektiv RAF, Das Konzept Stadtguerilla (1971), reprinted in Martin Hoffmann (ed.), Rote Armee Fraktion. Texte und Materialien zur Geschichte der RAF, Berlin 1997, 36.

»Die Baader-Befreiungs-Aktion haben wir nicht den intellektuellen Schwätzern, den Hosenscheißern, den Alles-besser-Wissern zu erklären, sondern den potentiell revolutionären Teilen des Volkes. Das heißt, denen, die die Tat sofort begreifen können, weil sie selbst Gefangene sind. Die auf das Geschwätz der ›Linken‹ nichts geben können, weil es ohne Folgen und Taten geblieben ist.«[37]

Geschwätz was a favorite word of Meinhof's in her columns, signaling talk rather than action (for example, in the column that accompanied the »Gewalt« article in the June 1968 issue of *konkret* she accuses the intellectual Left of »leeres Geschwätz«).[38] But the approach and tone of the RAF texts is quite different from that taken by the Berlin collective. That is clear even in the use of the narrative »we«: for the Berlin authors, the first person plural fulfills a function of inclusiveness (*wir, die Studenten*), as they seek to represent, reach out to, and persuade a constituency; by contrast, in the early RAF texts such as *Die Rote Armee aufbauen,* »we« has an exclusive impetus – »we« are the RAF and only the RAF, in an us-and-them structure that led to criticisms from the Left such as Til Schulz's in 1974: »Die den bewaffneten Kampf führenden Gruppen repräsentieren nur sich selbst.«[39]

Röhl is right in the sense that the theoretical context of this essay – Marx, Benjamin, Adorno, Marcuse, Fanon – is also (part of) the theoretical context in which the RAF would situate itself,[40] both in its early declarations of intent and in later documents (in a letter from prison to other RAF prisoners in 1973, for example, Gudrun Ensslin would quote Sartre's preface to Fanon).[41] Aside from the general theoretical context, which was broadly shared across the diverse groupings on the West German Left around 1968, the most striking overlap between the ideas explored in the »Gewalt« article and external readings of the RAF's so-called first generation (which Röhl may also have had in mind) is the notion of violence as per-

37 Kollektiv RAF, Die Rote Armee aufbauen (1970), reprinted in ibid., 24-26, here 24.

38 Meinhof, Notstand – Klassenkampf (fn. 14), 144.

39 Til Schulz, Der Kampf als inneres Erlebnis. Abenteuer des falschen Bewußtseins, in: *Kursbuch* 35 (1974), 135-152, here 141.

40 See Wohlfarth, Entsetzen (fn. 1); Colvin, Ulrike Meinhof (fn. 7).

41 »man bleibt entweder terrorisiert oder wird selbst terroristisch. das heißt: sich entweder den auflösungsprozessen eines verfälschten lebens überlassen oder die ursprüngliche einheit erringen.« Letter from Ensslin (early 1973), reprinted in Pieter Bakker Schut (ed.), Das Info. Briefe von Gefangenen aus der RAF aus der Diskussion 1973-1977. Dokumente, Kiel 1987, 14. The English translation in the Penguin edition of Fanon diverges from the German translation Ensslin is citing here. See Fanon, The Wretched (fn. 21), 18.

sonally transformative. Til Schulz among others would criticize RAF members such as Mahler and Meinhof (who could, he notes, have been useful to the Left in their respective professional contexts as lawyer and journalist) for seeking self-realization: »den übermächtigen Gegner zu vernichten und sich selbst zu behaupten, sind in der Erfahrung der Kämpfenden eins.«[42] In the Berlin collective's account, the young Black sniper in Detroit reclaimed his identity by shooting a gun at police (»stellte durch seinen Kampf einen Teil seiner verwüsteten Identität wieder her« [35]); to its audience of students and left-wing intellectuals (the *konkret* readership) the collective thus holds out the prospect of overcoming the fear engendered in them by the authoritarian upbringing Adorno had identified, and sharing in this quasi-magical experience of violent self-realization.

Return to Eden? Violence as (Discursive) Liberation

> »Dieser Ausbruch der Bürgerssöhne und -töchter […] lässt sich allerdings nur aus einer fundamentalen Misstrauenserklärung gegenüber Stadt und Gesellschaft begreifen. […] Angesichts der Unfähigkeit, Antworten auf die nur unzureichend aufgedeckte NS-Vergangenheit und die als schockierend empfundene Gegenwärtigkeit des Vietnamkriegs zu geben, war in der Bundesrepublik eine Glaubwürdigkeitskrise entstanden.«[43]

In this, Wolfgang Kraushaar anticipates arguments that would be made by his Hamburg colleague Jan Philipp Reemtsma and by Roger Griffin that acts of violence may be intimately linked with trust – or the lack of it – in the society one lives in.[44] Griffin in his recent book argues that extremist violence is a response to »nomic crisis«, where the »nomos« is a kind of overarching, organizing social narrative that grants individual lives meaning and purpose. When that constituting or sense-making frame is in crisis, a terrifying void seems to loom: »The desperate bid to stave off the void is one that will in particular circumstances produce terrorist violence.«[45] Meinhof's Berlin collective refers explicitly to the crisis or shock effect of Vietnam: »Wir haben erst durch den offenen Ausbruch dieser Gewalt in Vietnam dieses Wesensmerkmal des Kapitalismus wiederentdeckt« (27). Interesting here is the choice of word: not »entdeckt,« but

42 Schulz, Der Kampf (fn. 39), 143.
43 Wolfgang Kraushaar, Einleitung, in Kraushaar, Die RAF (fn. 1), 13-63 (25).
44 Jan Philipp Reemtsma, Vertrauen und Gewalt. Versuch über eine besondere Konstellation der Moderne, Hamburg 2008; Roger Griffin, Terrorist's Creed: Fanatical Violence and the Human Need for Meaning, Basingstoke 2012.
45 Griffin, Terrorist's Creed (fn. 44), 47.

»*wieder*entdeckt.«[46] The reference (*dieses Wesensmerkmal*) is to open or manifest violence, previously seen (in the collective's account) in the colonizing process: »Wozu studieren wir den Marxismus, wenn wir dies vergessen haben: Durch die gewaltsame Ausplünderung der Kolonialländer haben die Kapitalisten ihre ersten Reichtümer angehäuft« (26). But now there is manifest (police) violence in West Germany and West Berlin: »der Kapitalismus zeigt sein wahres Gesicht, das er vorerst nur die Länder der dritten Welt hat sehen lassen: es wird gehetzt, geschlagen und geschossen« (28). The Bonn Republic was founded on, and depends on (as Reemtsma notes) a narrative of the non-violent state: the federal *Rechtsstaat* that succeeded its violent, dictatorial predecessor. (Even if, in reality, there was significant distrust of the state in the early years of the Federal Republic, the fledgling West German state struggled to uphold that narrative and thereby to enable a society stabilized by that *nomos*. Hence, not least, the enormous *narrative* threat posed by homegrown terrorism to the government in Bonn.) In declaring West German capitalism unmasked, the Berlin authors are effectively declaring a nomic crisis. The relative stability of civil society is an illusion, they argue; the reality is unfathomable, because invisible, violence. The metaphors of physical violence, mutilation and rape in this essay (26) are worth noticing, as they imply or construct, again, a backdrop of nomic crisis (one of the key promises of civil society is that it will safeguard the physical integrity of citizens).[47]

In Griffin's argument, extremism depends on the construction of a »demonized ›Other.‹«[48] For the Berlin collective that Other is the capitalist system, referred to variously as »das System,« »die Klassengesellschaft des organisierten Kapitalismus,« »die Herrschenden« or »die Herrschaft des Kapitals«. Logically enough, the demonized Other is identified as the origin of the nomic problem, violence (»Gewalt gehört zum Kapitalismus wie der Polizist zum Privateigentum« [26]). The violent nationwide demonstrations that followed Dutschke's assassination, the Berlin collective suggests, is just a beginning *(Initialzündung)*. Dutschke now incarnates the individual's destruction by the system; he is the justification for violent revolution personified:

> »Dutschke ist darin von den meisten von uns verschieden, daß bei ihm von Anfang an deutlich wurde, daß es nicht eine pure moralisch-geistige Ent-

46 Thanks to the eagle-eyed José Brunner for noticing this detail.

47 To say that this is a rhetorical figure, which constructs or performs the crisis of trust that engenders violence, is not to deny that there was also genuine shock and distrust in the light of current events in 1967-1968.

48 Griffin, Terrorist's Creed (fn. 44), 11.

scheidung ist, die uns dazu zwingt, unser System zu bekämpfen, sondern daß unsere leibliche und geistige Totalität durch dieses System bedroht ist und daß wir es deshalb nicht reformieren sondern abschaffen wollen.« (25)

The absent Dutschke plays a curious role here, which prefigures the exemplary, almost mystical role Andreas Baader would play in later RAF texts written by Meinhof.[49]

Thus the »Gewalt« essay in parts anticipates the »metapolitical«[50] aspect of violence associated with the first generation of the RAF. The RAF's violence has been described as more phatic, or expressive, than strategic,[51] where »expressive violence is not only aimed at an enemy but also expresses a way of life.«[52] The violence of the Detroit sniper, described by the Berlin authors as a model of self-realization for a West German audience, is not least »expressive« violence in the mystically curative or emancipatory mode associated with Fanon. Gudrun Ensslin would cite Fanon to her fellow RAF prisoners as an echo or reminder of their own ideal praxis: »man bleibt entweder terrorisiert oder wird selbst terroristisch. das heißt: sich entweder den auflösungsprozessen eines verfälschten lebens überlassen oder die ursprüngliche einheit erringen.«[53] There is something Edenic about »originary oneness« *(ursprüngliche einheit)* that goes beyond strategy into the realm of the quasi-religious; and there is something similarly metapolitical in play when the Berlin authors write of violent resistance as the path to a new kind of human being (»Voraussetzung für die Befreiung des neuen Menschen« [35]).[54] In this conception – shared by Fanon, the RAF and the Berlin collective around Meinhof – it is possible to liberate oneself not only from physical oppression but also from a discursive con-

49 »wir ham den typen rausgeholt, weil er ein revolutionär war, schon damals, weil er alles das, was die revolution brauchte, schon verkörperte – weil bei ihm mehr war, als bei uns: nicht nur der wille, zu handeln, sondern auch schon die fähigkeit, sich selbst nur und ausschließlich von den zielen her zu bestimmen,« she would write of Baader's liberation from prison. See Ulrike Meinhof, der dreck, mit dem die bullen, in: 14. Mai Notizen (August 1974), Hamburger Institut für Sozialforschung Me,U/025,006.

50 The term is Griffin's. See Griffin, Terrorist's Creed (fn. 44), 7.

51 See ibid., 144.

52 Christopher Coker, Waging War without Warriors? The Changing Culture of Military Conflict, Boulder, CO 2002, 6. Cited in Griffin, Terrorist's Creed (fn. 44), 13.

53 Ensslin, letter (fn. 37).

54 The idea of a »new man« characterized Soviet communist thought and propaganda. See, for example, Jay Bergman, The Idea of Individual Liberation in Bolshevik Visions of the New Soviet Man, in: *European History Quarterly* 27/1 (1997), 57-92; and, more recently, Thomas Tetzner, Der kollektive Gott. Zur Ideengeschichte des ›neuen Menschen‹ in Russland, Göttingen 2013.

text through violence. Through violence, the »new (hu)man« is freed, cured, almost ritually washed clean; after the act of violence, no physical, linguistic or discursive fetters remain. The painful recognition that this Edenic fantasy does not reflect reality would be recorded by Meinhof in prison, in 1974, lamenting the continuing discursive grip of capitalism: »mein verdinglichtes verhältnis zu sachen und menschen, tauschwertdenken, konkurrenzscheiße, dünkel.«[55]

It is by no means the case that the Berlin collective's essay on violence represents the range of views across the Left after the assassination attempt on Dutschke. Stefan Aust, for example, draws quite different conclusions from the violent demonstrations and the police response when in the May 1968 issue of *konkret* he advises the APO to pull back from violent action, citing a well-known position of Dutschke's that has nothing to do with Fanonian haste or the formation of an urban guerilla:

> »Nach dem ersten Rausch der Entrüstung und dem Entsetzen kommt bei den meisten die Erkenntnis, was der niedergeschossene SDS-Führer einmal so formulierte: Nie werde es heute noch die Revolution einer Minderheit gegen eine Mehrheit mehr geben können, und man müsse einen langen Marsch durch die Institutionen antreten, um das Bewußtsein der Menschen zu ändern.«[56]

And nonetheless, the text and context of the »Gewalt« essay (which has never yet been reprinted) provides some support for Kraushaar's thesis that Germany's urban guerilla movement, with its curious mix of collectivism and self-realization, materialism and metapolitics, translated ideas that were in circulation at the center of the '68 movement, not just on the periphery.[57]

55 Meinhof, hier meine selbstkritik (letter of June 1974), Hamburger Institut für Sozialforschung, Me,U/025,005.

56 Stefan Aust, Staat der Gewalt, in: *konkret* 5 (1968), 6-10 and 37, here 37.

57 Kraushaar, Rudi Dutschke (fn. 35), 247.

Vojin Saša Vukadinović (Basel)

Totale Gewalt, gewählte Ziele

Angewandter Antizionismus, internationaler Proletarismus und NS-Apologetik der Roten Armee Fraktion, 1970-1998

> »Was Marx analysiert hat: daß in der Entwicklung des Imperialismus eine Stufe eintritt, in der er nur noch Unheil, Destruktivkräfte produzieren kann, ist die objektive Grundlage des Polarisierungsprozesses, der heute in allen Ländern der 3. Welt und den Metropolen politisch gegen das System wirksam wird. Subjektiv bildet sich in dieser Entwicklung international die Einheit des Proletariats und der revolutionären politisch-militärischen Front, ihre gemeinsame Strategie und Perspektive heraus: die weltweit einheitliche Zerrüttung des imperialistischen Systems und seine Zerschlagung im weltrevolutionären Prozeß.«
>
> Rote Armee Fraktion, 1986

Als die RAF 1998 nach 28-jährigem Bestehen ausgerechnet am 20. April, dem informellen Festtag von Alt- und Neonazis schlechthin, ihre Auflösung bekannt werden ließ, sorgte dies für Erstaunen.[1] »An einem solchen Tag löst sich eine RAF, wie ich sie kenne, nicht auf«, erklärte etwa der ehemalige BKA-Präsident Horst Herold und legte damit nahe, dass die Organisation, mit deren Fahndung er jahrelang beauftragt war, einst über ein historisches Bewusstsein bezüglich deutscher Vergangenheit verfügt habe, das ihr jedoch irgendwann abhanden gekommen sein müsse.[2] Im antiimperialistischen *Angehörigen Info* hingegen wurde das letzte Schreiben mit einem ebenso hämischen wie verbitterten, zugleich aber aufschlussreichen Kommentar von Rolf-Clemens Wagner bedacht.[3] Der Beitrag des zu le-

1 Für das auf »März 1998« datierte letzte Schreiben der RAF siehe Oliver Tolmein, Vom Deutschen Herbst zum 11. September. Die RAF, der Terrorismus und der Staat, Hamburg 2002, 212-229.

2 Zitiert nach Michael Sontheimer, »Natürlich darf geschossen werden«. Eine kurze Geschichte der Roten Armee Fraktion, München 2010, 170.

3 Rolf-Clemens Wagner, Anmerkungen zur Auflösungserklärung der RAF, in: *Angehörigen Info* 207 (15.5.1998), 1-3. Rolf-Clemens Wagner wurde 1979 nach einem Bankraub der RAF in Zürich festgenommen, zunächst in der Schweiz angeklagt, dann an die Strafverfolgungsbehörden der Bundesrepublik überstellt und 1985 gemeinsam mit Adelheid Schulz vom OLG Düsseldorf wegen Beteiligung

benslanger Haft verurteilten RAF-Mitglieds ist nicht etwa deswegen bemerkenswert, weil er die in der Illegalität Verbliebenen dafür gescholten hat, den »bewaffneten Kampf« ausgerechnet an Adolf Hitlers Geburtstag beendet zu haben.[4] Interessant ist er vor allem deshalb, weil Wagner die im Untergrund befindliche Ex-RAF mit Bestimmtheit darüber belehrte, dass der marxistisch-leninistische Militarismus schon seit Ende der 1980er Jahre und dem Zerfall des Ostblocks »keinen Sinn mehr« gehabt habe: »Die auf allen Ebenen epidemische Gewaltanwendung macht überdies Gewalt als Mittel im politischen Kampf wirkungslos.«[5] Damit wurde noch einmal die Maxime beschworen, die in den drei Jahrzehnten des bundesdeutschen Linksterrorismus zu dessen unabdingbaren Gelöbnissen gehörte: Die Welt sei nur durch Gewalt zu verändern (gewesen). An dieser Doktrin hatten sowohl die illegalen wie die inhaftierten Beteiligten wie selbstverständlich und über die Blockkonfrontation hinaus festgehalten. Die selbstkritische Frage, wieso Wagner den Militarismus konsequenterweise nicht schon 1989, mit Ende des Kalten Krieges, öffentlich für beendet erklärt hatte, fiel in seinem Text jedoch ebenso unter den Tisch wie Überlegungen, worin sich die »epidemische« Brutalität oder Willkür im Jahr 1998 von derjenigen um 1970 unterschieden haben mochte.[6] Zudem

an der Entführung und Ermordung von Hanns-Martin Schleyer zu lebenslanger Haft verurteilt. Seine Entlassung erfolgte 2003. Das *Angehörigen Info* (zunächst *Hungerstreik Info*) wurde 1989 während des letzten großen Hungerstreiks der einsitzenden LinksterroristInnen gegründet. Es erschien zweiwöchentlich als Broschüre, um neben den Verwandten und FreundInnen der RAF-Inhaftierten auch die antiimperialistische Szene mit Neuigkeiten zu versorgen.

4 Sechs Jahre zuvor, 1992, hatten die LinksterroristInnen im Untergrund erklärt, Attentate gegen »führende Repräsentanten aus Wirtschaft und Staat« vorerst einzustellen. Vgl. RAF, An alle, die auf der Suche sind, wie menschenwürdiges Leben hier und weltweit an ganz konkreten Fragen organisiert und durchgesetzt werden kann (Zäsurerklärung, April 1992), in: ID-Verlag (Hg.), Rote Armee Fraktion. Texte und Materialien zur Geschichte der RAF, Berlin 1997, 410-414, hier 412. Mit einer Auflösungserklärung der Organisation war spätestens ab 1993 zu rechnen gewesen, als die Einheit aus RAF und RAF-Gefangenenkollektiv u.a. darüber zerbrach, ob das Ende der »Guerilla« an die Entlassung ihrer Inhaftierten gebunden werden solle oder nicht. Vgl. hierzu ID-Archiv (Hg.), »wir haben mehr fragen als antworten«. RAF-Diskussionen 1992-1994, Berlin 1995.

5 Rolf-Clemens Wagner, Anmerkungen zur Auflösungserklärung der RAF, 3.

6 Später behauptete Wagner, schon lange vor dem Ende des Ostblocks dessen Untergang vor Augen gehabt zu haben: »Uns in den Gefängnissen war bereits Mitte der achtziger Jahre bewußt, daß sich eine historische Zäsur abzeichnete, die das gesamte bis dahin bestehende Weltsystem auflöst. Und daß damit das politische Koordinatensystem, in dem wir uns als Guerilla bestimmt hatten, nicht mehr existiert. Das wollte damals niemand sehen, wir sind nur auf Unverständnis gestoßen. Die notwendigen Diskussionen in der revolutionären Linken draußen, einschließlich der RAF, haben faktisch nicht stattgefunden, geschweige denn

fällt auf, dass das vormalige Mitglied der Organisation die Anwendung von Gewalt »auf allen Ebenen« monierte. Schließlich waren es gerade die westdeutschen LinksterroristInnen, die der historischen Trivialisierung politischer Gewalt in der deutschen Geschichte seit den 1970er Jahren Vorschub geleistet hatten, während sie gleichzeitig nichtstaatliche Gewalt zu einem potenziellen Revolutionsherd verklärten, der lediglich auf den zündenden Funken warte. Vermochte es die RAF in ihrer ersten Mitteilung noch, selbst in kleinkriminellem Handeln und häuslicher Misere die subjektive Antizipation einer besseren Welt zu erkennen, reichte die rückblickende Selbsteinschätzung in ihrer letzten Botschaft kaum darüber hinaus, eine historische Rechtmäßigkeit der Bewaffnung festzuhalten.[7] Zwischen diesen beiden Mitteilungen liegen zahlreiche Texte, in welchen die LinksterroristInnen ihr auf den ersten Blick paradox anmutendes Gewaltverständnis ausbreiteten, um das es im Folgenden gehen soll. Die Bekennerinnenschreiben der RAF, ihre Positions- und Strategiepapiere sowie die Hungerstreikerklärungen der Inhaftierten zeugen davon, dass die dort vertretene Vorstellung einer totalen Gewalt, welche die »imperialistische« Welt nach innen gesichert und ihren Herrschaftsbereich nach außen ausgedehnt habe, keinesfalls in einen Aufruf zu einer ebenso polymorphen Gegengewalt mündete. Denn obschon das logische Pendant zu einer reaktiven Gewaltanwendung von links eine dieser vorausgehende totale Herrschaftsausdehnung ohne lokalisierbares Zentrum hätte sein müssen, grenzte die RAF die Quelle und das Zentrum kapitalistischer Herrschaft auf zwei westliche Staaten ein und adjustierte ihren sogenannten »Widerstand« gegen diese. Der linksterroristische Antiimperialismus lokalisierte in den USA und in Israel den Ausgangspunkt und die höchste Konzentration dessen, was im Eingangszitat als »Unheil« und »Destruktivkräfte« firmierte.[8] Der Zusatz, dass der Kapitalismus »nur noch« Nega-

wurde ein politisches Projekt in der neuen Situation entwickelt. Wir alle wurden dann von der realen Entwicklung, die 1989 eintrat, überrollt. Die Aktionen der RAF konnten keine politische Wirkung mehr entfalten. Die Auflösung 1998 war überfällig.« Vgl. Rüdiger Göbel/Peter Rau/Wera Richter/Gerd Schumann, »Wir wollten den revolutionären Prozess weitertreiben«. Ein Gespräch mit Helmut Pohl und Rolf[-]Clemens Wagner, in: *Junge Welt* (Beilage), 17.10.2007.

7 Dabei ist die Frage, ob »Befreiung« überhaupt etwas anderes als »Guerilla« oder Staatsstreich sein könne, von der RAF in ihrer Auflösungserklärung nicht gestellt worden. Vgl. Oliver Tolmein, Vom Deutschen Herbst zum 11. September, 17.

8 In den RAF-Texten aus den 1970er und 1980er Jahren ist die Gleichsetzung von »Imperialismus« mit den Vereinigten Staaten evident. Sämtliche weiteren Feindbilder – von der NATO bis zur Bundesrepublik – waren den LinksterroristInnen bloße politisch-militärische Verlängerungen der USA. In der antiimperialistischen Weltanschauung galt Israel hingegen als sogenannter »Brückenkopf« des »Imperialismus« in den Nahen Osten, an dem sich die Auseinandersetzung zwi-

tives hervorbringe, zeigt dabei zweierlei. Einerseits unterstellte dieses Gewaltverständnis eine Totalität, der sich niemand entziehen könne, andererseits implizierte es die Notwendigkeit, dem gewähnten allumfassenden Elend Verantwortliche zuzuweisen, die dann mit den beiden genannten Staaten personifiziert wurden. Deutschland hingegen war kein Feindbild – ein Umstand, der keinem Zufall geschuldet war. Von den Attacken gegen Repräsentanten der Bundesrepublik und den nachgereichten Anschlagserklärungen überlagert, finden sich in den Mitteilungen der RAF wohlwollende Bemerkungen zur Nation, die nicht etwa linksnationalistische, sondern vielmehr bereits nationalrevolutionäre Züge aufweisen. Die ebenfalls ausgegebene Losung von der »Einheit des Proletariats« sowie der »weltweit einheitliche[n] Zerrüttung« des »Imperialismus« bildete in der 28-jährigen Geschichte der RAF das Koordinatensystem aus »Herrschaft« vs. »Befreiung«, innerhalb dessen sich das paradoxe Gewaltverständnis der westdeutschen LinksterroristInnen zwischen 1970 bis 1998 entfalten konnte.

Die Wahl ihrer militaristischen Ziele war dabei überaus präzise, während ihre Gegner bemüht waren, von genau dieser Präzision abzusehen. An den in den 1970er Jahren von diversen Kommentatoren angestellten Überlegungen, ob die Mitglieder der RAF möglicherweise einem kanonischen linken Text über Gewalt respektive Widerstand zur Verwirklichung verholfen hätten, fällt auf, dass sie von vornherein als Schuldzuweisung auf einen unterstellten Subtext fungierten, der eher mit 1968 als mit deutscher Geschichte in Verbindung gebracht wurde.[9] Schon der Umstand, dass die einflussreichste Vertreterin der »Stadtguerilla« in der Bundesrepublik auf eine Kaderstruktur statt auf eine Massenorganisierung setzte und für einen koordinierten Umsturz durch AnführerInnen eintrat, gibt

schen Kapitalismus und gewähnter Revolution entscheiden würde. Wie Uli Krug zutreffend erläutert hat, ist insbesondere Israel in den Schriften der RAF mit Nazi-Analogien überzogen worden. Volker Weiß hat ergänzend festgehalten, dass es wiederum genau diese konstruierte Analogie zwischen Nationalsozialismus und Israel war, die den »bewaffneten Kampf« legitimieren sollte. Vgl. Uli Krug, Wie die Werwölfe, in: *Jungle World*, Nr. 43/2007, 25.10.2007; Volker Weiß, »Volksklassenkampf« – Die antizionistische Rezeption des Nahostkonflikts in der militanten Linken der BRD, in: *Tel Aviver Jahrbuch für deutsche Geschichte*, Band 33, 2005, 214-238, hier 227.

9 Das bekannteste Beispiel hierfür ist Herbert Marcuse, Repressive Toleranz, in: ders., Schriften, Band 8: Aufsätze und Vorlesungen 1948-1969, Springe 2004, 136-166. Die Ausführungen des Philosophen über unterdrückte Minderheiten und ihr »Naturrecht« auf Widerstand sind in den 1970er Jahren immer wieder mit der RAF in Verbindung gebracht worden – siehe dazu exemplarisch die Beiträge in Gerd-Klaus Kaltenbrunner (Hg.), Wiederkehr der Wölfe. Die Progression des Terrors, München 1978.

einen Hinweis darauf, dass die LinksterroristInnen weniger philosophisch geschult waren, als sie anfänglich gewirkt haben mochten, und vorrangig nach militaristischen Kriterien operierten.[10] Fragen danach, ob die Genese der ersten politischen Gewalt auf westdeutschem Boden nach dem Zweiten Weltkrieg mitunter auf die philosophische Kritik an der Gewalt des 20. Jahrhunderts zurückzuführen sei, sind nur wenig ergiebig. Stattdessen bieten die Kollektivschriften des linksterroristischen Untergrunds Antworten auf das politische Hoffen auf eine autoritäre militaristische Form und den Einsatz der Waffen. Zwar legte die RAF zu keinem Zeitpunkt einen konzisen Gewaltbegriff vor, der eine definitive Bedeutung getragen oder das Programm auf den Punkt gebracht hätte, doch aus ihren Mitteilungen quer durch die drei Jahrzehnte ihres Bestehens lässt sich die zugehörige Vorstellung dennoch rekonstruieren.

Am Anfang war eine sozialrevolutionäre Komponente für die RAF durchaus noch relevant. In ihrem Gründungstext, der Erklärung zur Befreiung von Andreas Baader aus der Haft vom Mai 1970, belehrten die ersten Illegalen die linken GenossInnen darüber, dass »es keinen Zweck« habe, »den falschen Leuten das Richtige erklären zu wollen«, und schlussfolgerten daraus, dass »den potentiell revolutionären Teilen des Volkes« die neue Gewaltpraxis nahegelegt werden müsse.[11] Das Kommuniqué endete mit der Aufforderung:

> »Sitzt nicht auf dem hausdurchsuchten Sofa herum und zählt die Lieben, wie kleinkarierte Krämerseelen. Baut den richtigen Verteilungsapparat auf, laßt die Hosenscheißer liegen, die Rotkohlfresser, die Sozialarbeiter, die sich doch nur anbiedern, dies Lumpenpack. Kriegt raus, wo die Heime sind und die kinderreichen Familien und das Subproletariat und die proletarischen Frauen, die nur drauf warten, den Richtigen in die Fresse zu schlagen. Die werden die Führung übernehmen. Und laßt euch nicht schnappen, und lernt von denen, wie man sich nicht schnappen läßt – die verstehen mehr davon als ihr.

10 In der Geschichte des Linksterrorismus in der Bundesrepublik ist die Frage nach einer vielgestaltigen Gegengewalt eher ein Sujet der Revolutionären Zellen gewesen. 1973 zunächst als einzelne »Revolutionäre Zelle« gegründet, pluralisierte sich diese im Laufe der 1970er Jahre, um sich den jeweils aktuellen Themen der Linken zuzuwenden (Arbeiter, Internationalismus, Migranten, Frauen, Frieden, etc.) – in der vergeblichen Hoffnung, eine revolutionäre Massenbewegung wenn schon nicht zu initiieren, so doch wenigstens militant zu begleiten. Zur Geschichte der RZ sowie ihrer Frauenabspaltung Rote Zora siehe ID-Archiv (Hg.), Die Früchte des Zorns. Texte und Materialien zur Geschichte der Revolutionären Zellen und der Roten Zora, zwei Bände, Berlin/Amsterdam 1993.

11 RAF, Die Rote Armee aufbauen. Erklärung zur Befreiung Andreas Baaders vom 5. Juni 1970, in: ID-Verlag (Hg.), Rote Armee Fraktion, 24-26, hier 24.

Die Klassenkämpfe entfalten
Das Proletariat organisieren
Mit dem bewaffneten Widerstand beginnen
Die Rote Armee aufbauen!«[12]

Mit der Direktive, sich »nicht schnappen« zu lassen und »von denen« zu lernen, »wie man sich nicht schnappen läßt«, konnte an dieser Stelle nur eines gemeint sein: den proletarischen Alltag aus Tristesse, Verrohung und kleinkriminellem Handeln, das der Aufmerksamkeit der Polizei zu entwischen wusste, zur Perspektive für das eigene politische Handeln und damit zur revolutionären Tugend aufzuwerten. Im selben Jahr kritisierte Hannah Arendt in ihrer Studie über Macht und Gewalt die vermischte Rhetorik aus Marx und Fanon in der Neuen Linken, die sich auch bei der RAF finden sollte. Tatsächlich lesen sich die Ausführungen der Philosophin, als habe sie beim Verfassen die Erklärung zur Befreiung von Andreas Baader vor Augen gehabt: »Wer kann im Ernst eine Ideologie marxistisch nennen«, so Arendt merklich befremdet, »die ihre Hoffnung ›auf die Erwerbslosen und Deklassierten‹ setzt, die meint, daß ›der Aufstand seine städtische Vorhut im Lumpenproletariat‹ finden werde, und darauf baut, daß ›die Gangster […] dem Volk die Leuchtfeuer, die Aktionspläne und die ›Helden‹ liefern‹ werde?«.[13] Mit einer solchen Schematisierung reduzierte der erste Text der RAF die sogenannten Proletarier, die zu diesem Zeitpunkt noch als Angehörige einer Klasse wahrgenommen wurden, auf entindividualisierende Abziehbilder, bevor der Terminus alsbald offensiv gegen »Volk« ausgetauscht und gegen die ebenso entindividualisierte »Bourgeoisie« in Stellung gebracht werden sollte. Für die Organisation war die Arbeiterschaft während der Initiationsphase des westdeutschen Linksterrorismus noch insofern zu bewerben, als sie als ideelle, d.h. Authentizität ausstrahlende Referenz für Personen attraktiv zu machen war, die aus dem westdeutschen Bürgertum kamen und durch die Studierendenrevolte 1968 mitsamt deren intellektueller Rahmung politisiert worden waren, denen nun aber während des Abflauens der Bewegung vorgehalten wurde, nicht konsequent genug zu handeln: »Die kritischen Studenten haben massenhaft die Notwendigkeit revolutionärer Gewalt bereits begriffen. Der revolutionäre Prozeß kann nur dann voranschreiten, wenn sie diese Einsicht auch tatsächlich praktizieren!«, heißt es etwa in der 1971 erschienenen RAF-Schrift »Über den bewaffneten Kampf in West-

12 Ebd., 26 (Hervorhebung im Original).
13 Hannah Arendt, Macht und Gewalt, 17. Auflage, München 2006, 23.

europa«.[14] Hingegen galten sowohl das Proletariat als auch das kriminelle Milieu den LinksterroristInnen anfangs als an und für sich revolutionär, weil sie als antagonistisch zum Staat bestimmt wurden. Zudem war die dortige Alltäglichkeit roher bis gewalttätiger Umgangsformen eine Komponente, welche die Möglichkeit einer Verbündelung über die jeweiligen soziopolitischen Grenzen hinweg zu bieten schien. Gudrun Ensslin notierte 1973 programmatisch, dass »der kriminelle, der wahnsinnige, der selbstmörder« den Widerspruch »zwischen leben *wollen* und nicht leben können« im Kapitalismus auf paradigmatische Weise verkörpere.[15] Zugleich entwarfen die Mitglieder der RAF jedoch bereits die Identität des »guerillas«, der den ArbeiterInnen, GanovInnen und sozial Abgehängten den Weg weisen sollte, um einerseits organisatorische Struktur in das gewähnte Gewaltverhältnis des »Imperialismus« zu bringen und andererseits die geforderte Auflösung des Individuums im Kollektiv der Masse zu befördern. Andreas Baader bestimmte dies in gewohnt knapper Manier mit der Losung »der guerilla ist die gruppe«[16], und Gudrun Ensslin führte aus:

> »von der verdinglichung reden heisst von uns reden. sie angreifen, heisst den sockel der schweinemacht angreifen, ihnen das wasser abgraben. ihre radikale verneinung ist der standpunkt, von dem aus der metropolenguerilla angreift, zu seiner befreiung. von dem aus er schicht um schicht die struktur des systems blosslegt: im geldsystem das gewaltsystem. im gewaltsystem das geldsystem. unter der maske geld, das schwein.«[17]

Trotz des maskulinen grammatikalischen Geschlechts war der »metropolenguerilla« geschlechtlich undefiniert und sollte dem Selbstverständnis nach auch keine weiteren subjektiven Züge tragen. Diese mit den Jahren zunehmend strenger vorgetragene Konzeption eines radikalen Antiindividualismus in Form von Gruppenidentität als Selbstidentität verschärfte die Selbstpreisgabe im Kollektiv. Als nach der ersten Anschlagswelle der RAF – das heißt: nach mittlerweile vier toten US-Soldaten, drei toten Polizisten, mehreren Dutzend Verletzten sowie zwei unbeteiligten Opfern, die von der Polizei getötet worden waren – im Sommer 1972 nahezu die

14 RAF, Über den bewaffneten Kampf in Westeuropa, in: ID-Verlag (Hg.), Rote Armee Fraktion, 49-111, hier 89.

15 Gudrun Ensslin, reden wir von uns, Brief vom Anfang 1973, in: Pieter H. Bakker Schut (Hg.), das info. briefe von gefangenen aus der raf aus der diskussion 1973-1977, Kiel 1987, 14-18, hier 18 und 17 (Hervorhebung im Original).

16 Andreas Baader, die kleinen teufel, Brief vom 9.8.1974, in: ebd., 128.

17 Gudrun Ensslin, reden wir von uns, 16.

gesamte Gründungsriege der Organisation verhaftet worden war, hielten sich ihre Mitglieder gegenseitig dazu an, Gewalt an sich selbst zu erproben, durchzustehen und im Zweifelsfalle bis zum Ende auszutragen. Das prominenteste Opfer dieser Haltung sollte Holger Meins werden, der Ende 1974 seinem Hungerstreik erlag.

Der bis heute wohl detaillierteste Einblick in diese Praktik konsequenter Dauerverachtung, die Gudrun Ensslin zum »24-stundentag unserer aufgabe«[18] zuspitzte, ist von den ehemaligen Beteiligten selbst vorgelegt worden: in den Briefen, die in den 1970er Jahren im klandestinen »info« zwischen den Haftanstalten zirkulierten.[19] Dieses mithilfe der Rechtsanwälte aufgebaute Kommunikationssystem war vorrangig der Information über einander gewidmet, wirkte allerdings alsbald als den eigenen Hass aufrechterhaltendes Instrument und gegenseitige Kontrollinstanz.[20] Die in den Kassibern praktizierte Methode der Kritik und Selbstkritik, die sich auch in schriftlicher Form und trotz physischer Abwesenheit als effektiv erwies, bezeugt, dass die revolutionäre Moral der RAF, die oftmals Begriffe wie »Solidarität« bemühte, an den eigenen GenossInnen das Gegenteil erprobte. Im »info« wird dies bereits an den verwendeten und unwidersprochen hingenommenen Beschimpfungen deutlich, zu denen unter anderem »du arsch«[21], »du idiot«[22] oder »du sau«[23] zählten. Die Inhaftierten verinnerlichten das politische Potenzial fortwährender Feindseligkeit, indem sie sich in ein permanentes gegenseitiges Konkurrenzverhältnis begaben. Einerseits wurden damit demonstrativ die eigene Härte und der eigene Kampfgeist zur Schau gestellt, andererseits die eigene Unzulänglichkeit akzentuiert, dem anschließend eine Kommentierung durch die GenossInnen folgte. So geißelte sich beispielsweise Ingrid Schubert für »bürgerliche votzenpanik + geschleime« und stellte sich selbst das Zeugnis »UNTAUGLICH« für das Kollektiv aus.[24] Wieder auf Kurs, entdeckte die

18 Ebd., 14.
19 Für eine überaus profunde Auseinandersetzung mit den im »info« zirkulierten Briefen siehe Klaus Theweleit, Ghosts. Drei leicht inkorrekte Vorträge, Frankfurt am Main/Basel 1998.
20 Ulrike Meinhof bestimmte das Aufrechterhalten revolutionären Bewusstseins im Gefängnis als affektiven Einsatz: »bewusstsein ist nicht bücherwissen, sondern hass, der klassenhass auf die schweine und alles, was uns hindert, ihn in die tat umzusetzen«. Vgl. Ulrike Meinhof, ulrike zu mahler, in: Pieter H. Bakker Schut (Hg.), das info, 19-25, hier 24.
21 Andreas Baader, der geist des affen, Brief vom 11.9.1974, in: ebd., 165-167, hier 167.
22 Holger Meins, zur bambule in hh, Brief vom 9.8.1974, in: ebd., 130-132, hier 132.
23 Ingrid Schubert, Brief an Monika Berberich vom 21.11.1976, in: ebd., 301-303.
24 Ingrid Schubert, untauglich, Brief vom 23.10.1974, in: ebd., 179 (Hervorhebung im Original).

studierte Medizinerin dann »die arztvotze in meiner geschichte, von der ich mir einbildete, dass sie mich nie beeinflusst hat – was fürn unmaterialistischer dreck«.[25] Irmgard Möller bewertete ihre Untergrundexistenz rückblickend als »unentschlossen, ungenau, faul, lässig, undiszipliniert, blöde – die ganze latte« und urteilte über ihre eigene Verhaftung: »das war die logische konsequenz von ner ganzen kette von verrat und fehlern, meinen.«[26] Hanna Krabbe schalt sich dafür, »nicht wir oder sie, sondern ich« gedacht zu haben – ergo privaten Bedürfnissen nachgegangen zu sein, wo keine sein durften, denn »was zählt, ist der kampf + ich hatte aufgehört, mich zurückgezogen, privatisiert«.[27] Holger Meins warf einem anderen Linksterroristen dessen »ganze bürgerliche erbärmlichkeit« vor.[28] Jan-Carl Raspe belehrte einen »guerilla«, dem mangelnder Kampfgeist unterstellt wurde, dass Kreislaufprobleme, die sich im Zuge eines Hungerstreiks einstellten, keine somatischen Folgen der Nahrungsverweigerung seien, sondern Zeichen fehlender Entschlossenheit für die revolutionäre Sache: »die kreislaufgeschichten sind eben auch ne frage des *bewusstseins*.«[29] Brigitte Mohnhaupt ließ Horst Mahler wissen, dass Wut eine politische Notwendigkeit sei, weil »dich das auffordert, weil du betroffen bist und dich hinhocken wirst und der scheisse« der eigenen Gefühle »auf den grund gehen und sie AUSROTTEN [wirst]«, um wieder Platz zu machen für das Einheitsbewusstsein des Kollektivs.[30] Und Andreas Baader kommunizierte Inge Viett (damals Bewegung 2. Juni) zunächst ein resolutes »du arschloch«, gefolgt von: »wir haben uns an deiner votzigkeit zu fragen, ob du nicht länger kämpfen wolltest.«[31]

Auch in ihren regulären Mitteilungen reproduzierten die LinksterroristInnen die Totalität der Gewalt, die sie anzugreifen vorgaben. Regelmäßig in diverse Texte eingestreute Mao-Zitate wie »Wer keine Angst vor Vierteilung hat, zieht den Kaiser vom Pferd« spiegelten die gegen sich und gegen die Welt gerichtete Politik in der eigenen Sprache wider.[32] An-

25 Ingrid Schubert, Brief vom 12.9.1974, in: ebd., 168.
26 Irmgard Möller, »zur wirkung des gifts reicht eine borstenpore«, Brief vom 23.6.1974, in: ebd., 77-82, hier 77 und 77 f.
27 Hanna Krabbe, ende januar, Brief vom Januar 1975, in: ebd., 250.
28 Holger Meins, zur bambule in hh, 131.
29 Jan-Carl Raspe, Brief vom 30.9.1974 an Klaus Jünschke, in: ebd., 177 (Hervorhebung im Original).
30 Brigitte Mohnhaupt, Brief vom 10.4.1974 an Horst Mahler, in: ebd., 38 f., hier 29 (Hervorhebung und Diktion im Original).
31 Andreas Baader, Brief an Inge Viett vom Dezember 1975, in: ebd., 239-242, hier 239 und 240.
32 Gudrun Ensslin für die Gefangenen aus der RAF, Erklärung zum Abbruch des Hungerstreiks vom 30.4.1977, in: ID-Archiv (Hg.), Rote Armee Fraktion, 268 f., hier 269.

schlagserklärungen wurden mit siegessicheren Zeilen wider den Westen signiert, deren Rhetorik keinen Zweifel an der Selbstüberschätzung der Beteiligten lassen: »Die westeuropäische Guerilla erschüttert dieses Zentrum.«[33] Bis heute findet sich die scharfsinnigste Analyse des antiimperialistischen Jargons in Elfriede Jelineks Text *Wolken. Heim.*[34] In dieser Montage vermengt Jelinek Briefe der RAF-Inhaftierten unter anderem mit Martin Heideggers Rektoratsrede von 1933, um das Wiedergängertum kollektivistischer Ideologie in der deutschen Geschichte hervortreten zu lassen. So wird auch das triumphale »wir« in den Gefängniskassibern erkennbar, dessen inneres Band auf dem radikalen Ausschluss des anderen und radikalem Opfergeist basierte. Schon Max Horkheimer urteilte, dass es exakt jenes »wir« gewesen ist, welches »das völkische Gemeinschaftsempfinden in die Nachkriegsperiode hinüber« rettete.[35]

In den Gründungsjahren der »Stadtguerilla« bot der Maoismus den LinksterroristInnen eine Möglichkeit, Elemente der Volksgemeinschaft zu konservieren und politisch zu modernisieren. »Das Volk« wurde diesmal als positiv aufgeladener Antagonismus des Staates in Stellung gebracht:

> »In dem Maße, wie die bewaffneten Gruppen des Volkes ›in den Massen schwimmen wie ein Fisch im Wasser‹, werden die Feinde des Volkes in diesen Massen ertrinken. In diesem Prozeß wird das Volk seine Kraft entdecken und bewußter einsetzen, es wird seine Fesseln, den Gehorsam gegenüber den Gesetzen der Ausbeutergesellschaft, abstreifen. Wo soll der Staat die zehntausende Helden hernehmen, die bereit sind, sich unter diesen Bedingungen, unter diesem Druck, dieser Angst und Ungewißheit für die Interessen des Kapitals gegen einen unsichtbaren und fürchterlichen Feind zu schlagen?
> Es genügt nicht, nur immer von der Kraft der Volksmassen zu reden. Es kommt darauf an, sie endlich konkret zu entdecken; die Bedingungen zu schaffen, daß die Massen nicht mehr wehrlos den Unterdrückungsfeldzügen des Kapitals ausgesetzt sind, sondern befähigt werden, ihre reale Macht konkret zu entfalten und dem Feind erfolgreich entgegenzusetzen.«[36]

33 RAF (»Kommando Gudrun Ensslin«), Erklärung zum Anschlag auf den Oberbefehlshaber der US-Armee in Westeuropa, General Frederick Kroesen, vom 15.9.1981, in: ID-Archiv (Hg.), Rote Armee Fraktion, 289 f., hier 290.

34 Elfriede Jelinek, Wolken. Heim., Göttingen 1990.

35 Max Horkheimer, Notizen 1950 bis 1969 und Dämmerung, Frankfurt am Main 1974, 200.

36 RAF, Über den bewaffneten Kampf in Westeuropa, in: ID-Archiv (Hg.), Rote Armee Fraktion, 49-111, hier 85.

Argumentativ folgerichtig trug die nächste ausführliche Stellungnahme aus dem Untergrund den programmatischen Titel »Dem Volk dienen«.[37] Diese emphatische Drohung mit dem »Volk« schickte bereits voraus, dass vom Nationalsozialismus umso generöser geschwiegen wurde. Ein Grund dafür ist die Einebnung des Unterschiedes zwischen Nationalsozialismus und Faschismus, an der sämtliche linksterroristischen Gruppierungen in der Bundesrepublik partizipiert haben.[38] Im Falle der RAF bedeutete dies, dass ihre Mitglieder nicht die Shoah als wesentliches Merkmal der Terrorherrschaft von 1933 bis 1945 betrachteten, sondern die Unterdrückung der Arbeiterklasse. In ihrer Erklärung zum zweiten kollektiven Hungerstreik schrieben die Inhaftierten 1973:

> »Je stärker die Revolte im Volk, die Moral des Systems, sein Eigentumsbegriff im Arsch, die Volksbewaffnung nicht mehr bloße Zukunftsmusik, sondern materielle Gegenwart, desto wichtiger werden die Knäste fürs System, dessen Rationalität immer darauf angewiesen war und ist, einen Teil des Proletariats offen zu terrorisieren – im Extrem: Treblinka, Maidanek, Sobibor – um den Widerstand der großen Mehrheit des Volks gegen die Ausbeutung zu brechen – Knast und Vernichtungslager als vorletzte und letzte Maßnahme gegen jede Art von Widerstand – wie gekonnt, organisiert, bewußt auch immer.«[39]

Holger Meins ergänzte dies später: »die erste aufgabe und das wesen des faschismus war und ist die konterrevolution, die zerschlagung des proletariats, seiner revolutionären offensiven und initiativen.«[40] Daran schloss er die Bemerkung, »die hauptseite des antisemitismus« sei nicht etwa die Vernichtung der europäischen Juden gewesen, sondern

37 RAF, Dem Volk dienen. Stadtguerilla und Klassenkampf, in: ID-Archiv (Hg.), Rote Armee Fraktion, 112-144.

38 Dies gilt neben der RAF auch für die zeitgleich aktive Bewegung 2. Juni, die Revolutionären Zellen und die Rote Zora.

39 O.A., Hungerstreikerklärung vom 8.5.1973, in: ID-Archiv (Hg.), Rote Armee Fraktion, 187-190, hier 187f. In einer vom Denken in Kontinuitäten zeugenden Argumentation, welche die Geschichtsverdrängung der RAF offenbart, verlagerten die LinksterroristInnen im selben Text die Rampe von Auschwitz in die frühen 1970er Jahre: »Wem sich die Verhältnisse des verdeckten Kriegs – die Bourgeoisie gegen Volk – nicht als Naturtatsache aufdrängen, als Sein, das sein muss – ab in die Mühlen des offenen Zwangs, die Gefangenenlager des Systems. Und drin nochmal die Rampe: der ist noch resozialisierbar, heißt: mit rausgeleiertem Rückgrat dem Kapitalverwertungsprozeß noch anpaßbar – der nicht, der wird fertig gemacht.« Ebd., 187.

40 Holger Meins, ein oder gibt es nicht, Brief vom 4.7.1974, in: Pieter H. Bakker Schut (Hg.), das info, 83-101, hier 93 (Hervorhebung im Original).

> »die psychologische krieg[s]führung mit ihren terrorisierenden und gleichzeitig mobilisierenden effekten zur durchführung und konditionierung der konterrevolutionären gegenoffensive. terror gegen das volk, gehirnwäsche, für alle zur abschreckung und zur mobilisierung der sturmtruppen (sa und ss) gegen das proletariat, seine partei und seine organisationen«.[41]

Auf die enge Verzahnung der nationalrevolutionären wie antisemitischen Aspekte im Selbstverständnis der westdeutschen LinksterroristInnen ist bereits mehrfach hingewiesen worden.[42] Komplementär zu dieser Stoßrichtung des »bewaffneten Kampfs« war es der inflationäre »Faschismus«-Begriff der RAF, der als Negativetikett nahezu beliebig einsetzbar war, um die eigene Gewalt zu rechtfertigen. Das Brandmarken anderer als »faschistisch« ebnete den Weg dafür, sich »aus der Geschichte herauszukatapultieren und sich mit ›revolutionären Völkern‹ aller Art zu identifizieren«, wie Jan Gerber in seinen Überlegungen zur Rolle der »Stadtguerilla« als Avantgarde des Antizionismus herausgearbeitet hat.[43]

Eine überaus starke Identifikation verband die westdeutschen LinksterroristInnen mit palästinensischen Freischärlern diverser Fraktionen.[44] Zu den glühendsten Dokumenten dieser ideellen wie praktischen Verbrüderung zählt die RAF-Schrift zum Olympia-Attentat 1972, in der sie den Münchner Anschlag, bei dem elf israelische Sportler ermordet wurden, als

41 Ebd., 90 f. (Hervorhebung im Original).

42 Siehe dazu u.a. Joachim Bruhn/Jan Gerber (Hg.), Rote Armee Fiktion, Freiburg 2007; Jan Gerber, Auf der Suche nach Normalität. Der Antizionismus der westdeutschen Stadtguerilla, in: *Hallische Beiträge zur Zeitgeschichte*, 10, 2001, 5-42; Martin Kowalski, »Aber ich will etwas getan haben dagegen!« Die RAF als postfaschistisches Phänomen, Berlin 2010; Wolfgang Kraushaar, Die Bombe im Jüdischen Gemeindehaus, Hamburg 2005; ders., Antizionismus als Trojanisches Pferd. Zur antisemitischen Dimension in Kooperationen von Tupamaros West-Berlin, RAF und RZ mit den Palästinensern, in: ders. (Hg.), Die RAF und der linke Terrorismus, Hamburg 2006, Band 2: 676-695; ders., »Wann endlich beginnt bei Euch der Kampf gegen die heilige Kuh Israel?«, München 1970: Über die antisemitischen Wurzeln des deutschen Terrorismus, Reinbek 2013; Uli Krug, Wie die Werwölfe, a.a.O.; Oliver Tolmein, Stammheim vergessen. Deutschlands Aufbruch und die RAF, Hamburg 1992; ders., Vom Deutschen Herbst zum 11. September, a.a.O.; Volker Weiß, »Volksklassenkampf«, a.a.O.

43 Jan Gerber, »Schalom und Napalm«. Die Stadtguerilla als Avantgarde des Antizionismus, in: Joachim Bruhn/ders. (Hg.), Rote Armee Fiktion, 39-84, hier 67.

44 Siehe dazu auch die zahlreichen Solidaritätsbekundungen, die bis 1998 zum festen Bestandteil der Schriften aus der Illegalität gehörten. In ihrer letzten Nachricht schrieben die LinksterroristInnen: »Wir werden die GenossInnen der palästinensischen Befreiungsfront PFLP nie vergessen, die im Herbst 1977 in internationaler Solidarität beim Versuch, die politischen Gefangenen zu befreien, ihr Leben ließen.« RAF, Auflösungserklärung, 229.

»gleichzeitig antiimperialistisch, antifaschistisch und internationalistisch« verteidigte.[45] Damit fiel der proletarische Internationalismus mit dem angewandten Antizionismus und der NS-Apologetik der LinksterroristInnen in eins. In der deutschen Vergangenheit aus Nazi-Diktatur, Shoah und Zweitem Weltkrieg war nunmehr lediglich das Vorspiel zur damaligen Gegenwart zu entdecken: »Der Nationalsozialismus war nur [sic!] die politische und militärische Vorwegnahme des imperialistischen Systems der multinationalen Konzerne.«[46]

Vorausgegangen war zu diesem Zeitpunkt bereits die Anschlagserklärung zum Bombenangriff auf das Hauptquartier der US-Army in Westeuropa in Heidelberg, in dem es hieß:

> »Die Menschen in der Bundesrepublik unterstützen die Sicherheitskräfte bei der Fahndung nach den Bombenattentätern nicht, weil sie mit den Verbrechen des amerikanischen Imperialismus und ihrer Billigung durch die herrschende Klasse hier nichts zu tun haben wollen. Weil sie Auschwitz, Dresden und Hamburg nicht vergessen haben, weil sie wissen, daß gegen die Massenmörder von Vietnam Bombenanschläge gerechtfertigt sind.«[47]

Im selben Zuge, mit welchem politisch Schuldige für die damalige Gegenwart ausgemacht werden sollten, verschärfte sich die rückwirkende Nazi-Apologetik der LinksterroristInnen. So unterschieden sich die Gaskammern der Vernichtungslager nicht von den Bombenabwürfen der Alliierten auf das »Dritte Reich«, und die wahre Terrorherrschaft des 20. Jahrhunderts war nicht diejenige der NSDAP zwischen 1933 und 1945, sondern die 1945 über Westdeutschland gezogene abstrakte Regentschaft des Geldes mit *open end*. Der Aspekt des Abstrakten befeuerte die RAF dabei zusätzlich, weil er die Selbstlegitimation umso notwendiger erscheinen ließ – wenn Herrschaft überall und unausweichlich war, musste sich der eigene Widerstand dagegen ebenso unausweichlich zeigen. In pflichtbewusster Diktion sollte die Organisation in späteren Jahren erklären: »Auch wenn es nicht in unserem Interesse ist: Krieg kann nur mit Krieg beantwortet werden.«[48]

45 RAF, Die Aktion des »Schwarzen September« in München. Zur Strategie des antiimperialistischen Kampfes, in: ID-Archiv (Hg.), Rote Armee Fraktion, 151-177, hier 151.

46 Ebd., 168.

47 RAF (»Kommando 15. Juli«), Erklärung zum Bombenanschlag auf das Hauptquartier der US-Army in Europa in Heidelberg vom 25.5.1972, in: ID-Archiv (Hg.), Rote Armee Fraktion, 147 f., hier 148.

48 RAF, An alle, die auf der Suche sind, wie menschenwürdiges Leben hier und weltweit an ganz konkreten Fragen organisiert und durchgesetzt werden kann, 414.

Was besagten »Krieg« als Alternative auszeichne, und worin sein politisches Potenzial bestünde, führten die LinksterroristInnen nicht aus. Gewalt galt lediglich als unabdingbares Mittel, um eine ebenfalls unterbestimmte wie selbsterklärende Befreiung herbeizuführen, wobei die Deutschen als kollektives Opfer fremder Herrschaftsinteressen firmierten. In ihrem kollektiven Vermächtnis, der »Erklärung zur Sache« von 1976, behaupteten die Angeklagten Andreas Baader, Gudrun Ensslin, Ulrike Meinhof und Jan-Carl Raspe, dass die USA die westdeutsche Bevölkerung nach dem Zweiten Weltkrieg nach erprobtem Modell unterjocht habe:

> »Die Besatzungsmacht trat der deutschen Bevölkerung in den Reeducation-Kampagnen nicht anders gegenüber als kolonialistische Eroberer der autochthonen Bevölkerung eines besetzten Landes in der Dritten Welt. Die Kampagne beruhte auf der wissenschaftlich verschleierten, rassistischen Behauptung einer ›spezifischen Charakterstruktur des deutschen Volkes‹, aus der sich seine ›antidemokratische Einstellung‹ ergebe und ›in der Psyche des Volkes‹ verankert sei, usw., kurz: ein dem deutschen Volk ›angeborener Fehler‹, genauso wie für die französischen Kolonialherren die Algerier ›geborene Verbrecher‹ waren. Der ›geistigen Infantilität der Eingeborenen‹, mit der der Imperialismus seit je in der Dritten Welt operiert gegen die Völker, entspricht die ›politische (demokratische) Infantilität‹, mit der die US-imperialistische Besatzungsmacht in Westdeutschland gegen das Proletariat operierte.«[49]

Als die RAF im Frühjahr 1982 ihr erstes Strategiepapier seit »Dem Volk dienen« vorlegte, plädierte die Organisation für eine Einheit aus »Guerilla, Widerstand und antiimperialistischer Front«, um militante Legale für den Antiimperialismus – unter Federführung ebenjener »Guerilla – zu gewinnen.[50] Das Resultat war eine Neuauflage der Rhetorik von der Prävalenz der Macht, »der Erfahrung der Totalität des imperialistischen Zentrums«, der daraus abgeleiteten »Notwendigkeit des Widerstands hier« und markiert einen Höhepunkt der Allmachtsfantasien der AutorInnen.[51] In ihrem Schreiben wiederholten die Illegalen auffallend häufig Begriffe wie »Angriff«, »Front«, »Kampf«, »Konfrontation«, »Kraft« oder »Stärke«, die in keiner Verbindung zu den tatsächlichen Errungenschaften oder Erneuerungen der politischen Linken standen. Je vehementer die Omnipräsenz

49 Andreas Baader/Gudrun Ensslin/Ulrike Meinhof/Jan-Carl Raspe, Auszüge aus der ›Erklärung zur Sache‹, in: ID-Archiv (Hg.), Rote Armee Fraktion, 198-265, hier 211.

50 RAF, »Guerilla, Widerstand und antiimperialistische Front«, in: ID-Archiv (Hg.), Rote Armee Fraktion, 291-306.

51 Ebd., 293.

der Macht vorgetragen wurde, desto größer die Selbstüberschätzung, was mit den Anschlägen erzielt werden könne, aber auch der Mangel an analytischer Konkretion: Über reale politische Veränderungen in der Bundesrepublik schwieg sich die RAF aus.[52]

Mit der Rede von einer mystifizierten, alles umfassenden Macht und der komplementären Gewaltaffirmation war die RAF allerdings nicht allein. Dem verführerischen Sog, sich der nächstbesten Gewalt hinzugeben, die sich als revolutionäre Kraft darbot, verfielen in den 1970er Jahren auch außerhalb der Bundesrepublik andere, die sich im Kampf gegen den Faschismus wähnten. Michel Foucaults im ersten Band seiner Serie *Sexualität und Wahrheit* vorgenommene Analyse bürgerlicher Subjektivierung ist ein Paradebeispiel dafür, wie eine an 1968 geschulte Sehnsucht nach radikaler Entsubjektivierung nicht über das kritisierte bürgerliche Subjekt hinauswächst, wenn sie sich dem Politischen zuwendet, sondern hinter dieses zurückfällt, indem sie sich der Gewalt hingibt und auf das Mythische regrediert.[53] Der Philosoph war 1978/79 nicht etwa von der Revolution in Nicaragua, deren Unterstützung damals zu den Essentials des linken Milieus der Bundesrepublik zählte, fasziniert, sondern von der antiimperialistischen Umwandlung der persischen Monarchie in eine Theokratie.[54] Zwar sind die Texte, die Foucault über seine beiden Reisen nach Persien verfasste, nicht in der knöchernen Diktion der RAF gehalten, doch beiden gemeinsam ist die Vorstellung von einer totalen subjektiven Knechtschaft im Kapitalismus – und die Hoffnung auf eine entsprechende Erhebung von ›unten‹: »Das ist keine Revolution im wörtlichen Sinne, sondern der Versuch, aufzustehen und sich aufzurichten. Es ist eine Erhebung von Menschen mit bloßen Händen. Sie wollen die gewaltige Last heben, die auf uns allen liegt.«[55] Die höchste Konzentration dieser »gewaltige[n] Last« sollte Ruhollah Chomeini später in seiner Funktion als Aya-

52 Hierunter fielen Anfang der 1980er Jahre, wie Oliver Tolmein ausführt, Massenarbeitslosigkeit, Stimmengewinne für die CDU/CSU, die Parlamentarisierung der ehemals außerparlamentarischen Opposition sowie das »nationale Erwachen der Friedensbewegung«. Vgl. Vom Deutschen Herbst zum 11. September, 43 f. Hinzuzählen sind allerdings auch die zunehmenden Attacken von Neonazis wie etwa das Oktoberfest-Attentat sowie der Brandanschlag auf eine Hamburger Asylbewerberunterkunft, beides 1980.

53 Michel Foucault, Der Wille zum Wissen. Sexualität und Wahrheit I, Frankfurt am Main 1977.

54 Zur Begeisterung des Machttheoretikers für den Islamismus als spiritueller Heilslehre wider die Subjektivierungsweisen der westlichen Welt siehe Janet Afary/Kevin B. Anderson, Foucault and the Iranian Revolution. Gender and the Seductions of Islamism, Chicago 2005.

55 Michel Foucault, Das mythische Oberhaupt der Revolte im Iran, in: ders., Dits et Écrits III, Frankfurt am Main 2003, 894-897, hier 897.

tollah ebenfalls in den USA und Israel lokalisieren, als er in diesen den »großen« und den »kleinen Satan« wähnte und damit demonstrierte, dass der Antiimperialismus sein Vokabular je nach weltpolitischer Ereignislage schnell zu modernisieren vermochte, d.h. mitnichten auf ein linksterroristisches Format angewiesen war.[56]

Die Mitglieder der RAF schienen in den 1980er Jahren geahnt zu haben, dass ihr Militarismus konzeptionell und legitimatorisch von klerikalfaschistischer Seite überholt werden sollte. Diejenigen, die bald die antiimperialistische Nachfolge antraten, benötigten keine marxistisch-leninistische Rückversicherung für ihr mörderisches Anliegen. Hierzu korrespondierend, verbaten sich die moralisch-selbstreflexiven LinksterroristInnen in vorauseilendem Gehorsam jegliche Kritik an dem an Einfluss gewinnenden Islamismus in den arabischen Ländern. Als 1985 ein TWA-Flugzeug von Islamisten entführt wurde, erklärten die westdeutschen Illegalen »[d]ie Aktion für richtig und stark« und ergänzten:

> »Die Inhalte, um die es in den islamisch-fundamentalistischen Bewegungen geht, haben mit uns, mit unserer Politik nicht viel zu tun. Man muß hier die objektive Wirkung ihrer Kämpfe begreifen. Darüber hinaus ist es eine Sache der arabischen revolutionären Bewegung. Was soll das von hier zu urteilen?«[57]

Mit dem Ende der Blockkonfrontation verloren die LinksterroristInnen um 1990 neben der unmittelbaren Unterstützung durch die Apparate und Dienste der DDR auch ihre wesentliche ideelle Legitimationsgrundlage: Die real existierende sozialistische Alternative zum Kapitalismus. Es war deshalb wenig überraschend, dass die RAF in ihren letzten Jahren vom Avantgarde-Prinzip abrückte und »das Soziale« für sich entdeckte, einen massenkompatiblen Begriff, der deutlich weniger schroff daherkam als die bis dahin verwendete militaristische Terminologie, und mit welchem »Sozialismus« nunmehr sanft evoziert wurde. Bezüge zum proletarischen Internationalismus blieben dabei jedoch weiterhin gewahrt. Die zunehmende globale Verbreitung von »Basisbewegungen« als legaler Alternative zu den Guerilla-Organisationen des Trikonts etwa wurde im Untergrund wohlwollend registriert: »So hat sich in verschiedenen Ländern (die Intifada in Palästina und Kurdistan oder die Befreiungsbewegungen in El

56 In den 1990er Jahren formierte sich mit den kurzlebigen Antiimperialistischen Zellen (AIZ) eine selbsterklärte Nachfolgeorganisation der RAF, die sich explizit auf den Islam als Befreiungsideologie bezog. Zu diesem Punkt siehe auch Oliver Tolmein, Vom Deutschen Herbst zum 11. September, 15.

57 O.A., Interview mit der RAF, September 1985, in: ID-Verlag (Hg.), Rote Armee Fraktion, 345-348, hier 348.

Salvador oder den Philippinen) eine Macht von unten herausgebildet, die neben der reaktionären Staatsmacht existiert.«[58] Mit ihrem letzten Attentat auf einen jener mit gewohnter Eiseskälte gehassten »Repräsentanten« des Kapitals, der Ermordung von Treuhand-Chef Detlev Karsten Rohwedder 1991, versuchte die RAF jene »Macht von unten« auch als eine neue linke Perspektive wider das kapitalistische Deutschland attraktiv zu machen. Die Anbiederung an die ostdeutsche Bevölkerung, bei welcher Rohwedder zum Zeitpunkt des Anschlags eine überaus schlechte Reputation genoss, zeigt sich auch in der Erklärung, in welcher die Verantwortlichen ein Bild des Ermordeten zeichneten, das geradezu wie eine sowjetische Kapitalistenkarikatur aus dem Kalten Krieg wirkte:

> »Rohwedder war schon [in den 1970er Jahren, VSV] einer dieser Schreibtischtäter, die tagtäglich über Leichen gehen und im Interesse von Macht und Profit Elend und Not von Millionen Menschen planen.
> In den 80er Jahren machte sich Rohwedder als Chef des Hoesch-Konzerns einen Namen als brutaler Sanierer. Er hat bei Hoesch in wenigen Jahren mehr als 2/3 aller ArbeiterInnen rausgeschmissen und den bankrotten Konzern zu neuen Profitraten geführt. Dafür wurde er 1983 zum Manager des Jahres gekürt.
> Die Krönung von Rohwedders Karriere sollte seine Funktion als Bonner Statthalter in Ostberlin sein. Seit ihrer Annexion ist die Ex-DDR faktisch Kolonie der Bundesrepublik: Die politischen, wirtschaftlichen und militärischen Entscheidungen liegen in Bonn bzw. bei bundesdeutschen Konzernen.«[59]

Als habe es noch nicht gereicht, den Mord mit einer solchen Überzeichnung zu rationalisieren, führte die RAF noch aus, dass »das Kapital« in der vormaligen DDR »auf freiem Feld und mit entwurzelten Menschen den Neuaufbau nach seinen Maßstäben beginnen«[60] könne. Damit war unzweideutig formuliert, dass sich die Organisation ungeachtet aller politischen Veränderungen als Exekutive der Volksgemeinschaft imaginierte, die fest in angestammtem Territorium verwurzelt sei, und als deren Antithese der entwurzelnde Kapitalist proklamiert wurde. Die alte Losung, »[d]em Volk dienen« zu wollen, erfuhr hier Erneuerung, indem sich die

58 RAF (»Kommando José Manuel Sevillano«), Erklärung zum Anschlag auf Hans Neusel vom 29.10.1990, in: ID-Verlag (Hg.), Rote Armee Fraktion, 393-399, hier 396.
59 RAF (»Kommando Ulrich Wessel«), Erklärung zum Attentat auf Detlev Karsten Rohwedder vom 4.4.1991, in: ID-Verlag (Hg.), Rote Armee Fraktion, 404-409, hier 405.
60 Ebd., 405.

RAF diesmal an die Spitze des Volkszorns des durch die Wiedervereinigung vorerst abgehängten Teils der neuen BundesbürgerInnen imaginierte. Abermals offenbarte die Organisation, dass sie einer unterkomplexen Gesellschaftsanalyse anhing, in welcher Gewalt und Herrschaft als von ›oben‹ und Widerstand und Emanzipation als von ›unten‹ kommend definiert wurden, wie Oliver Tolmein in seiner Kritik betont.[61]

Als die RAF im März 1993 schließlich ihren letzten Anschlag beging, griff sie mit dem gerade fertiggestellten Gefängnisneubau Weiterstadt eine staatliche Einrichtung an, die ihr als zynische Subjektverwertung im Kapitalismus galt. In der zugehörigen Erklärung schrieben die Verantwortlichen:

> »Der Weiterstädter Knast steht exemplarisch dafür, wie der Staat mit den aufbrechenden und sich zuspitzenden Widersprüchen umgeht: gegen immer mehr Menschen Knast, Knast, Knast – und er steht als Abschiebeknast für die rassistische staatliche Flüchtlingspolitik. In seiner technologischen Perfektion von Isolation und Differenzierung von gefangenen Menschen ist er Modell für Europa.«[62]

Damit räumte die RAF ein, wie sie selbst auf die immer komplizierteren politischen Entwicklungen reagierte: Gewalt, Gewalt, Gewalt. Mit solchen Überlegungen wie Taten konnte sie bei ihren damals zum Teil bereits mehr als 20 Jahre einsitzenden GenossInnen, die mittlerweile nicht länger auf eine Befreiung durch militaristische Aktionen, sondern auf Amnestie hofften, allerdings kaum mehr punkten. Nach dem Tod von Wolfgang Grams, der Festnahme von Birgit Hogefeld und der Enttarnung des Verfassungsschutz-Spitzels Klaus Steinmetz im Sommer 1993 manövrierten sich die verbliebenen Illegalen, die RAF-Inhaftierten und die antiimperialistische Szene in eine solche Krise, dass das vormals exorbitante Feindbild nicht mehr auf ein gemeinschaftsstiftendes Außen angewiesen war. Die verbalen Geschütze kehrten sich nun in Form gegenseitiger Schuldzuweisungen endgültig nach innen; die jahrzehntelang bestehende »Einheit des Proletariats« im eigenen Gruppenverständnis zerbrach. In einem Brief an Hogefeld bezeichnete die wegen der Schleyer-Entführung zu lebenslanger Haft verurteilte Adelheid Schulz den Anschlag von Weiterstadt gar als den letzten in einer Reihe populistischer Aktionen und schloss ihre Belehrung damit, der zuletzt Verhafteten zu unterstellen, »wieder ins bürgerliche System aufgenommen werden zu wollen«, und zwar »so einfach und nackt

61 Oliver Tolmein, Vom Deutschen Herbst zum 11. September, 18.

62 RAF (»Kommando Katharina Hammerschmidt«), Erklärung zum Sprengstoffanschlag auf die JVA Weiterstadt vom 30.3.1993, in: ID-Verlag (Hg.), Rote Armee Fraktion, 455-464, hier 462.

und traurig«.[63] Aus der Schreibmaschine einer Vertreterin des unabdingbaren Avantgarde-Anspruchs kam ein solches Urteil einer beschämenden Austrittskarte gleich. Im Gegensatz zu den Beschimpfungen im »info« zwei Jahrzehnte zuvor hinterließ dies den Eindruck eines miniaturisierten Schauprozesses, der ohne Richtersaal auf Postwegen von Zelle zu Zelle ausgetragen wurde. Weil damit jedoch nicht nur Hogefeld, sondern auch die Rest-RAF gemeint war, traten alle Beteiligten der Auseinandersetzung in die letzte Phase des »bewaffneten Kampfs« ein, in der es um die Rettung der jeweils eigenen Ehre vor der Geschichte ging.

Gegenwärtig besteht die nachträgliche Ehrenrettung darin, das einstmalige gewalttätige Anliegen – wenn überhaupt – mit milden und nachdenklich anmutenden Tönen zu problematisieren, indem etwa die vermeintliche Legitimität des »Aufbruchs« einer ganzen »Generation« hervorgehoben wird, ohne sich mit dem eigenen antisemitischen Kampfprogramm zu befassen, wofür Karl-Heinz Dellwos ausführliche Stellungnahme paradigmatisch steht.[64] Wenn ein selbstkritisches, aber von jedwedem Renegatentum freies ehemaliges RAF-Mitglied wie Stefan Wisniewski in einem Interview fragt, weshalb seine vormalige Organisation 1977 nicht die Treffen ehemaliger SS-Organisationsverbände attackiert habe, artikuliert sich darin das anhaltende Unvermögen, anzuerkennen, dass die LinksterroristInnen zu keinem Zeitpunkt eine Analyse des Nationalsozialismus vorgelegt haben, die das eigene Handeln hätte bestimmen können.[65] Eine exakte politische Positionsbestimmung in der Nachkriegsdemokratie hätte schließlich zuvörderst bedeutet, zu versuchen, die für die Shoah Verantwortlichen der Gerichtsbarkeit zu überführen, nicht aber, auf sie zu schießen – vor allem jedoch, das sagenumwobene deutsche »Volk« als Referenz preiszugeben, das mit der antiimperialistischen Fixierung auf die USA und Israel unter historischen Artenschutz gestellt worden war. Die positive Bezugnahme auf die nationale Herkunft dominierte das linksterroristische Gewaltverständnis von seinen Anfängen bis zum Ende der RAF. »Ohne dass wir das deutsche Volk vom Faschismus freisprechen – denn die Leute haben ja wirklich nicht gewusst, was in den Konzentrationslagern vorging –, können wir es nicht für unseren revolutionären Kampf mobilisieren«, hatte Ulrike Meinhof 1972 als Zeugin im Prozess gegen Horst Mahler ver-

63 Adelheid Schulz, Brief an Birgit Hogefeld vom November 1993, in: ID-Archiv (Hg.), »wir haben mehr fragen als antworten«, 268-273, hier 271.

64 Vgl. Karl-Heinz Dellwo, Das Projektil sind wir. Der Aufbruch einer Generation, die RAF und die Kritik der Waffen, Hamburg 2007.

65 Stefan Wisniewski, Wir waren so unheimlich konsequent … Ein Gespräch zur Geschichte der RAF, 3. Aufl., Berlin 2003, 33.

kündet.[66] Im selben Atemzug erklärte sie Antisemitismus zur legitimen Ausdrucksweise einer antikapitalistischen Gesinnung.[67] Zur Tatsache, dass mit ebenjenem Horst Mahler gegenwärtig einer der Mitbegründer der RAF eine Haftstrafe wegen Neonazismus verbüßt, hat bis heute keine/r der ehemals Beteiligten eine kritische Zeile verloren. Auch deshalb geht die Gleichung »Staatsfeind in Deutschland« = »Feind Deutschlands« im Falle der RAF nicht auf, wie Uli Krug in seinen Überlegungen zum Mythos der »Vernichtungshaft« zu Recht bemerkt hat.[68] Der Schritt von der NS-Apologetik der LinksterroristInnen zum angewandten Antizionismus, der mit den deutschen »Menschen« kokettierte, die angeblich »Auschwitz, Dresden und Hamburg« nicht vergessen hätten, zeigt, dass die militaristische Anstiftung zur Gewaltanwendung nicht ohne radikalen Geschichtsrevisionismus zu haben war. Es schloss sich mehr als ein symbolischer Kreis, als die RAF ihre Auflösungserklärung der Redaktion von *Reuters* am 20. April 1998 zuspielte.

66 Zitiert nach Peter Jochen Winters, Ulrike Meinhof läßt sich nur die Stichworte geben, in: *Frankfurter Allgemeine Zeitung*, 15.12.1972.

67 Vgl. ebd.

68 Uli Krug, Gefühltes Gas. Der Mythos der Vernichtungshaft, in: Joachim Bruhn/Jan Gerber (Hg.), Rote Armee Fiktion, 85-91, hier 88.

Andrew I. Port (Detroit, MI)

»There Will Be Blood«

The Violent Underside of the »Peaceful« East German Revolution of 1989

In an early scene in the popular German film *Good Bye Lenin!*, the protagonist Alex is seen participating in a peaceful anti-government demonstration in East Berlin. The date is October 7, 1989, the fortieth anniversary of the German Democratic Republic (GDR). As the crowd calmly chants »freedom of the press,« Alex nonchalantly munches an apple but then begins choking on a piece that apparently went down the wrong way – just as security forces appear and try to block the way of the marchers. A young woman approaches Alex from behind and heftily pats him on the back, encouraging him to »cough it out.« More and more security officials show up in armored trucks, some of which have barricades attached at the front for crowd control, as the demonstrators begin to chant: »Keine Gewalt! Keine Gewalt!« (no violence).

At just this moment, Alex's mother Christiane – a loyal socialist, by all appearances – arrives in a taxi on her way to an official ceremony celebrating the anniversary of the GDR (we find out in a preceding scene that she wants to have a chance to see Mikhail Gorbachev »up close«). Blocked by security officials from advancing, she exits the cab to take the subway but pauses to observe the increasingly tense scene. The camera cuts to her son, who is desperately trying to find out the name of the attractive young woman who had just helped him: her reply – »Lara« – is barely audible as security officials roughly separate the two. This is followed by chaotic scenes of police brutality, as uniformed men as well as men in civilian clothing dive into the crowd to arrest participants, several of whom scream as they are savagely beaten and dragged off to waiting trucks. Yelling at them to stop, Christiane suddenly sees her son being taken away by police. She collapses and, as we later find out, falls into a coma – the victim of a near-fatal heart attack.

This key scene is what the German playwright and novelist Gustav Freytag would have called the »inciting incident« from which the rest of the plot then unfolds. *Good Bye Lenin!* chronicles Alex's humorous but noble efforts to shield his mother after she awakens from her coma soon after German unification in 1990. Worried that news of the GDR's demise might be a lethal shock to her system given her already fragile state, Alex creates an »entire alternate reality« by imaginatively recreating the GDR in his mother's bedroom.[1]

This opening scene is rich in both symbolism and irony. As it turns out, the young woman whom Alex met in the crowd was a young nurse from the Soviet Union. He encounters her again in the hospital, this time tending to his mother, who, it will be recalled, was on her way to see Gorbachev. It is likely no coincidence that the young woman is from the USSR: the riot police separate these star-crossed lovers – as well as Christiane from the Soviet leader – just as the stubborn leadership of the ruling Socialist Unity Party (SED) prevents the peaceful East German populace from enjoying the political and economic reforms introduced by Gorbachev in the Soviet Union.

The message of this key scene seems obvious. But is it not ironic that the film most closely associated with *Ostalgie*, i.e., the longing for the supposedly positive aspects of the now defunct GDR that gripped former East Germany at the turn of the millennium, begins by highlighting the largely forgotten, *violent* underside of the supposedly »peaceful« revolution of 1989-90? The nonviolent nature of the revolutionary changes that shook the GDR and brought about the demise of state socialism has become axiomatic, and has even prompted some commentators to question the revolutionary nature of the upheaval. Just as important, the nonviolent dénouement is considered so self-evident that it seems to require no explanation.[2] Until recently, in fact, most studies of the *Wende* (»the turn«) – a popular term that in itself downplays the revolutionary nature of the events – have given scant attention to the type of violent encounter that plays such a prominent role at the beginning of *Good Bye Lenin!* and that took place not only in East Berlin but also, most notably, in Dresden, Leipzig, and the Saxon town of Plauen during the early days of October 1989.[3] These de-

1 See Stephen Brockman, A Critical History of German Film, Rochester, NY 2010, 469-477, here 471. Also see Gustav Freytag, Technique of the Drama: An Exposition of Dramatic Composition and Art, trans. Elias J. MacEwan, St. Claires Shore, MI 1969.

2 See Matthias Damm and Mark R. Thompson, Die spontane Macht der Gewaltlosen. Eine übersehene Erklärung für den Untergang der DDR, in: Clemens Vollnhals (ed.), Jahre des Umbruchs. Friedliche Revolution in der DDR und Transition in Osteuropa, Göttingen 2011, 203. For a concise overview of debates about the character of the revolution, see Corey Ross, The East German Dictatorship: Problems and Perspectives in the Interpretation of the GDR, Oxford 2002, 126-148.

3 Recent exceptions include studies that marked the twentieth anniversary of the revolution, such as Ilko-Sascha Kowalczuk, Endspiel. Die Revolution von 1989 in der DDR, Munich 2009; and Michael Richter, Die Friedliche Revolution. Auf-

monstrations »appeared suddenly like a few brilliant flashes of light on an otherwise darkened East German map.«[4] This article revisits those violent flashes to shed light on the ways in which they may have contributed to the ultimately peaceful outcome of the revolution, an outcome that was anything but self-evident at the time.

A Palpable Threat of Violence

Why are the events that transpired in the fall of 1989 generally considered to have been nonviolent, and just how accurate is the moniker »peaceful revolution«? The only acts of physical violence that occurred took place over several days in early October and were, as far as we know, committed by East German security forces – with one major exception involving street battles that waged for several days in the city of Dresden beginning on October 4.[5] But the day of protest that many observers and participants feared would result in widespread bloodshed and perhaps even civil war – Monday, October 9 – ended instead without violent incident. The peaceful outcome of that critical day in Leipzig, the geographic epicenter of the East German revolution, is generally considered to be the turning point of the fall upheaval: the »climax« of the plot, in Freytag's terminology, from which all subsequent developments flow – in this case, mass mobilization across the entire GDR, the fall of the Berlin Wall on November 9, the first free elections in March 1990, and unification of Germany the following October. These events were »in their historical significance not less significant, but they took place at a time when the actual revolution of 1989 was already over.«[6]

If the »actual« revolution is equated with what happened up to and on October 9, as this suggests, then it was anything *but* peaceful. In fact, East German security forces had already arrested by the following day – often with brutal force across the GDR – no fewer than 3,284 protesters and innocent bystanders.[7] Other scholars have magically »made« the revolution peaceful by excluding these violent occurrences altogether from the »ac-

bruch zur Demokratie in Sachsen 1989/90, Göttingen 2009. Also see the essays in Martin Sabrow (ed.), 1989 und die Rolle der Gewalt, Göttingen 2012.

4 John Connelly, Moment of Revolution: Plauen (Vogtland), October 7, 1989, in: *German Politics and Society* 20 (Summer 1990), 71.

5 There were reports of crowd violence in at least a dozen other major cities and towns. See Steven Pfaff, Exit-Voice Dynamics and the Collapse of East Germany, Durham, NC 2006, 116 ff.

6 Damm and Thompson, Macht der Gewaltlosen (fn. 2), 215.

7 This figure is based on a high-level criminal police (KriPo) report from October 10 and cited in Richter, Friedliche Revolution (fn. 3), 393.

tual« revolution: as Peter Voss writes, »We consider these events to have occurred *prior to* the revolution that began on October 9.«[8] In this and similar views, then, it is only if one considers the period beginning on that day – and/or only the behavior of (most) of the civilian participants – that one may accurately refer to the East German revolution as nonviolent.

This distinction is clearly arbitrary, and one might well speculate about possible motives (not least political ones) about efforts to qualify and circumscribe the events that constituted the »actual« revolution – beginning with the striking claim that it was not truly a revolution at all because there was no bloodshed or mass violence. Jürgen Habermas argued as early as 1990, in fact, that it was a mere shadow of a revolution, a »catching-up *(nachholende)* revolution,« because the East Germans had not created anything new but merely slavishly adopted what already existed just across the Elbe.[9] (There was clearly a palpable disappointment that the »masses« in the East did not – like their more privileged »postmaterial« brethren in the West who had enjoyed years of bourgeois material comfort, or like many dissident East German intellectuals and artists – disdain lowly material accoutrements like bananas and video recorders.) This tendency in some quarters to play down the revolutionary nature of the mass movement that brought down the SED regime accords with the stale stereotype of the politically passive German who cannot launch a revolution – or at least a successful one.[10] This is historically inaccurate. The German revolutions of 1848, 1918, and June 17, 1953 – the first postwar statewide uprising of its kind in the Soviet bloc – may not have succeeded in the ways that many had hoped at the time or since. But it is simply wrong to suggest

8 Peter Voss, Why Were the Protests Peaceful? In: Karl-Dieter Opp, Peter Voss and Christiane Gern (eds.), Origins of a Spontaneous Revolution: East Germany, 1989, Ann Arbor, MI 1995, 91 (emphasis added).

9 Jürgen Habermas, Die nachholende Revolution, Frankfurt am Main 1990. Habermas and others have also misleadingly suggested that 1989 was – in Albert Hirschman's often used terminology – an »exit-revolution« and not a »voice revolution.« See Roland Bleiker, Nonviolent Struggle and the Revolution in East Germany, Cambridge, MA 1993, 13 f.

10 On such views, see Detlef Pollack, Die Friedlichkeit der Herbstakteure 1989, in: Sabrow (ed.), Rolle der Gewalt (fn. 3), 108. For equally unpersuasive arguments concerning the role played by the »Saxon mentality,« or the alleged »inability« (*pace* former East German psychotherapist Hans-Joachim Maaz) of »inhibited« East Germans to »deal with aggressive feelings since their childhood« because of the GDR's »repressive method of upbringing,« see Voss, Why Were the Protests Peaceful? (fn. 8), 92. According to Maaz's popular book Der Gefühlsstau. Ein Psychogramm der DDR, Berlin 1990, the nonviolent nature of the revolution was not the »result of mature political action but rather [...] an expression of our neurotic inhibitions« (168).

that Germans are, as a rule, a disciplined lot who prefer order and discipline *(Zucht und Ordnung)* to political upheaval.

In short, the efforts to play down the revolutionary nature of 1989 not only do injustice to the achievements of the participants, who ushered in what were socioeconomic and political changes of a clearly revolutionary nature, but also unfairly make light of the risk – not least physical – that they took and continued to take even after October 9.[11] It was not clear at any point, least of all to the participants, that the situation would remain peaceful and that political violence would not be employed by the regime. After all, communist authorities had shown time and again that they were not averse to using force to put down large-scale resurrections: in 1953 in the GDR itself, in 1956 in Poland and Hungary, in 1968 in Czechoslovakia, in Poland again in the 1980s – and, most recently, in June 1989 in China. The arrival of Gorbachev radically altered the situation in East Europe, but even if it was unlikely that Soviet tanks would roll in 1989, those who took to the streets could not have known that for certain. Besides, Soviet restraint would not necessarily have precluded a harsh »indigenous« response – as subsequent developments in Nicolae Ceauşescu's Romania made clear.

In any event, those who were involved later acknowledged having been nervous, afraid and uncertain about what might transpire: »We all reckoned with the very high probability of bloodshed on October 9«[12] in Leipzig – not surprising, given the violent behavior of security officials just days before in Berlin and Dresden. The latter incidents were, in fact, caught on tape by an American news camera team, immediately broadcast on West German television and, no doubt, widely watched in the GDR.[13] Based on a survey one year later of more than 1,500 people living in Leipzig at the time, almost 70 percent had, on the eve of October 9, viewed arrest, injury, sanctions at the workplace, or trouble for family members as »probable« or »highly probable« as a consequence of their participation: 83 percent had expected to be arrested, while 91 percent feared injury by security forces.[14]

11 »Every single demand that the people had taken to the streets in the fall of 1989 was thus met by the spring of 1990.« See Bleiker, Nonviolent Struggle (fn. 9), 9.

12 Karl-Dieter Opp, The Blunt Weapons of the Stasi: Why Were the Security Forces Unable to Prevent the Revolution? In: Opp, Voss, and Gern (eds.), Origins (fn. 8), 138.

13 Since the 1970s, approximately 90 percent of East Germans watched West German television. See Bleiker, Nonviolent Struggle (fn. 9), 29.

14 The authors of the study continue: »Sixty-nine percent of the respondents expected the security forces to take harsher action. Yet the majority of the respondents did not expect ›Warsaw Pact troops to intervene if the upheaval in the GDR

Leaving aside the problematic nature of even such recent reminiscences, one can safely assume that fear and expectations of violence were widespread and more than justified. We now know for certain what many assumed or suspected at the time: that the regime was indeed prepared to use force – as late as October 9 in Leipzig, but also beyond that day. As Margot Honecker, the Minister of Education, said on June 13 shortly after the events of Tiananmen Square, socialism needed to be defended – »with weapons if necessary.«[15] The Brezhnev Doctrine of 1968 – that a threat to socialism in one country was a threat to socialism in all countries – was apparently alive and well in certain quarters, if not necessarily in the Soviet Union itself. In fact, the state security service (Stasi) had prepared emergency plans for just such a situation since the 1950s, and these were being continually updated. As of late 1988, Jens Gieseke tells us,

> »2,995 ›hostile-negative‹ persons known by name were to be locked up in jail; 10,726 were to be placed within twenty-four hours in isolation camps that were to be specially set up (with barbed wire and guard towers); and 72,258 were to be placed under intensified surveillance. In addition, 937 leading state officials who were categorized as unreliable were to lose their posts.«[16]

Stasi chief Erich Mielke and Erich Honecker, the head of the SED, gave a series of detailed and concrete orders in early September 1989 to forcibly quell any disturbances of the festivities planned for the GDR's fortieth anniversary, and Mielke spoke to high-ranking Stasi officials on October 5 of the need »to crack down hard *(hart vorgehen)* on known provocateurs!«[17]

Unlike on June 17, 1953, when an unprepared SED had to be saved by Soviet tanks and bayonets, the regime was more than militarily ready this time for any challenges from below. There were altogether 600,000 armed personnel in the GDR, i.e., at least six security officials for every one unarmed demonstrator in the fall of 1989; there were also several

escalated‹ (wording of the survey question). Only 34 percent of the respondents expected this to happen.« See Opp, The Blunt Weapons (fn. 12), 138 f.

15 Quoted in Richter, Friedliche Revolution (fn. 3), 240. Also see Opp, Blunt Weapons (fn. 13), 150.

16 Jens Gieseke, Der entkräftete Tschekismus. Das MfS und seine ausgebliebene Niederschlagung der Konterrevolution 1989/90, in: Sabrow (ed.), Rolle der Gewalt (fn. 3), 57.

17 Quoted in Klaus Bästlein, Der letzte »Tag der Republik«. Aus den staatsanwaltschaftlichen Ermittlungen zum 7./8. Oktober 1989 in Berlin, in: *Deutschland Archiv* 42/5 (2009), 826. On high-level plans for the use of force during this period, also see Richter, Friedliche Revolution (fn. 3), 239-250, 344-347, 357-365; Gieseke, Tschekismus (fn. 16), 60 ff.; Pfaff, Exit-Voice Dynamics (fn. 5), 170 f.

thousand members of elite Stasi forces who, along with regular Stasi officers, had approximately 200,000 guns, revolvers, and automatic pistols at their disposal. This included the 11,000-man-strong »Felix Dzerzhinsky« guard regiment, as well as special units of the Stasi's *Hauptabteilung XII* specifically trained for such »counterrevolutionary« contingencies.[18]

In short, East German security forces and the party leadership had the means and the apparent will to use brute force to put down any perceived threat to their power. And, in the first third of October 1989, they and their local representatives not only made use of those means, but also – with important exceptions discussed later – seemed to have had no compunction about doing so. It is worth, in this context, briefly addressing the issue of what concrete preparations the regime took for a worst-case scenario and, more specifically, a controversy about the alleged storage of blood plasma for transfusions in case of severe fighting. Whether or not rumors circulating on October 9 in Leipzig that local hospitals had been alerted to ready beds, blood, and body bags were just that – mere rumors purposefully spread by the regime to incite panic – is, in the end, unimportant. As Matthias Damm and Mark R. Thompson have correctly argued, »the fact alone that the rumors were known among the demonstrators is decisive« – at least when it comes to passing judgment on the behavior of the protesters that day.[19]

Even if these were just rumors not based on fact, there is still enough evidence that the regime was ready, willing, and able to employ force – as it did with apparent gusto before October 9 in Berlin, Dresden, Leipzig, and Plauen. Because the violent responses to protest in these cities have already been described in painstaking detail elsewhere, most recently in

18 Statistics from Martin Sabrow, »1989« und die Rolle der Gewalt in Ostdeutschland, in: Sabrow (ed.), Rolle der Gewalt (fn. 3), 11, and Gieseke, Tschekismus (fn. 16), 58 f. That the repressive apparatus was at the very height of its power in 1989 suggests that terror and fear alone were not enough to explain the long-term stability of the GDR. This is one of the main arguments in Andrew I. Port, Conflict and Stability in the German Democratic Republic, New York 2007.

19 Damm and Thompson, Macht der Gewaltlosen, (fn. 2), 211. Michael Richter has come under fire for misleadingly presenting these rumors as fact, especially after Horst Köhler, the President of the Federal Republic, relied on Richter's study of Saxony for a public speech marking the twentieth anniversary of the »peaceful« revolution. The disputed passages – in which Richter further asserts that tanks were placed on alert, while also quoting a man who claims that his supervisor at the university in Halle had warned him at the time not to travel to Leipzig because »blood will and must flow« – are in Richter, Friedliche Revolution (fn. 3), 253, 272, 276, 361 f. For Köhler's speech, as well as Richter's later admission that his sources for these claims were insufficient, see online: ‹http://www.bundesregierung.de/Content/DE/Bulletin/2009/10/101-2-bpr-jahrestag.html›.

the flurry of publications that marked the twentieth anniversary of the revolution,[20] the following discussion of these events will focus on some commonalities at all four locales, as well as on what conclusions one may draw from these about the use of political violence during those heady days, the reasons for the subsequently peaceful dénouement of the protest movement, and the possible connections between both.

»Orgies of Violence«

The roots of the events that shook the GDR to its very foundations lay first and foremost in the growing socioeconomic crisis that had gripped the GDR in the 1980s, along with the precipitous decline in whatever remaining political legitimacy the SED may have enjoyed. Critical voices came together in peace and environmental movements, especially following the Helsinki Accords of 1975 and the resurgence of the nuclear arms race later that decade, and increasingly found a protective home within the churches. The Solidarity movement in Poland and the ascendance of Mikhail Gorbachev in the Soviet Union encouraged East German activists who were discontent about developments at home, and their discontent was increasingly expressed publicly in the latter part of the decade, just as the terminal stage of state socialism was setting in in neighboring Poland and Hungary. A series of protest activities – from a well-known protest that took place in January 1988 during the annual ceremony commemorating the murder of communist leaders Rosa Luxemburg and Karl Liebknecht, to the recommencement in February 1989 of weekly peace prayers every Monday evening at the Nikolai Church in downtown Leipzig, to the eruption of widespread anger and organized protest in response to blatant voter fraud during communal elections held on May 7, 1989 – all of this was evidence of an important political sea change in the GDR. Hungary had begun to

20 In addition to the events in Saxony in Richter, Friedliche Revolution (fn. 3); in Berlin in Bästlein, Tage der Republik (fn. 17); as well as across the GDR in the essays in Sabrow (ed.), Rolle der Gewalt (fn. 3), and Kowalczuk, Endspiel (fn. 3), see Charles S. Maier, Dissolution: The Crisis of Communism and the End of East Germany, Princeton, NJ 1997, 108-67; Daniela Dahn and Fritz-Jochen Kopka (eds.), »Und diese verdammte Ohnmacht.« Report der unabhängigen Untersuchungskommission zu den Ereignissen vom 7./8. Oktober 1989 in Berlin, Berlin 1991; Connelly, Moment of Revolution (fn. 4), 71-89; Walter Süß, Staatssicherheit am Ende. Warum es den Mächtigen nicht gelang, 1989 eine Revolution zu verhindern, Berlin 1999, 238-296; Wolfgang Schuller, Die deutsche Revolution 1989, Berlin 2009, 80-128. Important memoirs by state actors at the time that discuss these events include Hans Modrow, Ich wollte ein neues Deutschland, Berlin 1998, 264-275; Wolfgang Berghofer, Meine Dresdner Jahre, Berlin 2001, 154-165.

remove the border fence separating it from Austria five days before the disputed election of May 7, literally tearing a hole in the Iron Curtain and setting off a mass flight of vacationing East Germans to the West. The exodus grew exponentially that summer, culminating in the occupation of West German embassies in East Berlin, Prague, and Warsaw by thousands of East Germans who demanded that they be allowed to emigrate to the Federal Republic. Following intense diplomatic negotiations, SED leaders agreed in late September to allow special sealed trains carrying these individuals to pass through East German territory. That was the spark that set off the violent encounters that took place in Saxony in early October between the regime and protesters, who could follow all of these developments on West German television and radio.[21]

Thousands of angry protesters converged on the main train stations in Plauen and Dresden on October 3 and 4 to await the trains full of émigrés that would be passing through, ostensibly in hope of somehow getting aboard.[22] Efforts by security personnel to clear the station gave rise in Plauen to »wild scenes, such as mothers placing baby carriages on tracks [...]. People spoke [the next day] in whispers about police brutality.« The situation was even more chaotic in Dresden, where outraged civilians not only damaged state shops and vandalized other public facilities, but also threw cobblestones and Molotov cocktails at the police, who tried to restore order with barricades and high-power water hoses.[23] The next few days witnessed similar scenes of violence in Dresden, where the regime now dispatched units of the National People's Army (NVA). In a series of pitched street battles, protesters tipped over cars and set them aflame, continued to throw bottles and cobblestones, and shouted violent threats at members of the police and army (e.g., »We'll hang you pigs [*Bullenschweine*],« »We want to see a green corpse« – a reference to the color of the police uniforms). Wearing special protective gear and carrying shields, the police responded in full force with clubs, tear gas, and water hoses, as well as attack dogs without muzzles.[24]

21 This, along with the celebrations planned for the upcoming anniversary of the GDR, created a »perfect storm« of sorts conducive to protest – not least because of the scheduled visit by Gorbachev, an opportune event that would be covered by the international press. For a comprehensive overview of these developments, see Kowalczuk, Endspiel (fn. 3).

22 *Deutschlandfunk*, a West German radio station, broadcast the schedule of these trains. See Bleiker, Nonviolent Struggle (fn. 9), 31.

23 Quote from Connelly, Moment of Revolution (fn. 4), 83; also see Richter, Friedliche Revolution (fn. 3), 266-269.

24 On the violent events in Dresden, see Richter, Friedliche Revolution (fn. 3), 258-281. See also Pollack, Friedlichkeit (fn. 10); and Edward Hamelrath, Zwischen

A similar »orgy of violence« took place on October 7 and 8 in Berlin during celebrations marking the fortieth anniversary of the GDR – the last »Day of the Republic,« as it turned out, in more ways than one. Security forces unleashed a torrent of violence against protesters similar to that just witnessed in Dresden. Relying on investigations subsequently conducted by the state prosecutor's office, as well as on the records of judicial proceedings taken against members of the police, Klaus Bästlein's detailed reconstruction of events in the Prenzlauer Berg district of Berlin on the evening of October 7 gives a graphic sense of what transpired:

> »[S]tate security troops in civilian clothing and carrying billy clubs, police with helmets and truncheons, trucks with barricade fences, and canine units were all deployed. These forces again hunted small groups of demonstrators through the streets. The population of Prenzlauer Berg expressed solidarity with the protest and was thus also attacked. The police broke down apartment doors where demonstrators had found refuge. The ›security forces‹ acted like occupation troops in an enemy country [and] beat bystanders or took them into custody. One of those arrested was a young woman who just wanted to put a letter in a nearby mailbox.«[25]

The treatment of those who were arrested – 1,071 in all in Berlin, including a large number of bystanders – was equally brutal. They were subject to various forms of physical abuse and humiliation at the hands of security officials, who screamed orders and insults at them, beat them with clubs, and forced them to stand for hours on end with their faces to the wall, sometimes in a spread-eagle position *(Fliegerstellung)*: »Whoever moved, spoke, or wanted to go to the toilet received blows to the body.« Some men and women were also forced to undress and perform deep-knee bends, as officials watched and ridiculed them. Many were kept in police custody without being charged, long beyond the legal time limit of twenty-four hours. Dozens were later treated for concussions, broken bones, bruises, and other injuries.[26] Similar forms of police brutality were reported during demonstrations and at makeshift detention centers in Leipzig and Plauen as well. Witnesses later claimed that conditions in the centers were »like under the Nazis,« and that the »torture-like treatment« was reminiscent of

Gewalteskalation und Sicherheitspartnerschaft. Der Fall Dresden, beide in: Sabrow (ed.), Rolle der Gewalt (fn. 3), 113-118 (Pollack), 203-206, 212 ff. (Hamelrath).

25 Bästlein, Tag der Republik (fn. 17), 823, 826.

26 Ibid., 823-26 (quote on 824).

the »SA cellars of 1933.«[27] Such comparisons were especially provocative, of course, given the GDR's self-understanding as an »antifascist« state, as well as the fact that many of its communist leaders had sat for years in such Nazi »cellars« – not least SED chief Erich Honecker himself.[28]

However appropriate such pointed comparisons may or may not be, the language and historical allusions are striking. And the same is true of the language used by the regime itself to describe the protesters and the nature of the demonstrations. This was a »counterrevolution« involving members of a »fifth column,« a number of older East German leaders claimed – including Stasi chief Erich Mielke, who had, incidentally, served as an officer in the International Brigades during the Spanish Civil War of the 1930s (hence his apparent familiarity with »fifth columns«). These were »mob riots« instigated by »rowdies,« »criminals« and, of course, »Western agents« – the same individuals supposedly behind the statewide uprising of June 17, 1953, which East German historians and official histories continued to refer to as »Day X,« an alleged Western plot to overthrow the workers' and farmers' state. Members of the People's Police in the Saxon town of Grimma similarly spoke in early October of a Western »fifth column« that was »steadfastly determined [...] to spread its subversive political activity *(Wühltätigkeit)* [...].« Its members were crawling »like rats out of their holes« and had to be »put in their place« with force. Citing these comments from a police report submitted in early October, Michael Richter asserts in his detailed study of events in Saxony that such language recalls »the darkest chapter of German history.«[29]

In fact, the mindset of the old guard in particular was steeped in »Chekist« practices – i.e., the practices of the Bolshevik secret police, which legitimized the »unlimited use of violence to defend the ›dictatorship of the proletariat‹ [...].«[30] East German newspapers also published at the time »letters-to-the-editor« by »progressive« citizens who denounced the protesters as counterrevolutionary criminals, skinheads, Nazis and »Asoziale« (asocials), and who called for their arrest and suppression: »only force, including armed force,« one skilled mechanic supposedly demanded in mid-October, could »effectively prevent even worse things from hap-

27 Richter, Friedliche Revolution (fn. 3), 392 f. On Plauen, see Connelly, Moment of Revolution (fn. 4), 75.
28 This was not the first time that anger about some perceived injustice had prompted unfavorable comparisons between the SED and the NSDAP. See Port, Conflict and Stability (fn. 18), 117.
29 Richter, Friedliche Revolution (fn. 3), 245. Also see Connelly, Moment of Revolution (fn. 4), 71.
30 Gieseke, Tschekismus (fn. 16), 71.

pening.«[31] In the end, cooler heads prevailed and the regime did not resort to the use of violence after October 8. The reasons for the peaceful outcome of the revolution have been a subject of considerable scholarly speculation, and the remainder of this article will revisit some of the main arguments – above all with an eye to the way in which the initial violence may be connected to and help explain the peaceful outcome.

Pragmatism + Paralysis = Peace + Pacifism

Dismissing popular explanations for the lack of sustained violence, such as the realization that the Soviets would not come to the rescue this time, Martin Sabrow has suggested a more cultural explanation, namely a »secular renunciation« of violence in Europe since 1945: »It was not armed force that the dictatorship lost in the end, but rather the cultural sovereignty *(Hoheit)* to use it legitimately.«[32] Perhaps, but those who not only called for but also used violence that October – not to mention in June 1953 – must have somehow »missed the memo« about the illegitimate use of state violence since World War II (as did Ceaușescu in Romania, not to mention the warring parties in Yugoslavia in the 1990s). It was rather, as Sabrow more persuasively argues, the behavior of the protesters themselves that ultimately delegitimized the use of violence by the regime. With the exception of those in Dresden, they generally refrained from using violence, even when confronted with violence, steadfastly denied being »rowdies« or »criminals,« and insistently called for »no violence *(keine Gewalt)*.« As Horst Sindermann, a Politburo member and former president of the East German People's Chamber, put it shortly before his death in the spring of 1990: »The idea of peaceful insurrection did not fit our theories. We didn't expect it and it made us defenseless.« Or, as a Stasi official in Berlin put it: »We were prepared for everything – just not candles and church hymns.«[33]

As this suggests, the pacifist demeanor of the thousands who took to the streets in October 1989 certainly appears to have made security officials uncertain. There were, in fact, reports at the time that not a few members of the deployed police, army, and paramilitary combat units *(Kampfgruppen)* were averse to or hesitant about using force – especially as they increasingly realized that these were not »rowdies« but rather family

31 Richter, Friedliche Revolution (fn. 3), 359 f.

32 Sabrow, »1989« (fn. 18), 28-31. Also see James J. Sheehan, Where Have All the Soldiers Gone? The Transformation of Modern Europe, Boston 2008.

33 Quoted in Damm and Thompson, Macht der Gewaltlosen (fn. 2), 215; Bästlein, Tag der Republik (fn. 17), 831.

members and friends: not »enemies of the people« but rather the people *(das Volk)* itself. The very size of the crowds made it increasingly difficult, in short, to dismiss them as counterrevolutionary criminals; they were not dupes of the West but rather ordinary East Germans with legitimate reasons to be angry and discontent.[34] The crowds clearly sensed this wavering attitude and made overtures to the police and army – whose »tendencies toward inaction, defiance, and defection,«[35] the regime realized, made them increasingly unreliable as their morale eroded. According to Detlef Pollack, who was himself a participant in Leipzig, they increasingly came to see members of the security forces as »potential allies« who could have been members of their own family: »The demonstrators thus tried to engage them in dialogue; one reasoned with them, one stuck flowers on their protective shields, until shame and anger made tears run down the soldiers' faces.«[36]

The peaceful behavior of most of the demonstrators was not entirely surprising. There was a long tradition of pacifism in the GDR that went beyond the official party line, which preached world peace while pursuing militarist polices and employing repressive measures against its own populace. As Sabrow suggests, there was indeed an important evolution in mentality after, and largely as a result of, World War II – but *especially* in the two Germanys. The West German peace movement that arose in the early 1950s in opposition to rearmament had a more amorphous counterpart in the GDR, where large numbers of men steadfastly refused to join the various paramilitary organizations created that decade to defend the new state against all enemies. Young East Germans were particularly resistant to the massive enlistment campaigns launched after the creation of the NVA in 1956, and the pacifist sentiments that many expressed were not unlike those voiced by their counterparts in the Federal Republic. There was a great deal of resistance as well to mandatory participation in the *Kampfgruppen*, whose officers frequently reported low turnouts at training sessions.[37] The painful experiences and memories of World War II, along with the strong likelihood that the next military conflict would be fought against their own people on the other side of the Elbe river, had apparently

34 On this important point, as well as for statistics on security personnel who refused to follow orders in early October, see e.g. Richter, Friedliche Revolution (fn. 3), 275 f., 281, 318, 361, 365, 380.
35 See Pfaff, Exit-Voice Dynamics (fn. 5), 168, 179.
36 See Pollack, Friedlichkeit (fn. 10), 127.
37 This was not a new development in the fall of 1989, as Steven Pfaff suggests. See Pfaff, Exit-Voice Dynamics (fn. 5), 175 ff.

helped exorcise from many ordinary Germans the militarist demons of yore.[38]

In any event, expressions of anger by growing numbers of heretofore loyal rank-and-file party members, and even of security officials themselves, about the brutal nature of the regime's response made it progressively difficult for the SED to use force, which came to be seen as increasingly inappropriate. Policemen in Berlin were supposedly »appalled« about what had transpired in the East German capital on October 7: »Several apologized with tears in their eyes to those arrested. Others declared that they wanted to quit their jobs.«[39] Even the SED leadership as well as the East German press – which, just months earlier, had been singing China's praises after Tiananmen Square – eventually distanced themselves from the violent excesses. In a predictable move, high-level party officials scrambled to place the blame on alleged scapegoats. This time it was the police who became the SED's »whipping-boys« *(Prügelknaben)*, and it appears that many abandoned the regime because they felt bitter and betrayed – or perhaps because they simply saw the writing on the wall.[40] This sense of betrayal may have made it easier for them later to overcome any residual feelings of bad blood with those who had been on the other side of the barricade or the receiving end of the baton. Regardless, pragmatic considerations and the dawning realization that the situation was becoming increasingly hopeless might explain why some security personnel were more and more hesitant to use force. For all the talk of a »Chinese solution,« the large number of people who joined the demonstrations on the evening of October 9 in Leipzig (some 70,000), as well as mounting uncertainty about the extent to which security personnel were still reliable, made local officials realize that it would be extremely difficult to control the crowd, even if firearms were used, and that such a response would likely be suicidal. Would a »massacre of innocent citizens« have been »potentially ruinous to the future effectiveness of local elites, damaging to the GDR's international relations, and spurring a widening opposition to

38 For similar arguments see Andrew I. Port, Democracy and Dictatorship in the Cold War: The Two Germanies, 1949-1961, in: Helmut Walser Smith (ed.), The Oxford Handbook of Modern German History, Oxford 2011, 628; Port, Conflict and Stability (fn. 18), 130 ff. Also see Sheehan, Where Have All the Soldiers Gone? (fn. 32).

39 Similar anger was expressed about the inhumane treatment of the arrested in the holding centers. See Bästlein, Tag der Republik (fn. 17), 823 f. Also see Gieseke, Tschekismus (fn. 16), 69 f., 76; Damm and Thompson, Macht der Gewaltlosen (fn. 2), 213.

40 Hamelrath, Gewalteskalation (fn. 24), 214 ff.

the regime«?[41] Perhaps, but the Chinese government managed to weather quite well the June 1989 massacre at Tiananmen Square.

The leadership in Berlin – unlike its counterpart in Beijing – nevertheless found itself increasingly paralyzed and disoriented. Honecker himself never seemed to waver in his determination to use force, even on October 9. But an internal power struggle that would lead to his fall little more than a week later, on October 18, meant that no clear orders were coming from the center, as each of the main players jockeyed for position, weighing which response would best advance his own interests. Though they left open the use of force to the last minute, Honecker's critics knew very well that an unpopular leader about to be deposed could be saved by the outbreak of mass violence; after all, the statewide uprising of June 17, 1953 is precisely what had given Walter Ulbricht, Honecker's predecessor, a new lease on his own political life.[42] As leaders at the top straddled the fence, decision-making devolved upon those at the local level, who became increasingly confused and resigned. In the end, it was the pragmatic, unauthorized, last-minute decision of exhausted SED leaders in Saxony to seek dialogue and refrain from the further use of violence that saved the day: party chief Hans Modrow and the mayor of Dresden, Wolfgang Berghofer, who met with a civilian delegation known as the »Group of Twenty« (i.e., twenty peaceful protesters randomly chosen on October 8 to speak with authorities); and the three members of the party leadership in Leipzig who joined local notables Kurt Masur, the conductor of the Gewandhaus Orchestra, the cabaret performer Bernd Lutz Langer, and the theologian Peter F. Zimmermann in releasing an eleventh-hour public statement in the early evening of October 9 calling for »calm *(Besonnenheit)* so that peaceful dialogue is possible.«[43] And once local SED authorities – who, up to this point, had not been noted within the party for holding especially reformist views – turned away from the use of violence, security officials quickly followed suit, especially in the absence of clear orders from Berlin.

41 According to one member of the security forces, they had only expected 2,000-3,000 protesters to show up in Leipzig. See Pfaff, Exit-Voice Dynamics (fn. 5), 174f., 179, 187f. (quote on 187f.) Also see Richter, Friedliche Revolution (fn. 3), 372, 380.

42 See Sabrow, »1989« (fn. 18), 22ff.

43 Some scholars have questioned the efficacy of the statement in preventing bloodshed, arguing that most protesters and security officials had not been aware of it until after the fact, i.e., until after the peaceful dénouement of the protest on October 9. For a discussion of this, see Voss, Why Were the Protests Peaceful? (fn. 8), 95. On this issue, as well as Modrow's evolving approach in Dresden, see Richter, Friedliche Revolution (fn. 3), 247-250, 270-273, 318, 350ff., 376-82 (the text of the so-called »Aufruf der Sechs« is reprinted on 381).

The Leipzig statement is most closely associated with Masur, the most internationally prominent individual involved in this group, but it was no accident that a Protestant theologian was also involved in the negotiations. The Church had offered political dissidents a sanctuary since the late 1970s, and this was where many of them had learned the tradition of peaceful tactics. Moreover, it was Church leaders in every major locale – from Evangelical Bishop Gottfried Forck in Berlin to the clergymen Frank Richter, Andreas Leuchner, and Christof Ziemer in Dresden, from the Lutheran Bishop Johannes Hempel in Leipzig to Superintendent Thomas Küttler in Plauen – who served as liaisons between authorities and protesters, who tried with growing success to defuse the tense situations, encourage dialogue, and prevent violence.[44]

In the end, pragmatic considerations clearly guided the behavior of the East German masses as well. Whatever the hesitations of local security officials, the protesters knew full well from historical experience that they could hardly win an all-out violent confrontation with the East German police state. Peaceful demonstrations were seen as the best strategy, then, not merely from a moral-ethical standpoint – and not only because violence itself was tainted because of its very association with the discredited SED regime: each »victory« achieved by peaceful tactics (from the standing down and withdrawal of security personnel in Plauen on October 7, for example, to Erich Honecker's resignation on October 18) reinforced the resolve to reject violence, while heightening the protesters' »moral standing« vis-à-vis that of the regime.[45] In fact, those protesters who tried to incite violence by hurling rocks, bottles, or insults were quickly neutralized by the other members of the crowd, who endeavored to keep them away from security forces. From the very beginning, the members of the organized political opposition that had formed that fall called on protesters to refrain from any and all violence: they wished to negotiate with the regime, not antagonize it. It is thus ironic that the New Forum, the earliest and best known of these new dissident groups, issued a major public statement that explicitly rejected violence as a proper »means of political dispute« on the very day of the first serious violent encounter between the regime and angry demonstrators.[46]

44 See e.g. Bästlein, Tag der Republik (fn. 17), 823; Hamelrath, Gewalteskalation (fn. 23), 207; Connelly, Moment of Revolution (fn. 4), 73f.; Richter, Friedliche Revolution (fn. 3), 258, 278, 280, 285, 332, 351, 374.

45 On developments in Plauen, see Connelly, Moment of Revolution (fn. 4), 74. More generally, see Pollack, Friedlichkeit, 126. Also see Pfaff, Exit-Voice Dynamics (fn. 5), 187.

46 The text of this statement is reprinted in Voss, Why Were the Protests Peaceful? (fn. 8), 96. Also see Pollack, Friedlichkeit (fn. 10), 120f. On the role of the orga-

Conclusions

The widespread use of political violence for so many years in the GDR was, then, an important if paradoxical reason why there was so little violence at the end. It is nevertheless ironic that the supposedly peaceful East German revolution began with violence, making it a misnomer to describe the events of 1989 as »peaceful«– as those beaten and arrested in the street battles that took place in early October can readily attest. It is far from obvious why the protests remained nonviolent after these initial clashes, or why the regime confounded expectations and did not resort to armed force to quell the disturbances, especially given that the opposition was so weak and disorganized. According to Damm and Thompson, it was, in fact, the very lack of organization, planning, structures, and clear »ringleaders« whose arrest would have crippled the movement that made it so difficult for the regime to control. In other words, they argue, what seemed to be a liability was in fact the key to its success.[47]

That said, it is worth emphasizing that the possibility of a violent response remained in the air even after the supposed turning point of October 9 in Leipzig. As Egon Krenz, Honecker's successor as head of the SED, wrote in his memoirs about the night the Berlin Wall fell: »My concern was: what if only a single person were not able to rise to the occasion? […] What if only a single shot were fired? […] We were closer to a military confrontation that evening than many people wish to believe today.«[48] The storming of Stasi offices in Berlin and elsewhere in January 1990 by East Germans hoping to prevent security officials from destroying incriminating documents could just as well have easily ended in bloodshed. Was it then, in the end, just luck? Why did officials resort to violence early on, and why did demonstrators act violently themselves in some places, most notably in Dresden? And, finally, why did this all stop so abruptly on October 9? None of this was self-evident.

One reason for the initially violent response of security forces was their surprising lack of preparedness to deal expeditiously with such a contin-

nized dissident groups more generally, see Karsten Timmer, Vom Aufbruch zum Umbruch. Die Bürgerbewegung in der DDR 1989, Göttingen 2000.

47 This is one of the main arguments of Damm and Thompson, Macht der Gewaltlosen (fn. 2), 205, 209. Also see Pfaff, Exit-Voice Dynamics (fn. 5), 172.

48 Quoted in Sabrow, »1989« (fn. 18), 25. It should also be noted that it was on October 13 that Honecker first gave the explicit order not to use force against peaceful protesters. See Pfaff, Exit-Voice Dynamics (fn. 5), 171. The possibility for violence remained high on the other side as well, as reports of verbal abuse and threats made against security officials in the following weeks and month clearly suggest. See e.g. Richter, Friedliche Revolution (fn. 3), 393 ff.

gency, i.e., mass protest – especially by peaceful protesters. This was surprising, of course, given the repressive nature of the East German police state. A possible explanation is that the regime was, to quote Stalin in a much different context, »dizzy with success.« In other words, the GDR had been so stable for so many years that when the »counterrevolution« finally arrived, the leadership was woefully unprepared – and thus taken unawares.[49] For their part, those civilians who turned to violence in Dresden were primarily individuals who wished to leave the GDR. That was, after all, why they had descended upon the main train station en masse on October 4: to hop aboard the sealed trains carrying émigrés to the West. The day right before, the border to Czechoslovakia had been shut, creating, in essence, a »huis clos« situation once again.[50] The subsequent opening of the border helped defuse tensions by allowing those who wished to leave to do so by other means. Still, it remains a puzzle why news of the violence that erupted in places like Dresden and Berlin did not spark similar violence elsewhere – on both sides of the barricades. Word, as well as images, of the carnage that took place there could have had a sobering effect, of course. But they could just as well have led to anger, outrage, and an escalation of violence – again, on both sides.

We have considered some of the most important reasons why this did not occur: (1) rational, pragmatic, strategic considerations by demonstrators, party officials, and security personnel – all of whom eventually realized that no one had »much to gain from violence if the other side refrained from it« and that neither side could count on »external allies [coming] to their rescue«;[51] (2) paralysis at the very top of the regime, which translated into extremely poor coordination and communication with local authorities; (3) the role of the Church, opposition groups, and eventually more moderate local party officials, who tirelessly called for dialogue instead of physical confrontation; and, last but not least, (4) Gorbachev and the death of the Brezhnev Doctrine in the summer and fall of 1989 (most unequivo-

49 False rumors circulating in Berlin that demonstrators were planning to breach the border using force, and that some had even attacked policemen, did not help matters. See Bästlein, Tag der Republik (fn. 17), 826.

50 The disproportionately high number of emigration applications from Dresden, as well as the city's proximity to the Czech border, made the situation there especially volatile. In terms of the number of applications for exit visas, Saxony was disproportionately represented in the late 1980s: »Saxons, representing less than a third of the GDR population, received more than half of the exit visas granted in the late 1980s. In 1988 residents of the Dresden district led the GDR in applications for emigration as a rate nearly three times the national average [...].« See Pfaff, Exit-Voice Dynamics (fn. 5), 116, 118 (quote on 116).

51 Ibid., 187, 189.

cally in a speech by the Soviet leader on October 25 – several weeks *after* the SED regime had already repudiated violence).

It is worth noting, in conclusion, a »competition« of sorts that has arisen in the literature with respect to which city – besides the obvious candidate, Leipzig – may rightfully lay claim to have set a »peaceful« precedent and thus contributed most to the nonviolent outcome on October 9: Berlin, because of the lack of any violence on the part of those who protested there, or Dresden, because of the remarkable transformation there from violent to nonviolent protest – a development that was »very positively acknowledged« in Leipzig. If it was indeed developments in Dresden that help explain October 9, there is some irony in the fact that the place that experienced the most violence early on might also be the one where developments helped, at least indirectly, forestall further violence.[52]

In the end, the scene from *Good Bye Lenin!* described at the outset of this article – Christiane's collapse after seeing the savage behavior of the police and the subsequent arrest of her son – may offer the best clue why the GDR went out with more of a whimper than a violent bang. Her abrupt collapse represents, one could argue, a more general collapse that was brought about by the regime's violent actions against its own people: namely, the collapse of any residual trust – even on the part of those who, like Christiane, were ostensibly loyal supporters – in a system that was by this point politically, economically and morally bankrupt. That loss of support, coupled with a sudden loss of confidence on the part of the ruling elite, was what spelled the ultimate downfall of the postwar socialist state.

52 Compare Bästlein, Tag der Republik (fn. 17), 831, with Richter, Friedliche Revolution (fn. 3), 367, 378.

Franziska Meyer (Nottingham)

Zur Schärfung des historischen Möglichkeitssinns

Ein Jahrhundert der Gewalt in Jenny Erpenbecks *Aller Tage Abend*

> »Literatur kann von der Geschichte erzählen, indem sie erzählt, was von ihr nicht mehr erzählt werden kann.«
> Doron Rabinovici

Während Paul Michael Lützeler noch 1997 in der kritischen Diskussion der Thesen Hayden Whites vor einer »Verschleifung von Historiographie und Fiktion«[1] warnte, behauptet neuere kulturwissenschaftliche und historische Forschung eine »geschichtskulturelle Nachbar[schaft]«[2] der Disziplinen und sucht nach Berührungspunkten, um nach neuen Möglichkeiten der Sichtbarmachung historischer Erfahrungen in literarischen Texten zu fragen. Sofern beide Disziplinen an Texten des kulturellen Gedächtnisses der Gegenwart mitschreiben und dabei immer wieder neue Bedeutungen vorschlagen, mag die Frage nach »Literatur oder Geschichte?« zunehmend obsolet werden. Eine Vielzahl der Beiträge in Lützelers Jahrbuch zur *Gegenwartsliteratur* (2012) geht neuerdings davon aus, dass Geschichte nur über das Erzählen von Geschichten zu haben ist.

Wie sich Geschichte und Literatur in ein produktives Verhältnis bringen lassen, soll hier an einem Überblick zu literarischen Diskursen der Gewalt und anschließend beispielhaft an Jenny Erpenbecks jüngstem Roman *Aller Tage Abend*[3] gezeigt werden. Der Roman durchmisst historische Gewaltszenarien des gesamten 20. Jahrhunderts – von antisemitischen Pogromen in Galizien über den Ersten Weltkrieg in Wien, zu Faschismus und Stalinismus bis zu den Nachgeschichten dieser großen Katastrophen in der DDR. Erpenbeck lenkt die Blicke auf die Spuren, die extreme historische Gewalt im Individuum und in »sein[em] leibliche[n],

1 Paul Michael Lützeler, Klio oder Kalliope? Literatur und Geschichte: Sondierung, Analyse, Interpretation, Berlin 1997, 18.

2 Vgl. die Einführung in Daniel Fulda, Dagmar Herzog, Stefan-Ludwig Hoffmann und Till van Rahden (Hg.), Demokratie im Schatten der Gewalt. Geschichte des Privaten im deutschen Nachkrieg, Göttingen 2010, 7-21, hier 21.

3 Jenny Erpenbeck, Aller Tage Abend, München 2012. Seitennachweise im laufenden Text.

durch Mitmenschen verletzliche[n] Leben«[4] hinterlässt. Im »als ob« der Fiktion und ihrer poetischen Freiheiten kann Literatur andere Fragen provozieren und Dinge sichtbar machen, die Historikern oft verborgen bleiben. Was aus Menschen hätte werden können, wenn bestimmte Katastrophen nicht passiert wären – diesen Fragen spürt der Roman nach, ohne dabei einer Privatisierung oder Individualisierung von Geschichte das Wort zu reden.

Innerhalb des breiten Korpus literarischer Ästhetiken der Gewalt steht Erpenbeck in einer langen Tradition anderer Texte der Nachkriegsliteratur, die auf den Skandal tödlicher Gewalt in spezifischen historischen Herrschaftsverhältnissen fokussierten.[5] Diese Perspektiven stehen quer zu solchen kulturanthropologischen Ansätzen, die sich im Kontext der politischen Umbrüche der frühen 1990er Jahre programmatisch von den Ursachen »der« Gewalt abwandten, um den Zusammenhang von *violentia* und *potestas*, von Gewalt und deren Bindung an die jeweiligen Machtstrukturen, nachhaltig zu zerschneiden. Aus vielen kulturellen Texten der 1990er Jahre (sei es im Film, Theater, in den Medien oder der Literatur) spricht die Faszination einer Ästhetik des Schreckens – in mythischen Erzählungen ewiger Wiederkehr exzessiver Gewalt, die jetzt als anthropologische Konstante präsentiert wird (prominent in der breit rezipierten Gewaltsoziologie Wolfgang Sofskys[6]). Hegemonial wirksame Redeweisen vom Ende aller Ideologien und der Geschichte ließen literarische Diskurse nicht unberührt. Auf den Theaterbühnen der 1990er Jahre zeugten die gefeierten Stücke Dea Lohers von der postideologischen Faszination einer »Allgegenwart von Gewalt«.[7] Auch Literaturwissenschaftler entdeckten nun eine Gewalt, die sich »hemmungslos wie nie ausbreitet«, ihre »schrankenlose[n]« Bedrohungen, die »Abwesenheit von erkenn-

4 Walter Benjamin, Kritik der Gewalt, in: Gesammelte Schriften, hg. von Rolf Tiedemann/Hermann Schweppenhäuser, Frankfurt am Main 1991, Bd. II.1, 179-203, hier 202f.

5 Zum gewaltkritischen Engagement anderer Autoren vgl. das Vorwort in Dirk Göttsche/Franziska Meyer u.a. (Hg.), Schreiben gegen Krieg und Gewalt: Ingeborg Bachmann und die deutschsprachige Literatur 1945-1980, Göttingen 2006, 7-11.

6 Wolfgang Sofsky, Traktat über die Gewalt, Frankfurt am Main 1996. Zur Kritik an Sofsky vgl. Hartmut Böhme, Gewalt im 20. Jahrhundert. Demozide in der Sicht von Erinnerungsliteratur, Statistik und qualitativer Sozialanalyse, in: *figurationen* 0 (1999), 139-157, online: ‹http://www.culture.hu-berlin.de/hb/static/archiv/volltexte/texte/gewalt.html›.

7 Vgl. Christine Künzel, »Vielleicht kommt die Gewalt von innen«: Dea Lohers Poet(h)ik der Gewalt, in: *Monatshefte* 99/3 (Herbst 2007), 360-372, hier 360.

baren Tätern«.[8] Nicht nur die interdisziplinäre feministische Forschung fordert solche Diskurse immer wieder methodisch heraus: Sie weist z.B. auf die geschlechterpolitische Blindheit universalisierender Gewaltszenarios, auf die Ausschlussmacht standardisierter Redeweisen über »öffentliche« oder »häusliche« Gewalt und nicht zuletzt auf das problematische Verständnis von Gewalt als einer »Jedermann-Ressource« (Trutz von Trotha).[9]

Wenn behauptet wird, Gewalt sei allgegenwärtig in der Gesellschaft präsent, geht das oft einher mit Warnungen vor einer zunehmenden Schwächung des staatlichen Gewaltmonopols, und das wiederum trivialisiert die komplexen Beziehungen zwischen Makro- und Mikrogewalten. Politische und soziale Gewaltmechanismen, deren Wirkung und Strukturen, sind aber genau zu unterscheiden: ob wir vom staatlich sanktionierten Genozid, von Ohrfeigen oder Folter, rechtsfreien Räumen staatlicher »Flüchtlingverwahrung«, den urbanen Revolten männlicher Jugendlicher oder den millionenfachen physischen und psychischen sexuellen Verstümmelungen von Frauen, nicht nur in weltweiten kriegerischen Konflikten, reden. Hans Magnus Enzensbergers breit rezipierte Studie *Aussichten auf den Bürgerkrieg* (1993) ist im Kontext einer solchen Trivialisierung und Entpolitisierung ganz unterschiedlicher Gewaltformen zu verstehen – gleichwohl mit ideologisch wirkungsmächtigen Politikvorschlägen.[10]

8 Bernd Hüppauf, Krieg, Gewalt und Moderne, in: Frauke Meyer-Gosau/Wolfgang Emmerich (Hg.), Gewalt. Faszination und Furcht, Jahrbuch für Literatur und Politik in Deutschland 1, Leipzig 1994, 12-40, hier 12f.

9 Vgl. Christine Künzel, Gewalt/Macht, in: Christina von Braun/Inge Stephan (Hg.), Gender@Wissen. Ein Handbuch der Gender-Theorien, Köln/Weimar/Wien 2005, 117-138; Birgit Sauer, Gewaltige Reformen: Neoliberalismus und Gewalt gegen Frauen, in: *Das Argument* 47/5-6 (2005), 199-208; Regina-Maria Dackweiler/Reinhild Schäfer, Gewalt-Verhältnisse: feministische Perspektiven auf Geschlecht und Gewalt, Frankfurt am Main/New York 2002. Vgl. auch die bedenkenswerten Einwände der Psychoanalyse und den Überblick zu den Stadien westdeutscher Gewaltforschung: Alfred Krovoza, Zum Verhältnis von Psychogenese und Soziogenese im Gewaltdiskurs, in: *Psyche* 55/9-10 (2001), 906-933.

10 Vgl. Beatrice Hanssens konzise politische Kritik von Enzensbergers *Aussichten* und dessen dort formulierte These von einer frei flotierenden globalen Gewalt und einem »molekularen Bürgerkrieg«; Hanssen identifiziert das implizite Phantasma von einer Rückkehr zum Nationalstaat des 19. Jahrhunderts und eine verhohlene Kritik des Multikulturalismus. Critique of Violence: Between Poststructuralism and Critical Theory, Oxford/New York 2000, 179-185. Zum Zusammenhang von Genoziden und Genese von Nationalstaaten vgl. Dirk A. Moses, Toward a Theory of Critical Genocide Studies, Online Encyclopedia of Mass Violence, 18. April 2008: ‹http://www.massviolence.org/PdfVersion?id_article=189›.

Im Kontrast zu den genannten Beispielen stehen jene literarischen Interventionen engagierter Autoren, die andere Wahrnehmungen von Strukturen gesellschaftlicher Herrschaft und Gewalt provozieren: Sei es die Lyrik des ostdeutschen Autors Volker Braun[11] oder das postdramatische Theater der Österreicherin Elfriede Jelinek: Die provozierenden Ästhetiken der Gewalt in Jelineks *Bambiland* und *Babel* (2004) rückten den Irak-Krieg und die Kriegsfolter in Abu Ghuraib in system- und vor allem medienkritische Zusammenhänge.

Die terroristische Gewalt des Anschlags auf das World Trade Center motivierte in den letzten zehn Jahren zahlreiche Autoren zum Schreiben; Völkermord und (postkoloniale) militärische Gewalt sind Thema einer Reihe gewaltkritischer Romane, meist männlicher Autoren, die sich auf die Schlachtfelder europäischer und afrikanischer Bürgerkriege begaben.[12] In der Wiederbelebung der Genre-Figur des Kriegsreporters oder lang tradierter Perspektiven auf die sexualisierte »afrikanische Frau« als Liebespartnerin des reisenden Europäers erlangen hier jedoch spezifische mediale und geschlechterpolitische Perspektiven eine neue Prominenz, die durchaus diskussionsbedürftig ist.

Neuere literaturwissenschaftliche Positionen zum Verhältnis von Literatur und Gewalt bilden eine eher unübersichtliche Gemengelage: Konträre Fragestellungen wie »Literatur als Gewalt?« oder als »gewaltfreier Diskurs?« stehen unverbunden nebeneinander.[13] Angesichts dieser methodischen Kontroversen soll im Folgenden die Polysemie des Begriffs »literarische Gewalt« und die daraus folgende Notwendigkeit genauer historischer Spezifizierung stark gemacht werden. Auch exzessive, scheinbar grundlose Gewalt ist eingebettet in Macht-Beziehungen und -Strukturen, und auch »unsagbare«, »die Sprache verschlagene« Gewalt ist »säglich«, ihre Effekte und Ursachen können mit den ästhetischen Mitteln der Literatur neu besprochen werden.

11 Vgl. Brauns Gedicht »Inbesitznahme der großen Rolltreppe durch die Medellíner Slumbewohner am 27. Dezember 2011«, in: *Neues Deutschland*, 27. Dezember 2012, online: ‹http://www.neues-deutschland.de/artikel/808311.inbesitznahme-der-grossen-rolltreppe-durch-die-medelliner-slumbewohner.html›.

12 Vgl. Sandra Poppe, Thorsten Schüller und Sascha Seiler (Hg.), 9/11 als kulturelle Zäsur: Repräsentationen des 11. September 2001 in kulturellen Diskursen, Literatur und visuellen Medien, Bielefeld 2009; Paul Michael Lützeler, Bürgerkrieg global. Menschenrechtsethos und deutschsprachiger Gegenwartsroman, München 2009.

13 Moritz Baßler, Cesare Giacobazzi, Christoph Kleinschmidt und Stephanie Waldow (Hg.), (Be-)Richten und Erzählen. Literatur als gewaltfreier Diskurs?, München 2011; Klaus-Peter Philippi, Gewalt in der Literatur – Literatur als Gewalt?, in: Julia Dietrich/Uta Müller-Koch (Hg.), Ethik und Ästhetik der Gewalt, Paderborn 2005, 27-55.

Gewalt literarisch zu besprechen bedarf der Übersetzung, denn erstens haben Schmerz und Gewalt als solche keine Sprache,[14] und zweitens gilt es Gewalt und ihre Repräsentation voneinander zu unterscheiden. Muster dessen, was als gewalttätig »gilt«, sind auch ästhetisch immer umkämpft. »Ästhetiken der Gewalt« und die ihnen inhärenten kulturellen Resemantisierungen schreiben mit am sich wandelnden zeitgenössischen Verständnis von Gewalt. Kanonisierte »Geschichten der Gewalt« – Märchen, Mythen, Volkslieder oder das Vernichtungsrepertoire mythischer Erzählungen der Weltreligionen – transportieren kulturelle Verstehensmuster, die – bewusst oder unbewusst – immer präsent sind. Zwischen der literarisierten schrecklichen Gewalt im Text und den Affekten der Leser stehen komplexe ästhetische Vermittlungsprozesse. Um Affekte zu evozieren, bedienen sich literarische Texte wandelnder ästhetischer Codierungen von Gefühlen. Entsetzen, voyeuristische Faszination, Mitleid, Lust oder der von Lessing gefürchtete Ekel im Angesicht menschlichen Schmerzes sind nur einige Empfindungen gegenüber literarischer Gewalt in der Moderne. »Allein der Literatur bzw. Kunst« hatte Georges Bataille zugetraut, das Grauen von Gewalt vermitteln zu können, die Gefühle der Leser zu »versengen« – im Kontrast zur »Verwissenschaftlichung« der Historie, ihren konventionalisierten Narrativen, die von der emotionalen »Selbstbeherrschung« der Historiker geleitet seien.[15]

Das Eindringen von Gewalt in die Sprache, die vernichtende Wirkungsmacht sprachlicher Ordnungen und Konventionen, hat kaum ein anderes Werk der deutschsprachigen Nachkriegsliteratur so sichtbar gemacht wie die Texte und sprachkritische Poetik Ingeborg Bachmanns. Bachmanns *Todesarten Projekt* – mit dem manche Rezensenten den hier diskutierten Roman Erpenbecks verglichen haben –, *Malina* (1971), *Der Fall Franza* (1978), aber auch Christa Wolfs Antikriegsroman *Kassandra* (1983) sind Beispiele, die Krieg und Gewalt in der Sprache und in den Geschlechterordnungen neu diskutierbar machten. In den Diskussionen der 1980er Jahre standen sie neben der nonkonformistischen Prosa Gisela Elsners und Jelineks, die mit ganz unterschiedlichen Strategien der Groteske oder der vernichtenden Satire den Fokus auf verborgene Gewalten in den kul-

14 Vgl. Iris Hermann, Gewalt als Schmerz, in: Rolf Grimminger, Kunst, Macht, Gewalt. Der ästhetische Ort der Aggressivität, München 2000, 43-61.

15 Vgl. Michael Riekenbergs produktive Diskussion Batailles aus historischer Perspektive: Die Gewaltsoziologie Georges Batailles und das Verhältnis von Gewalt und Ordnung, in: Jörg Baberowski und Gabriele Metzler (Hg.), Gewalträume. Soziale Ordnungen im Ausnahmezustand, Frankfurt am Main 2012, 271-303, hier 296 u. 286 f.

turellen Ordnungen der Geschlechter- und Familienbeziehungen legten.[16]

Zu Recht hat Wolf-Dieter Narr davor gewarnt, im »Prozess der Zivilisation« (Norbert Elias) das Grausamkeitsmonopol des Staates zu übersehen: »Sobald Gewalt in Verbindung mit ihrer gelingenden Monopolisierung behandelt wird, wird sie staatssystematisch verharmlost.«[17] Eine Kritik ungeahndeter staatlicher tödlicher Gewalt gegenüber den ihr mit Leib und Leben ausgelieferten Individuen leisteten 2005 zwei Romane – eines ost- und eines westdeutschen Autors –, die beide die Opfer tödlicher Polizeigewalt in den Mittelpunkt stellten. Christoph Heins *In seiner frühen Kindheit ein Garten* hinterfragt fiktional die Todesumstände des mutmaßlichen Terroristen Wolfgang Grams, der am 26. Juni 1993 auf dem Bahnhof in Bad Kleinen in Mecklenburg von der Polizei erschossen wurde. Über die Trauer der Eltern und Recherchen des Vaters lässt Hein die »staatstreuen« Gewissheiten des Studienrats in der ohnmächtigen Konfrontation mit den grotesken Legitimationsstrategien der Staatsmacht zusammenbrechen. Uwe Timm schreibt in der autobiografischen Trauererzählung *Der Freund und der Fremde*[18] über seine Jugendfreundschaft mit dem Studenten Benno Ohnesorg, der am 2. Juni 1967 während der Anti-Schah-Demonstration in Westberlin von dem Polizisten Karl-Heinz Kurras in »putativer Notwehr« (120) erschossen wurde.[19] Der Text besichtigt eine Jugend im Kontext postfaschistischer Kontinuitäten im Alltag und Rechtssystem der jungen Bundesrepublik und verschränkt die anonyme »dumpfe Gewalttätigkeit« zufälligen Mordens (66) in Albert Camus' Roman *Der Fremde* mit der Absurdität des zufällig abgebrochenen Lebens des jungen Dichters Ohnesorg. Timm zeigt die Fülle verpasster Lebensmöglichkeiten eines Menschen, den nur sein Tod und »[n]icht sein Leben und Schreiben« »bekannt« machen sollte. (113) Beide Texte setzen sich mit den Legitimationsstrategien und dem Gewaltmonopol der tötenden Staatsmacht auseinander. Der To-

16 Vgl. Christine Künzel, Tot oder gezähmt: Gewaltbeziehungen in Gisela Elsners Romanen Abseits (1982) und Die Zähmung (1984), in: Robert Weninger (Hg.), Gewalt und kulturelles Gedächtnis: Repräsentationsformen von Gewalt in Literatur und Film seit 1945, Tübingen 2005, 111-127; zur Sprache der Gewalt Jelineks: Hanssen, Critique (wie Anm. 10), 210-231.

17 Wolf-Dieter Narr, Staatsgewalt. Politisch-soziologische Entbergungen, in: *Das Argument* (wie Anm. 9), 63-82, hier 67.

18 Uwe Timm, Der Freund und der Fremde, Köln 2005. Seitennachweise im laufenden Text.

19 Aus heutiger Perspektive hat Ohnesorgs Tötung noch eine neue verstörende Dimension hinzugewonnen, nun im Fadenkreuz zweier konkurrierender Staatsmächte: Der für die Westberliner Politische Polizei agierende Kurras wurde 2010 als Mitarbeiter der Stasi enttarnt.

destag Ohnesorgs, der den Beginn der westdeutschen Studentenbewegung markierte, sollte sich später über den Namen der terroristischen Vereinigung »Bewegung 2. Juni« in eine ganz andere bundesdeutsche Gewaltgeschichte einschreiben – deren Name im heroischen Gestus der Rache jedoch das Opfer der Berliner Polizeigewalt wieder verschwinden ließ. Die Texte von Timm und Hein stehen in einer Tradition mit anderen Werken, die kritische Perspektiven auf die Macht des Staates und die Geschichte des »Deutschen Herbstes« entwickelten, wie z.B. die drei in den 1980er und 1990er Jahren breit rezipierten Romane Friedrich C. Delius'.[20]

Innovative Perspektiven auf Geschichte durchziehen das Werk der ostdeutschen Autorin Erpenbeck seit Erscheinen ihres ersten Romans *Die Geschichte vom alten Kind* (1999). Wie Erpenbecks vorheriger, preisgekrönter Roman *Heimsuchung* (2008), der in 19 Sprachen übersetzt wurde und am Beispiel eines Brandenburger Hauses der Vernichtungsgeschichte seiner ehemaligen jüdischen Bewohner nachspürt, rückt auch *Aller Tage Abend* die Erinnerung an extreme historische Gewalttaten in den Nahbereich individueller Erfahrungen. In der Breite des historischen Panoramas, der Weite seiner Figuren-Perspektiven und nicht zuletzt der dialektischen Zusammenführung historischer Makro- und Mikrogewalten sticht dieser Roman aus anderen Texten der Gegenwartsliteratur heraus. Für das Fragen nach der Darstellung von Gewalt in Geschichte und Literatur erweist sich die Analyse von *Aller Tage Abend* als besonders produktiv, denn Erpenbecks Ästhetik evoziert verstörende neue historische Wahrnehmungen von Schmerz und Vernichtung.

»Hinsehen, genau, ohne den Blick zu wenden« (63) – dieses Credo von Ohnesorgs Studienfreund Timm könnte als Motto über Erpenbecks poetologisch komplexem Text stehen, dessen Titel ein Zitat des römischen Geschichtsschreibers Livius aufruft. In fünf verschiedenen Büchern inszeniert der Text fünf unterschiedliche Leben der jüdischen Hauptfigur – mit jeweils tödlichem Ausgang. Von der Erzählerin (die in den die Bücher unterbrechenden Intermezzi zu Worte kommt) immer wieder neu zum Leben erweckt, folgen wir der namenlosen Protagonistin und ihrer Familie fast durch ein ganzes Jahrhundert. Gleich auf der ersten Seite lässt Erpenbeck ihre Hauptfigur am plötzlichen Kindstod in der Wiege im galizischen

20 Vgl. Inge Stephan, Terrorismus als erzählerische Herausforderung: Die Trilogie *Deutscher Herbst* von Friedrich Christian Delius, in: *Gegenwartsliteratur* 11 (2012), 191-211. Auch Ulrike Edschmids jüngster autobiografischer Roman über Werner Sauber, Mitglied der »Bewegung 2. Juni«, der 1975 unter Polizeikugeln starb, fügt sich in diese literarischen Traditionen: Das Verschwinden des Philip S., Frankfurt am Main 2013.

Brody sterben. Selbstmord aus Liebeskummer ist die Todesursache der 17-Jährigen im Nachkriegswien, es erfriert die exilierte Antifaschistin 1941 als »Genossin H.« im stalinistischen Arbeitslager, als honorierte DDR-Autorin stirbt sie in den 1960er Jahren an den Folgen eines häuslichen Treppensturzes, bis sie schließlich – nach dem Untergang der DDR – als 90-jährige »Frau Hoffmann« in einem Pflegeheim endgültig die Erzählung verlässt. Das Ausloten verschiedener historischer Möglichkeiten und Zufälligkeiten steht im Zentrum dieser ästhetisch unkonventionellen und provozierenden Perspektive: Mit der wiederholten Frage »was wäre wenn?« – »am Isonzo fiel vielleicht gerade der, der ihr bestimmt gewesen wäre, verblutet am Stacheldrahtzaun von Verdun oder verlor seine Beine« (83) – stellt Erpenbeck im Irrealis der Vergangenheit verpasste Lebensformen und die Abhängigkeit ihrer Figuren von historischen Konstellationen und Orten, von eigenen und den Entscheidungen anderer zur Schau. »Alles hätte auch anders kommen können«, heißt es wiederholt.

Der Roman öffnet neue Verstehensräume physischer und psychischer historischer Gewalt und provoziert zum Hinsehen auf andere, den Historikern verborgene Quellen. Die hier dargestellte Gewalt wirkt tödlich in den Strukturen von Armut und Hunger, sie ist verletzungsmächtig wirksam in den kleinsten, oft mikroskopisch beobachteten Unterlassungshandlungen und Haltungen der Menschen zueinander. Wir erkennen das Eindringen staatlichen stalinistischen Terrors in die Sprache seiner Untertanen und ein Spektrum unterschiedlichster Formen symbolischer und partizipativer Gewalt innerhalb von Systemen totaler Herrschaft, ebenso wie alltägliche Ausprägungen antisemitischen Rassismus.

Die Suche nach verborgenen Sprachen der Gewalt, ihren Relikten und andauernden Verletzungen, nach der Scham der Opfer und dem unmenschlichen Schweigen über vergangenen Schmerz steht im Zentrum des Romans. Geheimnisverrat, so möchte ich argumentieren, bildet den Kern dieses großen Trauer- und Erinnerungsbuches, das das Fragen nach noch nie Erfragtem in den Vordergrund stellt. So verkehrt der Text die Geschichte vom Delphischen Orakel: Erpenbecks mythische Figur der Pythia sucht Antworten zu geben, um die »niemand sie bat«, während ihr »Schweigen« so »wuchs«, dass es »unmenschliche Ausmaße annahm« (71 f.).

Aller Tage Abend transzendiert die großen historischen Gewalterzählungen in das Fragen nach verborgenen Spuren historischer Gewalt. Die hier erinnerten gewaltsamen Todes- und Verletzungsarten rekurrieren dabei sowohl auf historisch Tradiertes als auch Ungewusstes: Erpenbecks Figuren werden abgeschlachtet bei Pogromen in Brody, sie sterben an der Spanischen Grippe oder auf den wenig erinnerten Schlachtfeldern des Ersten Weltkriegs, werden wahnsinnig im »dunklen Leiberwald der Hungernden« nächtlicher Wiener Warteschlangen (87) oder »verrecken« am Hunger »ebenso elend« wie die »Esel in der Schönbrunner Menagerie« (107). Sie werden ermordet in Auschwitz oder dem Sterbeort vieler Wiener Juden, dem weitgehend vergessenen Vernichtungslager Maly Trostinez. Kinder werden in den Lemberger Blutnächten lebendig ins Feuer geworfen. Mütter werden von ihrem Ehemann totgeprügelt, im Moskauer Exil verraten, verschwinden spurlos, während sich die Schalterfenster der Moskauer Beamten vor den über Jahre um Auskunft bettelnden Angehörigen immer wieder schließen. Sie werden gefoltert und erschossen oder erhängen sich an Gefängnistüren, wenn die eigenen Kinder sie als »*Volksfeindin*« (191) beschuldigen und sich von ihnen lossagen. Menschen sterben an Typhus oder erfrieren bei minus 63 Grad Celsius im Frauen-Straflager in der Steppe von Kasachstan.

Die Gewalt trifft Erpenbecks historische und erfundene Figuren an bekannten und gänzlich unbekannten Orten, in dem öffentlichen Auge verborgenen Innenräumen, auf Dachböden oder im Innern eines Wiener Taxis. Wir lesen von der Verletzungsoffenheit der galizischen jüdischen Flüchtlinge auf den Märkten Wiens und der alltäglichen sprachlichen Vernichtungsgewalt antisemitischer Pöbeleien, die den Boden bereiten für den staatlichen Massenmord.

Gewalt spricht viele unbekannte Sprachen, diese literarisch zu übersetzen beschreibt auch das poetische Projekt des Romans: Wenn »einer nur ausreichend viele Gesichter studierte«, versichert der Erzähler, werde sichtbar, wie »ein Krieg [...] oder auch ein Beamtengehalt, das nicht an die rasende Inflation angepasst wird, in ein beliebiges privates Gesicht hineinschlüpfen können. Hier machen sie ein paar Haare grau, dort fressen sie ein paar liebliche Wangen auf [...], die Abspaltung Ungarns führt vielleicht in dem Gesicht irgendeiner Frau [...] zu zerbissenen Lippen.« (88)

Wie *Heimsuchung* (2008) beruht auch dieser Text auf historischen Recherchen der Autorin. Er zitiert wiederholt aus historischen Quellen (die kursiv kenntlich gemacht werden): aus NKWD-Dokumenten, aus Bittbriefen stalinistisch Verfolgter an die Obrigkeit, aus den Akten der Israelitischen Kultusgemeinde in Wien oder aus zeitgenössischen Berichten über die Gewalt des Erdbebens von 1895 in Laibach in der Steiermark. Er verwendet historische Namen und Verhaftungsdaten stalinistischer Opfer und Täter und führt die Leser zu den Adressen der letzten Wohnorte der immer wieder umquartierten Wiener Juden, vermerkt Deportationsdaten und Vernichtungsorte.

Die Polyphonie dieser Quellen wird ergänzt von einem Chor aus weiteren Stimmen, fiktionale und historische (Heine, Majakowski, Lenin und immer wieder Goethe), den Gesprächen der toten Seelen in Kasachstan, und bis zur letzten Sterbeszene erinnert der Text immer wieder an das Jiddische der untergegangenen Familie aus Brody. Wiederholte Referenzen zu mythischen und biblischen Texten oder den 903 Todesarten aus dem Talmud (36, 271) verschränken die vernichtenden Ereignisse in der Erzählergegenwart mit uralten Erzählungen vom Schmerz aus dem Bilder- und Geschichtenrepertoire des (europäischen) kulturellen Gedächtnisses. Diese mythischen, die Handlung oft dehnenden Einschübe machen das Ungeheuerliche anders »ansprechbar«[21], ohne dabei jedoch eine versöhnende »Rettung im Mythos« vorzuschlagen.

Erpenbecks irritierendes Spiel mit Gattungskonventionen des Entwicklungsromans – wir folgen einem Leben von der Wiege bis zur Bahre –, die verstörenden abrupten Abbrüche durch den Tod der Hauptfigur, die scheinbare Beruhigung in der Rückkehr zur historischen Linearität und die vielen intertextuellen Referenzen fungieren als deutliche Fiktionalitätssignale. Auch stilistisch unterscheiden sich die einzelnen Bücher deutlich voneinander, und die nichtpsychologisierende Erzählweise konfrontiert die Leser in jedem Buch mit einer anderen Identität der Hauptfigur. Wechsel vom wissenden Außenblick des Erzählers in die erlebte Rede und wechselnde Fokalisierungen auf die namenlosen, typisierten Figuren (»die Mutter«, »der Vater«) kreieren eine permanente Spannung zwischen (historischer) Distanz und (individueller) Nähe.

Im neu Ansetzen und Weitererzählen von etwas, was eigentlich bereits zu einem Ende gekommen ist, wiederholt sich formal und inhaltlich ein Grundanliegen von Erpenbecks Prosa: die Bewältigung von Zeit, die Dialektik von absolutem Stillstand und Dauer (vgl. 281).[22] Das, was immer bleibt, ist die ewige Anwesenheit der Toten. Ihre Gegenwart zerreißt die Kontinuitäten der Geschichte und verbindet die fünf getrennten Bücher des Romans. Die poetische Simultaneität, die Allgemeines und Besonderes, große Geschichte und einzigartiges Menschenleben zusammenführt, wird vom Erzähler so reflektiert: »Von ganz weit außen nach ganz weit innen wird also fortwährend übersetzt, nur gibt es dabei für jeden einzelnen Menschen ein eigenes Vokabular«, und »ein und dieselbe Ursache« kann »tausenderlei verschiedene Wirkungen« haben. (88, 89)

»[N]ichts was sich jemals ereignet hat, für die Geschichte verloren zu geben«[23], dieser Anspruch Walter Benjamins bestimmt auch Erpenbecks

21 Hans Blumenberg, Arbeit am Mythos, Frankfurt am Main 1979, 32.

22 Vgl. dazu ausführlicher Franziska Meyer, Sommerhaus, früher: Jenny Erpenbecks »Heimsuchung« als Korrektur von Familienerinnerungen, in: *Gegenwartsliteratur* 11 (2012), 324-343.

23 Walter Benjamin, Über den Begriff der Geschichte, in: Illuminationen, Frankfurt am Main 1977, 251-261, hier 252.

Schreiben. Wo historische Quellen schweigen, besteht der Text auf poetischen Wahrheiten: auf die historische Präsenz alles jemals Gedachten und Gesprochenen, und das meint auch die untergegangenen Geräusche überhörter, unerhörter historischer Vernichtung. Diese Perspektive wird in der selbstreferenziellen Poetik wiederholt ausbuchstabiert:

»Es ist schade«, reflektiert der Erzähler, »dass man die Grenze nicht sehen kann, an der Worte aus Luft und Worte aus Tinte [...] ebenso wirklich werden wie eine Tüte Mehl, eine Volksmenge, die in Aufruhr gerät, ebenso wirklich wie das Geräusch, mit dem die gefrorenen Knochen der Genossin H. im Winter einundvierzig in eine Grube [in Kasachstan] hinunterrutschen, dieses Geräusch hört sich so an, wie wenn jemand hölzerne Dominosteine in ein Kästchen zurückwirft.« (193)

Im Morast eines unvorstellbaren Ortes sucht Erpenbeck die verborgenen »Worte aus Tinte« derer, die dort spurlos verschwunden sind; und pocht auf die Treue zu den abwesenden Stimmen, auf die Anerkennung historischer Quellen, die existieren, auch wenn sie weder gefunden noch jemals gelesen werden können:

> »Im Jahr 1944 wird in einem Birkenwäldchen ein Heft mit handschriftlichen Tagebuchaufzeichnungen auf die Erde fallen, als ein Wachposten eine junge Frau mit seinem Gewehrkolben vorwärts stößt [...]. Das Heft wird in den Dreck fallen, und die Frau wird nicht zurückkommen können, um es aufzuheben, das Heft wird ein Weilchen dort liegen, Wind und Regen werden darin blättern, Schritte werden darüber hinweggehen, bis alle Geheimnisse, die dort aufgeschrieben sind, die gleiche Farbe haben wie der Morast.« (132)

Vom Abtransport der jungen Frau nach Auschwitz erhalten die Leser mehr als hundert Seiten später quellengestützte Auskunft (267). Mehr wird von diesem Ort nicht erzählt. Die Existenz der Geheimnisse der Ermordeten anzuerkennen, das heißt literarisch das aufzuheben, was im Dreck der Geschichte nicht aufgehoben werden kann: den Aporien eines solchen literarischen Geheimnisverrats stellt sich Erpenbecks Prosa in ganz eindrücklicher Weise.

Aller Tage Abend ist auch ein weiteres Trauerbuch Jenny Erpenbecks um ihre jüdische, aus Wien stammende Großmutter Hedda Zinner, deren (stark verfremdete) fiktionalisierte Biografie in den Moskauer Passagen, ihrer Rundfunkarbeit im sibirischen Ufa und der späteren schriftstellerischen Karriere in der DDR durchscheint. Erpenbecks empathischer literarischer Dialog mit Texten Zinners verweist zudem auf die Macht der Selbstzensur in den Texten Überlebender der stalinistischen Verfolgung in der DDR. Unter dem staatlich verordneten Schweigegebot blieben die

Schmerzen historischer Gewalterfahrungen ohne Adressaten. Wie schon in *Heimsuchung* erinnert auch *Aller Tage Abend* noch einmal an die Scham Zinners über ihren Moskauer Verrat: die Verweigerung des Gastrechts für eine Hilfe suchende Verfolgte.[24] Neben Robert Cohens Roman *Das Exil der frechen Frauen* (2009) entwirft dieses dritte Buch eine der beklemmendsten Perspektiven deutschsprachiger Gegenwartsliteratur auf den Albtraum des Lebens kommunistischer Exilierter in Moskau, auf Herrschaftsmechanismen stalinistischen Terrors und ihre symbolischen Gewaltformen, im Klima totaler Willkür und Denunziation, unter den Bedingungen von Sippenhaft und Kontaktschuld. Vernichtend trifft dieser Terror die eigenen politischen Anhänger und berührt den existenziellen Kern ihrer politischen Identitäten, wenn sie in Eingaben an die staatlichen Autoritäten ihr Leben zu retten versuchen: »*Verehrter Genosse Dimitroff* [...]. *Lassen Sie mich nicht untergehen.*« (204)[25]. Erpenbeck führt die Leser an die Schreibtische der Moskauer Beamten, die dort Namenslisten der Kontingente der zu Verhaftenden erstellen, und fokussiert im kleinsten Detail auf sozialpsychologische Mechanismen totalitärer Gewalt.

»Ich muss jetzt beweisen, dass ich sauber bin« (156), versichert die Genossin H. Über mehr als 40 Seiten hinweg (142-189) folgen die Leser der wiederholten Revidierung eines von den Behörden abverlangten Lebenslaufs der Genossin; hier gibt der Text Einblicke in das Panikpotenzial dessen, was Eva-Maria Siegel den »soziosymbolische[n] Vertrag« genannt hat: in dem Selbstkritik und »das Geständnis« »noch immer eine Art von Garantieerklärung für den Status einer Person« sein konnten.[26] Wir erkennen eine die Identitäten zerreißende Gewalt, innerhalb derer sich Genossin H. nun selbst in das System bürokratischer Vernichtung einschreibt: »Was habt ihr für Beschuldigungen gegen mich? [...] Den V. lernte ich hier in Moskau kennen und roch, dass er stank, ein Hund, der sich überall hineindrängt [...]. Ich finde, so einen Burschen muss man auf dem Boden der

24 Zum Schicksal der Ehefrau des 1937 verschwundenen Julius Unruh und auch Martha Ruben-Wolfs vgl. Hedda Zinner, Selbstbefragung. Autobiographie 1935-1945, Berlin 1989, 105 f., 111; beide Geschichten ruft der Roman verfremdet und ohne Namen zu nennen auf, vgl. 184. Auch Zinner, deren Mutter überlebte, hatte verschiedene Versionen ihrer Autobiografie verfasst, vgl. Auf dem roten Teppich. Erfahrungen, Gedanken, Impressionen, Leipzig 1986 (1979).

25 Vgl. Reinhard Müller, »Menschenopfer unerhört« – Eingaben und Briefe deutscher Emigrantinnen an Stalin, Molotow und andere, in: Simone Barck/Anneke de Rudder/Beate Schmeichel-Falkenberg (Hg.), Jahrhundertschicksale. Frauen im sowjetischen Exil, Berlin 2003, 46-53.

26 Eva-Maria Siegel, Identitäten der Treue – über die Grenzen des Verstehens. Zu Aufzeichnungen von Frauen über das sowjetische Exil, in: Barck u. a., Jahrhundertschicksale (wie Anm. 25), 194-209, hier 201, 199.

Sowjetunion eliminieren können. [...] Wenn ich jetzt von Genosse zu Genosse spreche, kann es sein, dass ich eine Bemerkung mache, die mir den Hals bricht.« (156 f.) Weder das Erzählen einer Scheherazade noch die Verweigerung im Schweigen, ein Vorschlag Bertolt Brechts in seinen *Maßnahmen gegen die Gewalt* (1929)[27], können die Vernichtung aufschieben. Stattdessen agieren Erpenbecks Figuren in einem aporetischen Szenario, das das profund sinnlose »Sprechen ohne Adressaten«[28] zur Schau stellt: »Eines nur nimmt sie nicht an«, weiß der Erzähler, »nämlich, dass dieses Schriftstück nichts weiter als ein beschriebenes Blatt Papier sein wird, abgeheftet, vergessen.« (142)

Gleich im ersten Buch des Romans gibt es eine Gewaltdarstellung, die sich in ihrer Drastik von allen folgenden unterscheidet: Hinsehend, ohne den Blick zu wenden, zwingt Erpenbeck die Leser in die Betrachtung des Abschlachtens eines Menschen durch seine Nachbarn im galizischen Brody. Die Zumutung dieser katastrophischen Szene zielt programmatisch auf das Gedächtnis der Leser und ist als Kernszene der Gewalt zu lesen. Zentrale Motive und ein dramaturgisch bedeutsames Relikt der Zerstörung in Brody werden uns bis zum Ende des Romans weiterverfolgen. Die Szene bündelt Elemente partizipativer tödlicher sozialer Gewalt: Verrat durch die Allernächsten, sozialer Ausschluss, existenzielle Schutzlosigkeit und das Unterlassen von Hilfe.

Der Ort der von außen hereinbrechenden Vernichtung ist der private Schutzraum des Hauses der Großeltern der Hauptfigur. Die sich über viele Seiten ziehende Schilderung dieser »Heimsuchung«, des gewaltsamen Hausfriedensbruchs, verweist emblematisch zurück auf Erpenbecks vorherigen Roman. In vollkommener Hoffnungslosigkeit verschränkt die Szene den Schrecken der Gewalt mit der Geschichte Lots, der den beiden Engeln das Gastrecht anbot, um später wundersam von ihnen vor den Menschen errettet zu werden. Doch nicht mit Blindheit geschlagen ist die Meute von Brody, und während Lots Engel schützend »die Tür zwischen ihm und den Menschen schließen« (21), verschließt hier das Kindermädchen den Fliehenden die Tür im eigenen Haus. Der folgend zitierten Szene, die den Endpunkt der Flucht des Paares auf den Dachboden beschreibt, geht die penible Auflistung der Zerstörung des Hausrats durch die eindringenden Nachbarn voraus. Die Frau versucht ihren Mann durch die Dachluke zu ziehen, während die Meute von unten an ihm zerrt:

27 Vgl. Peter Jehle, Die Gewalt und der Widerstand der Dichter, in: *Das Argument* (wie Anm. 9), 245-253.
28 Siegel, Identitäten (wie Anm. 26), 199.

»*Mein Gott säume doch nicht*. Sie hat nicht die Kraft von Engeln, es gelingt ihr nicht, ihren Mann zu sich nach oben zu ziehen, ihren Mann am Arm festhaltend bittet sie Andrej, den sie von Kindesbeinen an kennt, um Erbarmen, [...] den mit der Axt, um Erbarmen, aber während sie die Hand ihres Mannes noch festhält, wird ihr Mann unter ihr, von den Männern, die sie nicht kennt, und von Andrej, den sie von Kindesbeinen an kennt, erst beschimpft, dann geschlagen, Erbarmen, und schließlich unter ihren Augen zerhackt. Sie lässt nicht los. Erst hält sie ihren Mann an der Hand, dann hält sie nur noch ein Stück Fleisch an der Hand, dann gibt es nichts Lebendiges mehr, das sie zu sich ins Freie hinaufziehen könnte. Dann ist sie eine jüdische Witwe, die den Tod an der Hand hält. Dann lässt sie los, richtet sich auf und blickt auf die kleine Stadt da unten und die weite Landschaft. Es ist heller Tag, es gibt Strohdächer und Dächer, die mit Schindeln bedeckt sind, es gibt Straßen, Plätze und Brunnen, in der Ferne Wälder und Wald, Kühe stehen auf einer Weide, eine Kutsche fährt einen Feldweg entlang, unten vor dem Haus stehen Menschen, die [...] jetzt schweigen und sich nicht rühren.« (21 f.)

Keiner der Schweigenden auf dem Platz wird nach dem ohnmächtigen Absturz der Frau schauen, »ob sie noch lebt«. (22) Die Aussicht auf eine bukolisch anmutende Landschaft und die Gleichgültigkeit der Natur verschärft das Grauen im Leser und variiert abermals die Spannung zwischen tödlichem Stillstand und Dauer. »In der Zeit des Verrats / Sind die Landschaften schön«, heißt es bei Heiner Müller.[29]

Die Obszönität dieses narrativen Grauens ist der Obszönität der historischen Tat geschuldet. Der Text bricht mit konventionalisiertem Vokabular der Gewalt[30] und zielt auf das »Versengende« der Gewalt in den Empfindungen der Leser. Auch diese Szene zwingt die Leser in die Außenperspektive, die Zeugenschaft des beobachtenden und auch deutenden Erzählers. Nichts erfahren wir vom Innenleben der Täter oder Opfer. Und auch die ausschließliche Fokalisierung auf die Ehefrau exponiert eine unüberbrückbare Distanz zur Perspektive des Gemordeten. Im ganz nahen

29 Heiner Müller, Motiv bei A.S. [Anna Seghers], in: Germania Tod in Berlin, Texte 5, Berlin 1977, 80. Den Anklängen zu Müllers Texten (oder auch Seghers' Erzählung *Der Ausflug der toten Mädchen*) kann hier nicht genauer nachgegangen werden. Benjamins und Müllers hoffnungslose Engel korrespondieren mit dem wiederholten Blick auf einen von den Figuren unbeachteten Engel im Roman. Vgl. auch Helmut Böttiger, Und immer wieder der Tod. Jenny Erpenbecks Roman »Aller Tage Abend« wirbelt den Schmerz eines Jahrhunderts durcheinander, in: *Die Zeit*, 3.11.2012.

30 Vgl. dagegen die kontroversen Rezeptionen der Gewaltklischees in Jonathan Littells *Die Wohlgesinnten* (2008), von der »Affirmation des Grauens« spricht Harald Welzer, in: *Die Zeit*, 18. Februar 2008.

und doch distanzierten Blick des Erzählers bleiben Panik und Angst und auch der Schmerz des Opfers stumm. Doch impliziert diese inszenierte Stummheit den beredten Appell an die Imagination der Leser. Im Versengen der Empfindungen der Leser vermittelt Erpenbeck historische Auskünfte, die im konventionalisierten Vokabular von Mord und Gewalt nicht kommunizierbar sind.

Im Gegensatz zum Tod der Protagonistin in der Sowjetunion erfahren die Tode der Opfer antisemitischer Gewalt keine Korrektur.

Die Geheimnisse dieses sprachlosen Schmerzes, die nur die Leser kennen, werden die Familie über Generationen nachhaltig entzweien. »Gerne hätte [die Tochter] gewusst, was es eigentlich war, wofür die Mutter ihr Leben lang bezahlt hat« (131), doch was »unter anderen Umständen die Glieder einer Familie hätten sein können, ist nun so weit auseinandergerissen, dass eine Zerteilung mit Pferden dagegen wie nichts ist« (67). Mittels eines Relikts dieser Zerstörung, dem zerschabten Band von Goethes *Iphigenie*, »den vor Jahren der Stein von Andrej traf« (65), erinnert der Roman bis zum Ende wiederholt an das Pogrom von Brody: so zum Beispiel, wenn eine Frau sich abschleppt in Wien »mit dem gesammelten Goethe«, den »Habseligkeiten ihrer bereits deportierten Mutter« (270 f.), oder wenn der Urenkel im Antiquariat des »von Geschichten ganz und gar reingewaschen[en]« Nachkriegswiens (266) in diesem Band »auf gut Glück [...] blättert« (268), um ihn dann unbeteiligt ins Regal zurückzustellen. Erpenbecks zerdellte, zerschabte *Iphigenie*, die historische Spuren eines von seinen polnischen Nachbarn bei lebendigem Leib zerhackten Menschen trägt, konfrontiert unversöhnlich humanistische Utopien des klassischen deutschen Erbes mit der Geschichte jüdischer Vernichtung im 20. Jahrhundert. Am Beispiel stummer Relikte, indem die »Dinge sprechen, ohne zu sprechen« (270), provoziert der Text immer wieder historische Fragen, die weit über den Horizont seiner Figuren und ihr brüchiges Familiengedächtnis hinausgehen. Wo die Figuren keine Fragen zu stellen wissen, korrigiert dies die quellengestützte historische Perspektive des Romans: diese übersetzt das »sprachlose Wissen« (281) in den Appell an die Seh- und Hörschärfe der Leser, an die Achtsamkeit gegenüber der andauernden Präsenz kleinster Spuren vergangener versengender Gewalt.

> Denn wenn der Urenkel in Wien »wissen würde, welche Fragen er stellen müsste, und dass überhaupt und wem, dann hätte ein Beamter der Israelitischen Kultusgemeinde [...] sicher diese oder jene Liste hervorholen und ihm sagen können, dass seine Urgroßmutter mit dem ersten Transport Februar einundvierzig nach Opole im Distrikt Lublin gebracht wurde, und seine Großmutter nach sechs Umzügen innerhalb

> Wiens im Juli zweiundvierzig über Minsk nach Maly Trostinez […]. So aber ist für den Mann die Stadt Wien so staubig wie jede andere Großstadt.« (267)

Wenn Geschichte »ein Versprechen der Nicht-Indifferenz angesichts des gewaltsamen Todes der Anderen«[31] ist, dann vermag *Aller Tage Abend* einer Solidarität mit den Toten auf den Trümmern der Geschichte nahezukommen. Den »Opfern […] die Treue [zu halten]«[32], der an Benjamin angelehnte, auch von Timm formulierte Anspruch literarischen Schreibens, trifft auf die Prosa Jenny Erpenbecks nicht minder zu. Im fragenden Konjunktiv führt sie ihre Leser in andere, bisher unausgeleuchtete historische Räume der Gewalt. Ins »große[.] schwarze[.] Land« eines stummen Schmerzes der Toten, zu »all d[en] Geschichten«, die eine Mutter ihrem Sohn »nicht erzählt hat« (267), und mit dessen fragender Trauer der Roman seine Leser entlässt. Dass das *überhaupt* erfragt werden muss. Und dies meint das Nachspüren von Un-Erhörtem und Nicht-Geschautem, das die Toten von den Lebenden trennt und auch die Lebenden untereinander entzweit.

Aller Tage Abend schlägt eine weitere Brücke zwischen Historiografie und Literatur. Im Schärfen unseres Möglichkeitssinns und der historischen Aufmerksamkeit für individuelle, nicht überlieferbare Erfahrungen öffnen die hier imaginierten Geschichten der Gewalt neue Verstehensräume; sie provozieren dazu, den Schutzraum tradierter Quellen zu überschreiten. Die parteiliche Nähe des Erzählers zu seinen Figuren und auch zu den Untaten und Versäumnissen der Opfer verliert die Herrschaftsstrukturen historischer Gewaltverhältnisse nie aus dem Blick. Jenny Erpenbecks fortgesetzter Versuch eines Gesprächs mit den Toten appelliert an ein anderes historisches Verständnis der Gegenwart. Er lenkt die Aufmerksamkeit auf das Unabgeschlossene versengender historischer Gewalt und lässt sich durchaus als eine andere Ästhetik des Widerstands begreifen.

31 Burkhard Liebsch, Trauer als Gewissen der Geschichte, in: ders./Jörn Rüsen (Hg.), Trauer und Geschichte, Köln 2001, 15-62, hier 56.

32 Uwe Timm, Von Anfang und Ende. Über die Lesbarkeit der Welt, Köln 2009, 46.

DIE AUTORINNEN UND AUTOREN

Doron Avraham, geb. 1964, ist Professor für Geschichte an der Bar-Ilan-Universität in Ramat Gan, Israel. Seine Forschungsschwerpunkte sind deutsche Geschichte, insbesondere der politischen Philosophie, Religion und Nationalismus. Seine jüngsten Veröffentlichungen befassen sich mit der Debatte innerhalb der Konservativen bezüglich des rechtlichen Status von Frauen sowie der Konzeptualisierung von rassischer Identität der deutschen Juden in den 1930er Jahren.

Sarah Colvin, geb. 1967, studierte Germanistik in Oxford und promovierte dort und in Hamburg. Ehemalige Direktorin des DAAD Institute for German Studies in Birmingham. Nach wissenschaftlichen Stationen am St. John's College in Oxford, der Universität Edinburgh und der Universität Warwick ist sie seit Anfang 2014 Lehrstuhlinhaberin der Schröder Professur an der Universität Cambridge. Forschungsschwerpunkte: Gender und Kultur, Repräsentation und Rechtfertigung von Gewalt, Gefangenenliteratur. Veröffentlichung u.a.: Ulrike Meinhof and West German Terrorism. Language, Violence and Identity, Rochester, NY, 2009.

Jost Dülffer, geb. 1943, studierte Geschichte, Latein, Politische Wissenschaften und Soziologie in Hamburg und Freiburg. Von 1982 bis 2008 war er Professor für Neuere Geschichte an der Universität zu Köln. Forschungsschwerpunkte: Historische Friedens- und Konfliktforschung als Mentalitätsgeschichte, Deutsche Geschichte im 19. und 20. Jahrhundert, Europäische Geschichte seit dem Zweiten Weltkrieg. Aktuelles Forschungsprojekt: Geschichte des BND und seiner Vorgängerinstitutionen, 1945-1968. Veröffentlichung u.a.: Dimensionen internationaler Geschichte (Hg. zus. mit Wilfried Loth), München 2012.

Tobias Ebbrecht-Hartmann, geb. 1975, ist Filmwissenschaftler und Filmhistoriker. Nach dem Studium der Medien- und Filmwissenschaften in Marburg und Berlin war er als wissenschaftlicher Mitarbeiter für Film- und Mediengeschichte an der Hochschule für Film und Fernsehen (HFF) »Konrad Wolf« in Potsdam tätig. Nach wissenschaftlichen Stationen an der Bauhaus Universität Weimar und am International Institute for Holocaust Research Yad Vashem Jerusalem führt er seit April 2013 ein von der DFG gefördertes Forschungsprojekt über Studentenfilme in der ehemaligen DDR an der HFF Potsdam durch. Veröffentlichung u.a.: Geschichtsbilder im medialen Gedächtnis. Filmische Narrationen des Holocaust, Bielefeld 2011.

Ishay Landa, ist Dozent für Neuere Geschichte an der Open University in Ra'anana, Israel. Forschungsschwerpunkte: Friedrich Nietzsche, Politische Theorie, Faschismusforschung und Populärkultur. Veröffentlichung u.a.: The Apprentice's Sorcerer: Liberal Tradition and Fascism, Boston/ Leiden 2010. Derzeit schreibt er an einem umfassenden Lehrbuch über die historischen Wurzeln des europäischen Faschismus. Sein aktueller Forschungsschwerpunkt liegt auf einer Neubewertung der Geschichte des Massenkonsums, die die gängigen Zuschreibungsmuster in der politischen Linken und Rechten zu überwinden sucht.

Franziska Meyer, Studium der Germanistik, Philosophie, Politik und Publizistik an der Freien Universität Berlin; Promotion an der Universität Cardiff; lehrte an den Universitäten Swansea, Cardiff und Potsdam, seit 2004 an der Universität Nottingham, Associate Professor; Veröffentlichungen u.a: Avantgarde im Hinterland: Caroline Schlegel-Schelling in der DDR-Literatur (1999); Mitherausgeberin von: Schreiben gegen Krieg und Gewalt: Ingeborg Bachmann und die deutschsprachige Literatur 1945-1980 (2006); Publikationen zur Literatur der BRD und DDR, zum Schreiben von (exilierten) Autorinnen im 18. und 20./21. Jahrhundert, Feminismus und Gender-Studien, Holocaust-Literatur und -Film. Herausgeberin der Reihe »Exile Studies« im Peter Lang Verlag (Oxford). Leiterin des Forschungsbereichs »Memory Studies« an der Universität Nottingham.

Thomas Pegelow Kaplan, geb. 1971, ist Professor für Moderne Europäische Geschichte am Davidson College in North Carolina, USA. Forschungsschwerpunkte: Holocaust und Genozidforschung, NS-Geschichte, Theorien der Geschichtswissenschaft, transnationale Protestbewegungsforschung, moderne europäisch-jüdische Geschichte. Im Rahmen seiner aktuellen Forschungsprojekte beschäftigt er sich mit der Visualität und Terminologie des Genozids innerhalb der deutschen Linken und der amerikanischen Protestbewegungen zwischen 1950 und den frühen 1980er Jahren. Veröffentlichung u.a.: The Language of Nazi Genocide. Linguistic Violence and the Struggle of Germans of Jewish Ancestry, Cambridge 2009.

Andrew I. Port, geb. 1967, ist Professor für Geschichte an der Wayne State University in Michigan und Herausgeber der *Central European History*. Zuvor studierte und lehrte er an den Universitäten Yale und Harvard.

Seine Forschungsschwerpunkte sind neuere deutsche und europäische Geschichte, die Geschichte des Kommunismus und des Staatssozialismus, Arbeitergeschichte und vergleichende Genozidforschung. 2013 erhielt er den DAAD Prize for German and European Studies. Veröffentlichungen u.a.: Die rätselhafte Stabilität der DDR – Arbeit und Alltag im sozialistischen Deutschland, Berlin 2010; Becoming East German: Socialist Structures and Sensibilities after Hitler, hg. zus. mit Mary Fulbrook, New York/Oxford 2013.

Sven Reichardt, geb. 1967, studierte Geschichtswissenschaften, Politologie, Psychologie und Italianistik in Hamburg und Berlin und ist seit 2011 Professor für Zeitgeschichte an der Universität Konstanz. Seine Forschungsschwerpunkte sind Geschichte des Faschismus, Geschichte der Gewalt im 19. und 20. Jahrhundert, Sozial- und Kulturgeschichte der Bundesrepublik und der Neuen Sozialen Bewegungen, Theorien und Methoden in der Geschichtswissenschaft. Veröffentlichungen u. a.: Authentizität und Gemeinschaft. Linksalternatives Leben in den siebziger und frühen achtziger Jahren, Berlin 2014; Faschistische Kampfbünde. Gewalt und Gemeinschaft im italienischen Squadrismus und in der deutschen SA, Köln/Weimar/Wien ^{2}2009.

Joana Seiffert, geb. 1986, ist Doktorandin am Institut für soziale Bewegung im Haus der Geschichte des Ruhrgebiets in Bochum. Ihr Dissertationsprojekt beschäftigt sich mit der Erinnerungsgeschichte des Ruhrkampfs und der Roten Ruhrarmee. Darüber hinaus arbeitet Frau Seiffert gemeinsam mit dem Bochumer Haus der Geschichte des Ruhrgebiets, dem Essener Ruhr Museum und dem Regionalverband Ruhr an der Realisierung eines umfangreichen Forschungsprojektes zu den »Erinnerungsorten Ruhr«. Gemeinsam mit Stefan Berger gibt sie den in Kürze erscheinenden Sammelband zur Tagung »Zwischen Gedächtnis, Geschichte und Identitätskonstruktion: Was ist ein Erinnerungsort und wie entsteht er« heraus.

Shulamit Volkov, geb. 1942, ist Professorin emerita für Neuere Geschichte an der Universität Tel Aviv. Mitglied der Israelischen Akademie der Wissenschaften. Von 1986 bis 1993 war sie Direktorin des Instituts für deutsche Geschichte, von 1997 bis 2000 Leiterin der School of History der Universität Tel Aviv. Ihre zahlreichen Publikationen befassen sich vornehmlich mit deutscher Sozialgeschichte, deutsch-jüdischer Geschichte und der Geschichte des Antisemitismus. Veröffentlichung u. a.: Walther Rathenau: Ein Jüdisches Leben in Deutschland 1867 bis 1922, München 2012.

Vojin Saša Vukadinović studierte Geschichte, Germanistik und Geschlechterforschung in Freiburg und Basel; Promotionsprojekt an der FU Berlin über die geschlechter- und sexualpolitische Rezeption der Roten Armee Fraktion in den 1970er Jahren und über das entsprechende linksterroristische Selbstverständnis; seit 2011 wissenschaftlicher Mitarbeiter am Zentrum Gender Studies der Universität Basel. Veröffentlichung u.a.: »Spätreflex. Über die Revolutionären Zellen, die Rote Zora und die verlängerte Feminismusobsession bundesdeutscher Fahnder«, in: Irene Bandhauer-Schöffmann/Dirk van Laak (Hg.), Der Linksterrorismus der 1970er-Jahre und die Ordnung der Geschlechter, Trier 2013, 139-161.